UM JEITO MODERNO DE COMER

Ao John
As palavras não exprimem o quanto estou feliz

Copyright © 2014 Anna Jones
Copyright do prefácio © 2014 Jamie Oliver
Copyright desta edição © 2018 Alaúde Editorial Ltda.

Título original: *A modern way to eat – Over 200 satisfying, everyday vegetarian recipes (that will make you feel amazing)*. Publicado originalmente em inglês no Reino Unido por Fourth Estate, um selo da HarperCollinsPublishers em 2014.

Todos os direitos reservados. Nenhuma parte desta edição pode ser utilizada ou reproduzida – em qualquer meio ou forma, seja mecânico ou eletrônico –, nem apropriada ou estocada em sistema de banco de dados sem a expressa autorização da editora.

O texto deste livro foi fixado conforme o acordo ortográfico vigente no Brasil desde 1º de janeiro de 2009.

Produção Editorial: Editora Alaúde
Coordenação editorial: Bia Nunes de Sousa
Preparação: Claudia Vilas Gomes
Revisão: Rosi Ribeiro Melo, Ana Paula Uchoa (Ab Aeterno)
Capa e adaptação de projeto gráfico: Rodrigo Frazão

Edição Original: Fourth Estate
Fotografia: Brian Ferry, exceto a imagem da página 187
Projeto gráfico: Sandra Zellmer
Impressão e acabamento: EGB – Editora e Gráfica Bernardi

1ª edição, 2018
Impresso no Brasil

Dados Internacionais de Catalogação na Publicação (CIP)
(Câmara Brasileira do Livro, SP, Brasil)

Jones, Anna
Um jeito moderno de comer: mais de 200 receitas vegetarianas incríveis para sair do trivial / Anna Jones; tradução de Maria Suzete Casellato. -- São Paulo: Alaúde Editorial, 2018.

Título original: A modern way to eat: over 200 satisfying, everyday vegetarian recipes (that will make you feel amazing)

ISBN: 978-85-7881-506-6

1. Culinária vegetariana 2. Receitas I. Título.

18-13008 CDD- 641.5636

Índices para catálogo sistemático:
1. Receitas vegetarianas: Culinária 641.5636

2018
Alaúde Editorial Ltda.
Avenida Paulista, 1337, conjunto 11
Bela Vista, São Paulo, SP, 01311-200
Tel.: (11) 5572-9474
www.alaude.com.br

Compartilhe a sua opinião
sobre este livro usando a hashtag
#UmJeitoModernoDeComer
nas nossas redes sociais:

 /EditoraAlaude
 /EditoraAlaude
 /AlaudeEditora

ANNA JONES

UM JEITO MODERNO DE COMER

Mais de 200 receitas vegetarianas
incríveis para sair do trivial

Tradução de Maria Suzete Caselato

Prefácio de Jamie Oliver

Fico muito feliz e orgulhoso de escrever este prefácio para minha querida Anna, uma de minhas primeiras alunas no Fifteen de Londres. E aqui está ela, onze anos depois, lançando seu próprio, belo e bem elaborado livro de culinária. Este livro merece figurar em qualquer coleção de livros de culinária, pois mostra como valorizar os vegetais, coisa que todos deveríamos fazer. Traz uma visão clara e sensível sobre comer bem, de modo equilibrado e aproveitando o que há de melhor em cada estação do ano, o que dá a você, leitor, uma boa noção de como Anna consegue reunir refeições deliciosas, simples e práticas. Você terá muitas oportunidades de ver, passo a passo, como ela é capaz de tirar de um mesmo começo simples toda sorte de diferentes finalizações, e isso resume o que é cozinhar – reagir ao que está ao seu redor, o que é da estação certa, como você se sente e a quem tem de alimentar. Dizer tudo isso é muito fácil, mas você precisa de alguém para lhe explicar e fazê-lo visualizar como adaptar, incrementar e aperfeiçoar uma receita, exatamente o que Anna faz nestas páginas sem o menor esforço. Parabéns, Anna – é um livro excelente e estou superorgulhoso.

um jeito moderno de comer   6

o que me tira da cama de manhã   16

o intervalo entre refeições   50

uma tigela de caldo, sopa ou ensopado   72

saladas que satisfazem   96

almoços fáceis e ceias relaxantes   126

jantares saudáveis e comida para um batalhão   180

verduras e legumes para acompanhar   236

doces finalizações   258

bolos, pães e algumas coisinhas mais   282

coisas para bebericar   320

geleia, chutney, caldo e outras coisas muito úteis   332

índice   346

índice de receitas veganas e sem glúten   350

agradecimentos   352

um jeito moderno de comer

Quero fazer algumas promessas sobre as receitas deste livro:
- são deliciosas e maravilhosas
- farão você se sentir e parecer bem
- farão você se sentir leve e satisfeito
- ajudarão a amenizar sua passagem pelo planeta
- são de preparo rápido e fácil
- vão impressionar sua família e seus amigos

Nosso jeito de comer está mudando

Exigimos tanto dos alimentos, hoje em dia, que a ideia de carne e dois legumes todas as noites para o jantar começa a parecer pré-histórica. Queremos que nosso alimento seja delicioso, saudável, local, rápido de fazer, barato e bom para o planeta. Este livro mostra como preparar refeições fáceis que vão impressionar e, mais importante, vão alimentar a família e os amigos de modo rápido e simples.

Hoje, todo mundo, de qualquer idade, está mais consciente do que come e do efeito dos alimentos sobre a saúde. Compreende também a importância de ter uma refeição caseira mais do que algumas vezes por semana para manter a saúde física e financeira. Ao mesmo tempo, nossa consciência da procedência, qualidade e sustentabilidade chegou a um ponto que, se olharmos para trás, para o que os mercados vendiam há dez anos e o que podemos comprar hoje, a mudança é espantosa. Grande variedade de legumes são a regra geral, e as mais estranhas ervas e grãos interessantes e variados, especiarias e ingredientes de lugares distantes hoje enchem as prateleiras dos supermercados. Com tantas opções à nossa disposição, chegamos a ficar indecisos sobre qual o melhor caminho.

Todos os meus amigos, vegetarianos ou não, desejam comer algo mais simples, da estação e mais voltado para os vegetais. Se o número de vegetarianos no Reino Unido aumenta a passos lentos, o número de pessoas que está reduzindo a carne em sua dieta cresce alucinadamente. Sabemos que comer muita carne não é saudável para nosso organismo nem para o planeta. Para mim, que sou vegetariana, isso é muito fácil e é minha opção de vida; para você, pode significar, talvez, algumas noites por semana sem carne. Mesmo que seja esse o seu caso, sempre precisamos de algumas ideias novas.

Estamos chegando a um meio-termo, fazendo a ponte entre cardápios substanciosos e carregados de queijo dos restaurantes vegetarianos e as nutritivas dietas de suco verde. Queremos o melhor dos dois mundos, o sabor irresistível que nos faz bem: um hambúrguer super-recheado que seja muito saboroso e também saudável, um brownie que seja diabolicamente rico em chocolate e aumente nossa energia, uma panqueca de café da manhã que tenha gosto de sobremesa e seja carregada de nutrientes.

Mas acredito também que comer deve ser algo prazeroso e, como regras, pressão e dietas estão sempre ligadas a comida, perdemos de vista este prazer. Embora eu quase sempre coma de maneira saudável, estou certa de que comer é parte de nossa falibilidade humana. Portanto, existe lugar para brownies crocantes de caramelo salgado, bons demais para se abrir mão deles, ao lado de uma saudável tigela de grãos e vegetais.

Quero comer de um modo que satisfaça, mas que ao mesmo tempo me faça leve e feliz. Comida saudável demais me deixa miseravelmente faminta. Por outro lado, não gosto de apelar para grande quantidade de pesados carboidratos ou laticínios para preencher as lacunas. Uso especiarias, texturas, sabores e grãos de digestão fácil para obter satisfação sem peso.

Então, neste livro procurei reunir um tipo de comida em que o sadio e o saudável se unem ao delicioso, em que o sustentável é também acessível, em que o simples é também substancioso. Receitas que vão deixar você e o planeta mais saudáveis; elas vão enriquecer sua culinária, e isso não significa que você terá de passar horas na cozinha. Esse é um novo modo de comer, o modo como eu me alimento e, acredito, como vamos nos alimentar, no futuro.

Uma mudança no meu jeito de cozinhar

Minha maneira de cozinhar mudou quando eu me tornei vegetariana – de repente eu tinha de olhar para a culinária de um modo completamente diferente. As noções com que cresci e as regras que aprendi como chef não se enquadravam mais. Então, o desafio de encontrar novos modos de agregar textura, interesse e sabor à minha comida consistiu em uma nova apreciação de ingredientes e algumas técnicas novas na cozinha.

Sou levada em primeiro lugar por aquilo que me motiva na culinária. A névoa de óleo cítrico que se desprende da casca recém-cortada de uma laranja. O intenso brilho roxo que surge ao corte de uma beterraba. O cálido perfume do gengibre e do açúcar mascavo no preparo de um crumble, a magia de Willy Wonka de derreter o chocolate em banho-maria e tantos outros momentos, em que se fica com água na boca e o coração bate mais depressa.

Quando escrevo uma receita ou junto alguma coisa para o jantar, eu sempre tenho em mente três coisas que determinam o que vou cozinhar: que gosto vai ter? Como posso deixar isso mais interessante agregando novas texturas? E o que posso fazer para deixar o prato com um lindo visual?

O gosto, para mim, tem a ver com tirar o máximo do ingrediente que estou cozinhando. Às vezes, isso significa salpicar um pouco de sal marinho de Anglesey e nada mais. Outras vezes implica equilibrar ervas, especiarias, o doce e o ácido, ressaltando o caráter natural de um pedaço de abóbora caramelado com especiarias picantes ou realçando um molho de tomate com um toque de vinagre.

As texturas são muitas vezes esquecidas na culinária, mas para mim são o segredo de um bom prato, em especial um prato vegetariano. É assim que as crianças reagem ao alimento – estamos sintonizados tanto na textura quanto no sabor. Sementes tostadas em uma salada, pão regado a azeite acompanhando uma tigela de sopa, a crocância de alguns rabanetes picantes dentro de um taco macio. É a textura, tanto quanto o sabor, que atinge as papilas gustativas e diz ao cérebro que o alimento está delicioso e ajuda você a sentir-se satisfeito.

A pequena parte de beleza do prato vem do meu trabalho como estilista culinária. Durante os últimos dez anos, tenho feito o alimento saltar do prato e fazer você querer comer o que vê na página nesse exato momento: um fio de chocolate que escorre de um fondant, as gotas de água sobre uma folha de alface recém-lavada da mais fresca e crocante salada, o queijo derretido e uma borda perfeita de crumble ao redor de uma torta. Sei por experiência que, quando cozinho para amigos, a mais simples salada colocada no prato com um pouquinho de capricho, ou uma tigela de macarrão finalizado com algumas ervas brilhantes e um toque de pimenta, significa que começamos a comer antes mesmo de pegar o garfo. Mas, mesmo quando estou preparando o café da manhã ou um lanche apressado, reservo alguns segundos extras para dar ao alimento que cozinhei a melhor aparência que ele pode ter.

E, para terminar, uma dica essencial: o toque final. Quase sempre decoro um prato com uma colherada de algum belo complemento. Um toque de iogurte para finalizar um dahl apimentado, um fio de azeite aromatizado com ervas em uma tigela de chili, algumas avelãs tostadas espalhadas sobre uma tigela de sopa. Para mim, é esse toque que separa uma boa refeição de um grande prato. Quase sempre a etapa mais fácil e rápida de se fazer, esses detalhes geram camadas de sabor, acrescentam colorido e criam contrastes entre o quente e o frio. Fazem o prato parecer mais elaborado, dão um último incremento de sabor e fazem você parecer um cozinheiro excepcional sem na verdade ter feito nada demais.

Um novo conjunto de ingredientes

Quando passei a cozinhar de um modo mais leve e saudável, comecei a compreender mais e mais a importância da variedade. Usar manteiga de nozes tostadas em lugar de manteiga comum em cookies, óleo de coco para passar na torrada, e quinoa ou painço em meu café da manhã. Usar um ingrediente novo onde ele se encaixa e deixa um sabor inigualável, e não apenas por seus nutrientes, me impulsiona a deixar a zona de conforto das velhas receitas.

Na minha cozinha busco o incomum, o empolgante e escolho alguns ingredientes para conferir intensidade e interesse à minha culinária. A farinha de espelta em meu bolo de gengibre e melado confere estrutura e um intenso sabor de malte tostado e é de digestão muito mais fácil. O leite de amêndoas no café da manhã, além de ter um sabor incrível, supre a minha ingestão diária de proteína e fornece as gorduras saudáveis de que meu organismo precisa. Ou a manteiga de coco, que uso para temperar especiarias para curries, que pode ser aquecida a temperaturas muito mais altas que o azeite de oliva, o que a torna perfeita para liberar o sabor das especiarias, com a vantagem do seu sabor delicado que combina maravilhosamente bem com um dahl do sul da Índia ou um croquete de batata com tempero de dosa.

Isso dito, sabor, acima de tudo, é o que determina minha culinária, por isso, se acho que a manteiga vai funcionar melhor, vou dizer; se um bolo precisa de um pouco de açúcar, vou usar. Mas em geral nas minhas receitas mantenho o foco nos produtos integrais.

Usei, tanto quanto possível, grãos diferentes e interessantes, pois acredito que eles merecem um lugar em nossa dieta e são mais benéficos ao nosso organismo. Assim como as frutas e vegetais, é importante variar também o consumo de grãos. Cada grão tem um sabor e uma textura única e supre nosso corpo com diferentes tipos de vitaminas e nutrientes. Além do arco-íris de produtos frescos em minha geladeira e na cesta de frutas, a prateleira inferior em minha cozinha, abaixo dos pratos e travessas, apresenta um espectro colorido de vidros contendo quinoa vermelha, arroz negro, painço amarelo, amaranto dourado e cevada perolada. Ao lado deles, há também vidros de boa massa e farinha de espelta para pão. Para aqueles que estão tentando reduzir o consumo de glúten, minhas receitas trazem sugestões e ideias para deliciosos modos de substituí-lo, se desejarem.

Algumas coisas mais

Embora minha profissão seja cozinhar, sou muito impaciente e em geral quero que meu jantar esteja na mesa em menos de meia hora, especialmente depois de já ter passado o dia atrás de um fogão. Portanto, cozinho sob as mesmas restrições da maioria das pessoas que conheço. Não quero muita confusão ou muita louça para lavar no final, uma habilidade que remonta ao meu treinamento com Jamie Oliver. Por isso pode ter certeza de que, com algumas raras exceções, minhas receitas neste livro são fáceis de preparar e não vão usar todas as panelas do armário.

Outra incrível vantagem destas receitas é que elas não pesam no bolso. Vegetais são acessíveis, assim me asseguro de comprar sempre o melhor. Compro nos mercados locais e dou preferência aos produtos orgânicos, sempre que os encontro.

Compro cenouras orgânicas quando é estação, pois adoro seus castanhos-
-avermelhados, seus amarelos e roxos intensos, e com seu arco-íris de cores vem
um espectro de nutrientes. Compro a couve roxa ou a couve galega quando há
oferta desses produtos para substituir o espinafre e o repolho, mais corriqueiros.
Gosto também de usar legumes subestimados, que raramente assumem o papel
principal: um nabo de coroa violeta fornece um chip maravilhoso; um pacote de
ervilhas congeladas fervidas e amassadas são deliciosas para temperar um macarrão
ou colocar sobre uma torrada quentinha.

Quando penso em resumir como vejo a comida, eu sempre me reporto à
supersimplificada equação de Michael Pollan: "Coma comida, não muita, de
preferência vegetais". Este é meu caderno de anotações sobre a descoberta de
um jeito novo e moderno de comer e cozinhar, que considera ao mesmo tempo
nosso organismo e nossas papilas gustativas. Comida insanamente deliciosa e
alegre, novas possibilidades e sabores que me impulsionam a cozinhar e a comer
pelas razões certas.

Veganos e sem glúten

As dietas sem glúten estão se tornando cada vez mais populares como uma forma geral de bem-estar. Muitas das receitas deste livro são naturalmente sem glúten, ou podem ser adaptadas sem esforço a essa necessidade. Embora eu coma pão e massas de vez em quando, gosto de evitar o glúten, pois isso ajuda a me sentir mais leve e mais feliz. Gosto também de usar massas sem glúten, como macarrão de arroz ou de quinoa. Além disso, tenho amigos que são celíacos, para quem comer sem glúten é mais do que uma opção dietética.

Devo ressaltar que não se obtém os mesmos resultados substituindo a farinha de trigo por uma farinha sem glúten. Usar farinhas sem glúten em receitas que vão ao forno às vezes confere ao produto final uma textura levemente mais esfarelada, mas lhe dará também um sabor mais intenso do que se usar a farinha comum. Ao assar bolos, gosto de acrescentar nozes trituradas, o que ajuda a dar mais estrutura e sabor à massa.

Em lugar da aveia comum, pode-se usar a aveia sem glúten (que não teve contato com trigo). Pessoas com intolerância ao glúten preferem não consumir nem mesmo a aveia sem glúten e, nesse caso, pode-se usar em seu lugar a quinoa em flocos. Alguns dos ingredientes básicos que utilizo podem conter algum teor de glúten (escondido), e, se você for sensível a ele, fique atento ao molho de soja ou de tamari (pode-se encontrar a versão sem glúten em casas especializadas), à pasta de missô (normalmente utilizo pasta branca de missô sem glúten), ao tofu e ao tempeh (use o comum em lugar do defumado ou aromatizado, e leia o rótulo com atenção), e fermento químico em pó (a versão sem glúten pode ser encontrada em supermercados). Não utilizei nas receitas deste livro o caldo em pó sem glúten, mas pode ser facilmente encontrado nos supermercados. Procuro utilizar autênticas tortilhas de milho integral em lugar de pães que levam gordura.

Muitas das minhas receitas são naturalmente veganas, pois com frequência cozinho para meu irmão e minha irmã, que são veganos. Incluí uma série de alternativas para ovos e laticínios em minhas receitas, pois o modo de vida vegano está se tornando o caminho para pessoas que desejam reduzir tanto o peso como os danos ao planeta.

Sempre que possível, dou alternativas para o uso de queijos, ovos e manteiga. O iogurte de coco é meu substituto ideal para o iogurte normal ou grego, o leite de amêndoas é a minha opção para cozinhar e a maioria dos pratos deste livro pode facilmente dispensar o uso de queijo (nesse caso talvez precise acrescentar um pouquinho de sal).

Na página 350 há uma lista de receitas que são totalmente veganas ou sem glúten, ou que precisam apenas de uma simples variação.

COMO CRIAR UMA RECEITA

É isto que passa pela minha cabeça quando escrevo uma receita. Se você for parecido comigo, às vezes segue a receita à risca e às vezes gosta de improvisar. Este é um guia para aqueles dias mais ousados, um guia que vai ajudá-lo a sobrepor camadas de sabor e textura e obter um prato incrível. Usei a couve como exemplo, mas siga este processo para qualquer outra hortaliça.

1	2	3	4
INGREDIENTE PRINCIPAL	COMO VOU COZINHAR?	UM ACOMPANHAMENTO?	TRAGA UM CHARME
↓	↓	↓	↓
COUVE	BRANQUEAR	QUINOA	ABACATE
COUVE TRONCHUDA	ASSAR	FARRO	BULBO DE ERVA-DOCE
COUVE-MANTEIGA	REFOGAR	ABÓBORA ASSADA	QUEIJO FETA
	TRITURAR	ESPINAFRE	MILHO ASSADO
	DEIXAR CRU	BATATA-DOCE	LIMÃO-SICILIANO EM CONSERVA

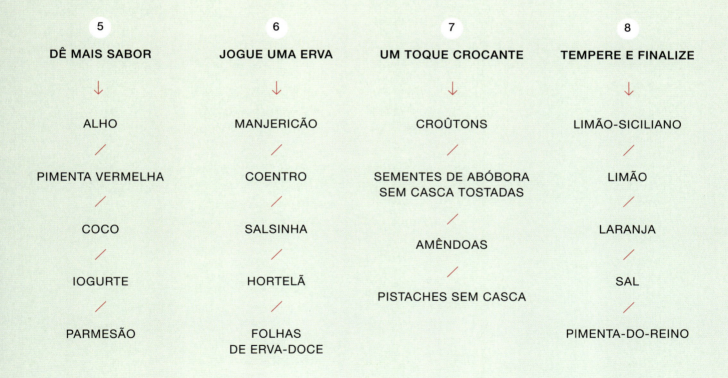

5
DÊ MAIS SABOR
↓
ALHO
/
PIMENTA VERMELHA
/
COCO
/
IOGURTE
/
PARMESÃO

6
JOGUE UMA ERVA
↓
MANJERICÃO
/
COENTRO
/
SALSINHA
/
HORTELÃ
/
FOLHAS DE ERVA-DOCE

7
UM TOQUE CROCANTE
↓
CROÛTONS
/
SEMENTES DE ABÓBORA SEM CASCA TOSTADAS
/
AMÊNDOAS
/
PISTACHES SEM CASCA

8
TEMPERE E FINALIZE
↓
LIMÃO-SICILIANO
/
LIMÃO
/
LARANJA
/
SAL
/
PIMENTA-DO-REINO

o que me tira da cama de manhã

Nunca fui uma pessoa madrugadora, e por muito tempo o café da manhã não fez parte da minha rotina. Mas há alguns anos eu disse a mim mesma que merecia um café da manhã de verdade todos os dias. Seja sentar-me junto à porta dos fundos e, desfrutando de uma xícara de café, assistir ao sol da manhã se infiltrar pela copa da mimosa, ou engolir uma tigela de uma deliciosa granola antes de correr porta afora, o café da manhã, para mim, é o que define como quero que seja o meu dia. Porque precisamos de diferentes tipos de café da manhã para diferentes tipos de dia, dividi este capítulo em duas seções – rápidos e lentos.

Aveia tostada · ovos no ponto · tomates assados lentamente · fatias de abacate perfeitamente maduro · fatias de pão caseiro tostadas no fogo · um bom bule de café · tigelas fumegantes de mingau cremoso · panquecas leves e fofinhas · waffles quadriculados · biscoitos de granola · sobremesa no café da manhã

Mingau de amaranto com geleia de mirtilo

Este é um modo energético e saudável de começar o dia, pois esses mirtilos com melado vão elevar este mingau do padrão normal de sabor para algo incrivelmente delicioso.

Nesta receita uso uma mistura de amaranto e aveia (você pode usar opções sem glúten), porque adoro o intenso sabor de noz do amaranto. A maneira como ele contém sua pungência e então explode na boca é uma mudança bem-vinda para a textura da maioria dos mingaus. Você pode eliminar o amaranto e substituí-lo por mais flocos de aveia, painço ou quinoa – mas lembre-se de que esses ingredientes cozinham muito mais rápido, por isso fique de olho.

Gosto de variar as frutas de acordo com a estação – morangos no inverno, maçãs e mexericas na primavera, e bananas e uvas no outono.

....

Antes de mais nada, prepare o mingau. Coloque o amaranto e a aveia em uma panela com metade do leite e leve para ferver em fogo baixo. Deixe ferver por 20 minutos, adicionando o restante do leite, quando necessário, e até mesmo um pouco de água quente, se o mingau começar a parecer um pouco seco.

Enquanto o mingau cozinha, junte em outra panela os mirtilos, o xarope de bordo ou melado de cana, a canela e o suco de limão e cozinhe em fogo médio. Use uma colher de madeira para amassar alguns dos mirtilos e liberar seu suco, de um violeta intenso, deixando alguns inteiros. Retire do fogo quando a maior parte do líquido estiver reduzida a uma textura de geleia, como num recheio de torta.

O mingau estará pronto quando os grãos de amaranto, absorvidos pelo creme de aveia, estiverem macios, mas ainda levemente al dente.

Para servir, coloque o mingau em tigelas e finalize com os mirtilos e mais melado, se desejar. Aí está. Sobremesa para o café da manhã.

2 PORÇÕES

dois punhados de amaranto (ver alternativas ao lado)
dois punhados de aveia
500 ml do leite de sua escolha (gosto de usar leite de coco, ver p. 39)
200 g de mirtilos
1 colher (sopa) de xarope de bordo ou melado de cana
1 colher (chá) de canela em pó
suco de ½ limão-siciliano

Bircher de aveia com pêssegos

Em geral, meu café da manhã não passa de alguns minutos atrapalhados antes que eu tenha de correr porta afora. Se você tem tempo de tomar o café da manhã, sorte sua. Eu certamente o faço quando o tempo está a meu favor. Do contrário, banco a esperta e preparo de véspera este bircher super-rápido.

Gosto de usar sementes de chia, porque elas conferem uma rica cremosidade – se não quiser usar a chia, não adicione muito leite. Como bons pêssegos não estão disponíveis o ano todo, muitas vezes eu os troco por outras frutas.

Uma nota sobre a chia: essas sementes pequenas e surpreendentes se parecem com as sementes de papoula e aumentam em dez vezes o valor nutricional do café da manhã. Você vai encontrá-las em lojas de alimentos naturais e em grandes supermercados, junto às frutas secas e sementes. A chia era o alimento dos guerreiros astecas e maias, e uma única colherada da semente podia sustentá-los por 24 horas. É rica em proteína, por isso é perfeita para o café da manhã. Costumo usá-la em vitaminas e em pratos cozidos.

....

2 PORÇÕES

100 g de aveia

2 colheres (sopa) de chia

1 colher (sopa) de sementes de abóbora

pouco menos de 1½ xícara (350 ml) de leite de sua escolha (uso o de amêndoa ou de coco)

1 colher (sopa) de xarope de bordo ou melado de cana

algumas gotas de extrato natural de baunilha

uma espremidela de suco de limão-siciliano

2 pêssegos maduros

SIRVA COM
- dois punhados de pêssegos ou peras secos picados ou morangos picados
- morangos ou pêssegos picados
- pêssegos, como na receita
- pera madura e doce picada

Na noite anterior, coloque a aveia, a chia e as sementes de abóbora em uma tigela ou outro recipiente, regue com o leite e adicione o xarope, a baunilha e o suco de limão. Misture bem, cubra e deixe na geladeira durante a noite.

Pela manhã, corte os pêssegos em pedaços pequenos, esprema sobre eles um pouco mais de limão e junte-os ao preparo de aveia com sementes, ou simplesmente corra para o trabalho levando essa mistura em um potinho.

Ovos fritos à moda turca

Estes ovos fazem um belo café da manhã de fim de semana, mas são tão fáceis e rápidos de preparar que ganharam seu espaço nos dias de semana também. Um prato saudável e nutritivo que a pimenta torna estimulante, para começar bem o seu dia. Eu uso a pul biber – pimenta turca em flocos – nesta receita. É fácil de encontrar nas lojas de produtos turcos. Se não conseguir achá-la, use uma pimenta vermelha fresca picada ou uma pitadinha de pimenta vermelha seca em flocos.

Recentemente, tenho utilizado bastante a pimenta pul biber ou a pimenta Aleppo em muitos dos meus pratos. Adoro sua leve ardência e seu adocicado. É o mais próximo que se tem da pimenta ancho. Possui um doce caráter frutado, cheira a deliciosos tomates secos e ainda tem a pungência de uma pimenta vermelha. Eu a uso em lugar da pimenta vermelha de ardência abrasadora que se encontra no Reino Unido.

....

Em uma tigela, misture o iogurte e o sal e reserve.

Aqueça a manteiga em uma frigideira antiaderente, grande, sobre fogo médio. Quando começar a dourar, quebre os ovos e diminua o fogo, recobrindo os ovos com colheradas de manteiga até chegar ao ponto de cozimento desejado. Gosto dos meus ovos começando a firmar, com a gema bem líquida, e a dourar nas bordas. Se estiver com dificuldade de obter ovos perfeitos, tampar a frigideira pode ajudar a manter o calor, o que faz com que o fundo e a parte superior cozinhem por igual.

Quando os ovos estiverem no ponto, toste rapidamente o pão pita ou pão sírio, cubra com uma boa colherada do iogurte reservado e acrescente os ovos fritos. Salpique com a pimenta, o sumagre e as ervas e tempere com um pouco de sal, se necessário. Experimente estes ovos com o café turco, na p. 330.

2 PORÇÕES

4 colheres (sopa) de iogurte grego
uma pitada de sal marinho
uma boa bolota de manteiga
4 ovos orgânicos ou caipiras
2 pães pita de trigo integral ou pão sírio
1 colher (chá) de pimenta turca em flocos ou pimenta calabresa
uma boa pitada de sumagre
alguns ramos de hortelã, salsinha e endro frescos, só as folhas picadas

VITAMINAS MATINAIS – ALGUMAS VARIAÇÕES

Estas vitaminas são um copo cheio de tudo o que se precisa para começar bem o dia. Estou sempre correndo pela manhã e nunca acho tempo para comer: uma vitamina que se prepara em poucos minutos me ajuda a sair de casa antes das nove da manhã com um brilho saudável no rosto e eleva até o céu meus níveis de proteína e nutrientes. Elas também são ideais para tomar logo após o exercício físico.

As vitaminas são espetaculares, elas são tão versáteis – pode-se usar qualquer fruta com leite ou o suco que tiver à mão, e no inverno pode-se recorrer ao freezer para obter alguns punhados de frutas congeladas. Mas, para que as vitaminas sejam uma alternativa para algumas torradas quentes com mel ou alguns ovos mexidos perfeitos, aqui vão algumas considerações. Os sabores precisam ser equilibrados, além de fornecer alguma proteína para trazer satisfação e ser uma fonte de nutrientes matinais para que se comece bem o dia.

Incluí aqui algumas vitaminas que levam verduras. Sucos verdes podem ter um aspecto horroroso, mas espero que estas combinações conquistem até os mais céticos. Grama por grama, as folhas verde-escuras estão entre os alimentos mais densos em termos de nutrientes de todo o planeta, e, ao liquefazermos essas verduras, fica muito mais fácil ao organismo absorver toda essa riqueza.

Adicionei também algumas observações sobre produtos que gosto de acrescentar às minhas vitaminas para uma dose extra de nutrientes, mas elas são deliciosas mesmo sem eles.

....

Cada uma destas quatro receitas rende uma vitamina gigante, que me mantém ativa até a hora do almoço. Se você não dispensa seu pãozinho ou torrada de manhã, faça metade da receita para uma dose menor de energia matinal.

Coloque no liquidificador todos os ingredientes da vitamina escolhida, exceto o gelo, mas inclua agora qualquer produto extra que você deseje usar. Comece a bater em velocidade baixa, então coloque no máximo e deixe bater por 1 ou 2 minutos. Se for preciso, desligue o liquidificador, retire a tampa e mexa com uma colher para restabelecer o movimento das pás. Bata até obter uma mistura homogênea e de um verde vivo.

Junte alguns cubos de gelo e bata novamente até estar completamente lisa. Se acrescentou produtos em pó, talvez precise diluir sua vitamina com um pouco de água fria.

UM JEITO FÁCIL DE TURBINAR A PROTEÍNA

Um jeito superfácil e delicioso de aumentar o teor de proteína em sua vitamina é acrescentar 1 colher (sopa) de uma pasta de oleaginosas ou de sementes. A pasta de amêndoas e o tahine são as minhas preferidas, além de fornecerem mais intensidade, riqueza e cremosidade à vitamina.

A aveia é uma fonte surpreendentemente rica, tanto em proteínas quanto em fibras – 2 colheres (sopa) em sua vitamina vão torná-la mais suculenta e cremosa. O mingau de aveia é uma boa opção, mas a aveia em flocos também funciona bem. Eu a deixo de molho no leite por alguns minutos e uso para fazer a vitamina.

LÚCUMA Essa superfruta é originária do Peru, onde é conhecida como o "ouro dos Incas". É uma fruta de uma bela polpa dourada que é absolutamente deliciosa, e na Europa pode ser encontrada em pó. A lúcuma possui um sabor adocicado e fresco de caramelo, portanto é ideal para os aficionados de doces que estão tentando diminuir a ingestão de açúcar. Perfeita para incrementar um mingau ou uma vitamina, possui alto teor de antioxidantes, minerais e betacaroteno. Você vai encontrá-la em casas de produtos naturais. Use 1 colher (chá) ou mais, dependendo do quanto você queira adoçar sua vitamina.

MACA Outro incrível produto peruano, mas desta vez uma raiz, que vem da mesma família do repolho e dos brócolis. Pode ser encontrada em pó e possui um sabor quase doce e maltado. Dizem que acalma o sistema nervoso, equilibra os hormônios e ajuda o corpo a lidar com o estresse. Ao comprar a maca, procure pelo produto 100% puro – comece utilizando 1 colher (chá) por dia em sua vitamina e chegue até 1 colher (sopa), se desejar.

CÂNHAMO O cânhamo pode ser encontrado em sementes e em pó, e ambas as formas são perfeitas para a adição em vitaminas. O cânhamo é uma das poucas fontes de proteína vegetal, sendo ideal para os vegetarianos e veganos. Possui também alto teor de ômegas 3 e 6 e de fibras, e carrega uma sólida dose de vitaminas, minerais e a superverde clorofila. Usar 1 colher (sopa) diariamente na vitamina ou no iogurte com granola é o suficiente.

PÓLEN DE ABELHA Não é o pó que flutua no ar e causa alergia, e sim o pólen que as abelhas coletam das flores e estocam em suas colmeias. Elas vão de flor em flor para coletá-lo e o compactam em grânulos dourados. Pode parecer um pouco estranho comer essas coisas, mas é um alimento superintegral no seu mais verdadeiro sentido, pois fornece ao organismo quase todos os nutrientes, vitaminas e minerais de que necessitamos, além de possuir um altíssimo teor de proteínas e de enzimas que aceleram a digestão. Pode-se comprar o pólen de abelha em grânulos (não em blocos) em lojas de produtos naturais. Se conseguir comprá-lo de produtores locais, saiba que ele protege contra alergias e a febre do feno. O pólen de abelha é muito forte, por isso comece a ingestão com 1 colher (chá) para adultos, chegando até 1 colher (sopa), no seu ritmo, e, para as crianças, apenas alguns poucos grãos, chegando a no máximo ½ colher (chá).

ESPIRULINA E CLORELA São dois tipos de alga incrivelmente ricos em nutrientes e proteínas. Quando uso uma das duas em minha vitamina matinal, me sinto cheia de energia. O produto é semelhante à cafeína verde natural. O sabor tanto da espirulina quanto da clorela é bastante forte, por isso comece com 1 colher (chá) e siga seu ritmo até atingir 2 colheres (chá).

....

ABRACE O VERDE

1 banana pequena descascada
2 maçãs picadas sem sementes
dois punhados grandes de folhas escuras (espinafre ou couve)
suco de ½ limão-siciliano
1 colher (sopa) de chia
uma boa pitada de canela em pó
1 xícara (250 ml) do leite de sua escolha (uso o de amêndoas)

ABACATE E COCO TOSTADO

½ abacate
1 banana descascada
suco de ½ limão-siciliano ou limão-taiti
1 colher (sopa) de chia
1½ xícara (375 ml) de água de coco ou leite
1 colher (sopa) de coco ralado tostado
2 tâmaras sem caroço
alguns cubos de gelo

GERGELIM E TÂMARA

1 banana pequena descascada
2 caquis ou ½ manga
1 colher (sopa) de tahine
pouco menos de 1¼ xícara (300 ml) do leite de sua preferência (uso o de amêndoas)
um punhado pequeno de aveia
um fio de mel
suco de ½ laranja
2 tâmaras sem caroço

FRUTAS VERMELHAS E MANJERICÃO

um punhado grande de frutas vermelhas (mirtilos, amoras ou morangos)
um punhado grande de folhas
1 banana descascada
5 folhas de manjericão fresco
1 colher (sopa) de manteiga de amendoim
2 colheres (sopa) de chia
200 ml do leite de sua preferência (uso o de amêndoas)
alguns cubos de gelo

Granola de mel e limão

A granola que se compra pronta é o café da manhã preferido da maioria dos meus amigos que desejam uma alimentação um pouco melhor. Contudo, apesar de rotuladas como alimento sadio, a maior parte das granolas está cheia de açúcar. É por isso que eu preparo a minha no domingo à noite. Apenas 10 minutos de trabalho rendem um belo pote de granola para o café da manhã da semana inteira. Uso uma mistura de flocos de quinoa e aveia, para dar mais equilíbrio, pois acho a aveia um pouco pesada como ingrediente principal, mas funciona muito bem se uso 300 g de uma ou outra (e usando apenas a quinoa, ela não conterá glúten). Use a fruta seca que preferir. Esta receita é bem simples, mas às vezes gosto de acrescentar frutas secas, como damasco, peras ou ameixas, quando as encontro. Gosto de medir os ingredientes em punhados, mas indico também o peso de alguns deles, se você quiser que as medidas sejam precisas.

A quinoa em flocos pode ser usada sempre que há indicação de aveia. Eu a uso, por exemplo, no mingau da manhã. Dizem que a quinoa é um dos alimentos naturais mais completos que existem, pois contém um fantástico equilíbrio de aminoácidos, enzimas, vitaminas e minerais, fibras e antioxidantes. E o mais importante é que é uma fonte completa de proteínas, por isso é ideal para quem está querendo diminuir ou cortar a ingestão de outras proteínas.

....

Preaqueça o forno a 190 °C. Se estiver usando o mel, leve-o ao fogo em uma panela para aquecer (não é preciso fazer isso se optou pelo xarope). Misture a aveia, a quinoa, as sementes, as oleaginosas picadas, o coco e as raspas de limão em uma tigela grande, e depois espalhe a mistura sobre duas assadeiras ligeiramente untadas com óleo.

Acrescente o xarope ou o mel e misture bem com as mãos, até recobrir tudo. Leve ao forno por 20 minutos. Lembre-se de dar uma boa mexida a cada 5 minutos, aproximadamente.

Depois de 20 minutos, acrescente todas as frutas secas, leve de volta ao forno e deixe por mais 10 minutos até as frutas estarem com textura ligeiramente caramelizada e mastigável. Retire do forno e deixe esfriar. Guarde em potes ou recipientes herméticos por um mês.

RENDE CERCA DE 700 G, UM POTE GRANDE

8 colheres (sopa) de mel, melado de cana ou xarope de bordo
dois punhados grandes (150 g) de aveia em flocos
dois punhados grandes (150 g) de quinoa em flocos
dois punhados (80 g) de sementes (uso as de girassol e de abóbora)
dois punhados grandes (150 g) de oleaginosas (uso amêndoas com pele ou nozes-pecãs) picadas
um punhado pequeno (30 g) de coco desidratado sem açúcar
raspas da casca de 2 limões-sicilianos
um punhado (100 g) de uvas-passas
dois punhados (100 g) de qualquer outra fruta seca grosseiramente picada (uso tâmaras e damascos secos)

SIRVA COM IOGURTE E FRUTAS
- maçã cozida com baunilha e iogurte de soja
- tâmaras embebidas em suco de laranja
- peras cozidas com mel
- morangos tostados com iogurte de leite de coco

Dez receitas de abacate com torradas

Para mim, o abacate com torrada é um alimento solar – combina com um dia de verão e ilumina um dia monótono. Vale a pena, ainda mais quando se tem pouco tempo e os armários estão vazios. Quando estou com pressa, é minha opção de café da manhã, apenas com um pouco de limão, sal e pimenta-do-reino. Mas estas outras variações também encontram seu lugar.

Sendo a estrela do prato, não aceite um abacate que não esteja macio, maduro e perfeito. O abacate é repleto de boas gorduras e ômega-3, que se encontram também no azeite de oliva, e um arsenal de vitaminas e minerais. Eu teria dificuldade em prescindir dele.

RENDE DUAS TORRADAS CADA UMA

- Amasse um abacate com limão-siciliano, sal e pimenta-do-reino. Passe na torrada de pão tipo italiano. Cubra com tomates, um pouco de vinagre balsâmico, um toque de manjericão e de azeite de oliva.
- Amasse um abacate com suco de limão-siciliano e coloque sobre pão de centeio com um fio de mel.
- Amasse um abacate com suco de limão, sal e pimenta-do-reino. Coloque sobre uma torrada e salpique por cima pimenta dedo-de-moça fresca, picadinha.
- Amasse um abacate com um pouco de suco de limão-siciliano. Coloque sobre a torrada com manteiga quente, acrescente um ovo poché e um toque de molho de pimenta.
- Amasse um abacate com suco de limão-siciliano. Espalhe sobre um bagel tostado uma fina camada de cream cheese e finalize com o abacate amassado, rale por cima uma boa quantidade de raspas de limão e polvilhe com pimenta-do-reino.
- Amasse um abacate com suco de limão, sal e pimenta-do-reino e junte cebolinha picada, 1 colher (chá) de sementes de mostarda tostadas e um pouco de coentro picado. Coloque sobre a torrada.
- Amasse um abacate com um pouquinho de suco de limão-siciliano. Passe na torrada quente uma leve camada de óleo de coco, acrescente o abacate amassado e um pouco de amêndoas tostadas.
- Amasse um abacate com suco de limão-siciliano, coloque-o sobre a torrada, em seguida cubra com algumas fatias de banana e polvilhe com canela.
- Amasse um abacate maduro com suco de limão-siciliano, coloque sobre a torrada e cubra com pistaches picados, gergelim tostado e um pouco de mel e canela.
- Bata um pouco de manjericão com azeite de oliva. Amasse um abacate com um pouco de suco de limão-siciliano e coloque sobre a torrada quente, esfarele por cima queijo feta e regue com o azeite de manjericão.

Ovos mexidos com ervas à moda de Paris

Às vezes eu preciso de um lembrete de que algo simples e clássico é muito, muito bom. Em minha vida imaginária, em que eu passo os dias circulando pelos mercados de pulga de Paris, isso é o que comeria no café da manhã. Na receita clássica, usa-se também o cerefólio na combinação de ervas, mas não é fácil de achar, por isso, eliminei da receita. Contudo, se conseguir encontrar, compre-o – tem um sabor penetrante e delicado e fica ótimo em saladas de folhas. Pode-se também acrescentar à mistura manjericão e hortelã.

Uma dica para conservar ervas frescas: uso muito ervas frescas – seus sabores são inigualáveis e cada uma delas é tão completamente diferente das outras que eu não poderia cozinhar sem elas. Admito que comprar uma porção de ervas para um rápido café da manhã pode parecer extravagante. Mas tiro o máximo proveito delas. Quando estão bonitas na mercearia, compro um grande lote quase toda semana e as mantenho como as flores, em copos com um pouco de água gelada, no compartimento das garrafas, na geladeira. Assim elas duram por uma semana, mais ou menos. Cada vez que eu abro a geladeira, deparo com seu perfume e uma parede verde de ervas, o que significa que elas são apreciadas e se prestam a muito mais do que enriquecer minha culinária.

....

Cada um gosta do ovo de um jeito. Eu gosto de ovos mexidos.

Aqueça um pouco de azeite ou manteiga em uma frigideira sobre fogo médio-baixo. Quebre os ovos em uma tigela, misture-os com um garfo, tempere, despeje na frigideira já quente e use uma colher de pau ou espátula para soltar os ovos da lateral da frigideira, criando, assim, dobras douradas. Continue a fazer isso até os ovos chegarem ao ponto desejado. Eu gosto dos meus quando começam a se agregar, mas estão ainda cremosos.

Retire a frigideira do fogo, prove, acrescente mais sal e pimenta-do-reino, se necessário, e junte as ervas. Empilhe os ovos sobre a torrada amanteigada.

2 PORÇÕES

um pouco de azeite de oliva ou manteiga

4 ovos orgânicos ou caipiras

sal marinho e pimenta-do-reino moída na hora

alguns ramos de salsinha, estragão e endro frescos, folhas escolhidas e grosseiramente picadas

2 belas fatias de torrada com manteiga (gosto de pão de fermentação natural)

MINHAS FRUTAS MATINAIS

PRIMAVERA
MAÇÃ · LARANJA · AMEIXA
BANANA-PRATA · ABACATE

COMPOTA RÁPIDA DE MAÇÃ
porção individual

Corte 2 maçãs sem cabo e sem sementes em pedaços pequenos e coloque em uma panela com 4 colheres (sopa) de mel de boa qualidade, um pouquinho de baunilha, se tiver, e o suco de ½ laranja. Ferva em fogo baixo por 15 minutos até ficar macio.

MISCELÂNEA DE FRUTAS
para 2 pessoas

Pique 1 laranja sem casca, 1 maçã e 2 ameixas e junte tudo em uma tigela com um punhado de amoras. Acrescente folhas de hortelã rasgadas e misture bem.

VERÃO
CEREJA · FRAMBOESA · PÊSSEGO
DAMASCO · NECTARINA · MANGA

PÊSSEGOS COM ÁGUA DE ROSAS
porção individual

Coloque 2 pêssegos cortados ao meio em uma assadeira, regue com mel, espalhe sobre eles baunilha e alguns pistaches e finalize com 1 colher (sopa) de água de rosas. Asse por 30 minutos, até ficarem macios. Sirva com iogurte ou queijo de cabra e algumas torradas.

COMPOTA RÁPIDA DE DAMASCO
rende um vidro pequeno

Coloque 250 g de damascos sem caroço em uma panela com 2 colheres (sopa) de mel líquido e o suco de ½ laranja. Deixe aferventar em fogo médio e cozinhe por 10 minutos, até ficarem macios.

Na minha opinião, não há nada melhor para começar o dia do que uma tigela de frutas da época. Aqui estão receitas que eu preparo nas diferentes estações. Algumas podem ser feitas em quantidade para agilizar o café da manhã da semana inteira, outras podem ser montadas minutos antes – experimente-as com a granola da página 26.

OUTONO

MAÇÃ · PERA · LARANJA · TANGERINA
UVA · CAQUI

TIGELA DE FRUTAS DE OUTONO

porção individual

Corte 1 maçã e 1 pera, espreme sobre elas o suco de ½ limão, esmague um punhado de uvas com 1 colher (chá) de mel e misture tudo.

TANGERINAS CONDIMENTADAS

para 2 pessoas

Descasque 4 tangerinas e espalhe os gomos em um prato, salpique com ½ colher (chá) de canela em pó e regue com mel.

INVERNO

MAÇÃ · MORANGO
FRUTAS CÍTRICAS · UVA

TIGELA DE FRUTOS DO POMAR

para 2 pessoas

Pique 3 peras maduras, acrescente as sementes de ½ romã e 4 tâmaras picadas. Espreme por cima o suco de 1 limão e sirva.

SALADA DE FRUTAS VERMELHAS

para 2 pessoas

Pique 10 morangos e 10 cerejas. Acrescente um punhado de framboesas e um punhado de uvas pretas cortadas ao meio. Espreme sobre elas o suco de ½ limão e, se desejar, acrescente um pouco de mel. Opcional: polvilhe com sementes de coentro trituradas.

Nova versão de ovos Benedict

Não sei se conheço alguém que não goste de ovos Benedict, com seu rico e esplêndido molho hollandaise. Eis como preparo os meus. Fatias de batata-doce assadas, em lugar do pão, e abacate e castanhas de caju cremosamente batidos em segundos com um toque de estragão para fazer um hollandaise superleve, cremoso e não muito gorduroso. As cebolas caramelizadas e o espinafre vão integrar tudo.

Gosto de preparar meu hollandaise desse modo, pois é demais permitir-se começar o dia com um molho amanteigado (por mais delicioso que seja).

Para que fique bem cremoso, de véspera deixo as castanhas de caju de molho em água, mas, se esquecer, meia hora de demolha será suficiente. Veja a página 340 para mais dicas sobre demolha de oleaginosas.

Para esta receita, você vai precisar de batatas-doces grandes, para formarem uma base adequada ao seu ovo poché.

....

Preaqueça o forno a 220 °C.

Espalhe as fatias de batata-doce por duas assadeiras, tempere com sal e pimenta-do-reino, regue ligeiramente com o azeite e asse por 20 minutos, ou até ficarem macias e com as bordas crocantes.

A seguir, prepare as cebolas. Leve uma panela ao fogo médio, acrescente um pouco de azeite, em seguida as cebolas e uma pitada de sal. Frite-as por 10 minutos, mexendo de vez em quando, até ficarem doces e macias e começarem a dourar. Transfira para uma tigela e reserve a panela para usar mais tarde.

Para fazer o hollandaise, escorra as castanhas e bata no processador até obter uma pasta esfarelada. Acrescente o abacate e a maior parte do estragão ou endro com o suco de limão e uma boa pitada de sal e pimenta-do-reino e bata outra vez. Se preciso, adicione um pouco de água apenas para bater melhor, mas o molho deve continuar espesso.

4 PORÇÕES

2 batatas-doces grandes, escovadas e cortadas em fatias redondas de 1 cm

sal marinho e pimenta-do-reino moída na hora

azeite de oliva ou óleo de girassol

2 cebolas médias descascadas e finamente fatiadas

6 punhados de espinafre lavados e os talos grossos removidos

4 ovos orgânicos ou caipiras

PARA O MOLHO HOLLANDAISE RÁPIDO

um punhado pequeno de castanhas de caju, de molho em água (ver acima)

½ abacate

um punhado pequeno de estragão ou endro, folhas escolhidas

suco de ½ limão

Aqueça em fogo médio a panela em que cozinhou as cebolas. Acrescente o espinafre e uma gota de azeite e cozinhe por alguns minutos, até começar a murchar, mas sem perder a cor.

A seguir, prepare os ovos pochés. Leve ao fogo uma panela com água até ferver – eu uso uma frigideira, mas use o recipiente com que se sinta mais à vontade para fazer seus ovos pochés. Diminua o fogo até a água estar borbulhando mansamente, então quebre os ovos e cozinhe por 3-4 minutos. Retire-os da água com uma escumadeira e escorra em papel-toalha.

Para servir, arranje as fatias de batata-doce no centro de cada prato. Acrescente as cebolas e o espinafre, então adicione o ovo e uma boa colher do hollandaise. Salpique o restante do estragão ou endro, tempere com sal e pimenta-do-reino e delicie-se!

Outras opções para usar seu hollandaise rápido de abacate:
- Espalhe-o sobre aspargos grelhados.
- Sobre um risoto primavera.
- Sobre minitorradas com purê de ervilha.
- Ladeando um ovo poché sobre torrada.
- Em sanduíches, em lugar da maionese.

Huevos rancheros

Faço esta receita com frequência. É o único prato que peço sem receio no café da manhã nos Estados Unidos. Para mim, o divino trio de ovos, tomate e abacate nunca falha. Em geral, a ideia de fazer huevos rancheros surge de repente, no meio da manhã de sábado, depois de uma caminhada até a banca para comprar o jornal.

Mantenho esta versão supersimples, pois é ótimo poder prepará-la em poucos minutos, sem ter de correr até a mercearia. Uso a cebolinha porque cozinha mais rápido e tem um sabor mais suave, mais adequado para a refeição matinal, mas pode perfeitamente ser substituída por cebolas roxas finamente fatiadas. Uso tomates frescos no verão e, no restante do ano, tomates em conserva de boa qualidade.

O segredo, aqui, é cozinhar os ovos com perfeição. Experimentei algumas formas diferentes de conseguir a clara apenas firme e uma gema mole perfeita. O truque que funciona para mim é usar uma frigideira com tampa e manter o fogo baixo para escalfar os ovos e ao mesmo tempo cozinhá-los no vapor. Também faço uma versão com pimentões assados ou fatias de tofu defumado em lugar dos ovos.

Na verdade, vale a pena investir o máximo que se puder nos ovos que se compra. Sempre compro ovos orgânicos ou caipiras. Os ovos são carregados de nutrientes perfeitamente embalados em pacotes de excelência. As gemas contêm todas as vitaminas e minerais e, ao mantê-las moles, na verdade preservam-se os nutrientes que seriam anulados pelo calor se fossem completamente cozidos.

....

Aqueça uma pequena quantidade de azeite em uma frigideira média (com uma tampa que encaixe bem) sobre fogo moderado. Acrescente a cebolinha e o alho e frite por 5 minutos, até estarem macios e recendendo. Adicione uma boa pitada de sal, pimenta-do-reino e a páprica defumada e deixe cozinhar por mais 2 minutos. A seguir, acrescente os tomates e cozinhe em fogo baixo por 5 minutos, até que se desmanchem e o molho se torne espesso.

Enquanto isso, amasse o abacate com suco de limão (eu uso o amassador de batatas) e o coentro picado, tempere com sal e pimenta-do-reino e reserve.

**2 PORÇÕES
COMO UM BRUNCH FARTO**

azeite de oliva

4 cebolinhas aparadas e finamente picadas

1 dente de alho descascado e finamente fatiado

sal marinho e pimenta-do-reino moída na hora

1 colher (sopa) de páprica doce defumada

1 lata (400 g) de tomates, ou 400 g de tomates-cereja, cortados ao meio

1 abacate maduro

suco de 1 limão

1 maço pequeno de coentro fresco, folhas escolhidas e finamente picadas

4 ovos orgânicos ou caipiras

2 tortilhas de trigo integral ou de milho

HUEVOS RANCHEROS

Quando os tomates tiverem se desmanchado e engrossado o molho, diminua o fogo para médio-baixo. Faça quatro pequenas covas com as costas de uma colher de pau, afastando o molho para os lados. Quebre um ovo em cada cova, tempere cada ovo com sal e pimenta-do-reino, tampe a frigideira e deixe cozinhar por exatamente 5 minutos.

Depois dos 5 minutos, as claras deverão estar apenas firmes, tremendo ao toque, e a gema mole, no centro. Lembre-se, eles continuarão a cozinhar, enquanto você os leva para a mesa.

Enquanto os ovos cozinham, aqueça as tortilhas – faço isso segurando cada uma delas sobre a chama do fogão com um par de pinças, por alguns segundos de cada lado para tostar, mas 20-30 segundos de cada lado em uma frigideira antiaderente preaquecida produzirão o mesmo resultado.

Quando os ovos estiverem prontos, coloque-os em um prato com uma porção razoável dos tomates condimentados, um pouco de abacate amassado e regue-os com as tortilhas tostadas.

Panquecas leves de ricota e limão

Aonde quer que eu vá tomar o café da manhã, peço panquecas. Esta é a minha versão das panquecas que comi no Gjelina, em Los Angeles, e que foram simplesmente as melhores panquecas que já provei.

A farinha de castanha marca presença nesta receita – e você pode encontrá-la na maioria das lojas de produtos integrais. Ela acrescenta calor e intensidade ao sabor e naturalmente não contém glúten. Mas as panquecas funcionam com qualquer tipo de farinha. As sobras da farinha de castanha podem ser usadas em bolos e em assados (uso uma mistura de 50% de farinha de castanha e 50% de farinha de trigo) e funciona maravilhosamente no lugar de amêndoas moídas, dando um sabor intenso e quase caramelizado. Experimente-a no bolo de chocolate da página 284 e veja a página 290 para mais informações sobre o tema.

**4 PORÇÕES
(RENDE 8–10 PANQUECAS)**

250 g de ricota

75 g de farinha de trigo ou de farinha de espelta

50 g de farinha de amêndoa

1 colher (chá) de fermento químico em pó

uma boa pitada de sal

2 ovos orgânicos ou caipiras, claras e gemas separadas

2 colheres (sopa) de açúcar demerara

200 ml de leite (uso leite de amêndoa, mas pode ser o leite comum)

raspas da casca de 2 limões--sicilianos

raspas da casca de ½ laranja

manteiga ou óleo de coco para fritar

opcional: suco de limão

SIRVA COM FRUTAS DA ESTAÇÃO
- compota rápida de maçã
- framboesas amassadas com suco de limão
- mirtilos amassados com um pouco de mel ou melado
- maçãs salteadas e mel

Antes de mais nada, coloque a ricota em uma peneira e deixe-a sobre uma tigela por cerca de 10 minutos para drenar o líquido.

Enquanto isso, em uma tigela grande, misture as farinhas, o fermento em pó e o sal. Em outra tigela, bata as claras em neve até espumarem, então adicione o açúcar e bata até se formarem picos firmes, em ponto de merengue. Em uma jarra, bata as gemas com o leite. Acrescente-os, aos poucos, à mistura de farinhas e bata até obter uma massa lisa; adicione as raspas de limão e de laranja.

Usando uma espátula ou colher de metal, acrescente metade das claras batidas à mistura de farinhas e leite, com movimentos suaves, de baixo para cima. A seguir, acrescente a ricota e então o restante das claras – você deve obter uma massa leve a fofa.

Aqueça uma frigideira antiaderente grande, em fogo baixo, e acrescente um pouquinho de manteiga ou azeite. Trabalhe em pequenas porções. Usando cerca de meia concha de massa para cada panqueca, cozinhe-a até que a base esteja dourada e as bordas, cozidas. Quando começarem a surgir bolhas na superfície, vire a panqueca e cozinhe o outro lado por 1 minuto – mantenha-a aquecida enquanto prepara as demais. Faça uma alta pilha de panquecas em seu prato, acrescente 1 colher de frutas da estação e esprema um pouco de limão, se desejar.

Panquecas de banana, mirtilo e nozes-pecãs

A razão pela qual me tornei especialista em panquecas de banana é uma história triste, mas com final feliz. Durante uma entusiasmada aula de surfe no meu primeiro dia de férias em Bali, fiquei vermelha feito um pimentão e, para ficar fora do sol, passei o resto do tempo enrolada em sarongues aperfeiçoando a técnica das panquecas de banana.

Este é o resultado, embora estejam longe das panquecas indonésias encharcadas de mel que comemos nas férias. Estas têm um gostinho de pão de banana, e são veganas e sem glúten, graças ao uso de nozes-pecãs e aveia em lugar da farinha de trigo e bananas amassadas em vez da manteiga.

Uma nota sobre o leite de coco: a maioria dos supermercados vende o leite de coco pronto para beber, que vem em embalagem cartonada e fica junto com os leites de soja e de arroz. Ele substitui o leite na maioria das receitas e fica entre o leite de coco mais espesso, que vem em garrafinhas e a água de coco. Costumo tomá-lo com os cereais matinais e com chá. Esse é o leite de coco que uso na maioria das minhas receitas, e possui menos gordura e calorias do que a versão engarrafada. Se não conseguir encontrá-lo, dilua a versão em garrafinha com 50% de água ou use seu leite habitual.

Antes de mais nada, ligue o forno a 120 °C para manter tudo aquecido.

Bata a aveia no liquidificador até obter uma farinha de aveia. Transfira para uma tigela e junte as nozes-pecãs, o fermento e o sal.

Misture a banana amassada com o leite (se preferir, bata tudo no processador). Bata a mistura de banana com a farinha e deixe a massa assentar por alguns minutos.

Aqueça uma panela antiaderente sobre fogo médio. A seguir, adicione as fatias de banana e frite-as de ambos os lados na panela sem gordura até estarem douradas e caramelizadas. Mantenha-as aquecidas.

RENDE 8 MINIPANQUECAS

PARA A MASSA

100 g de aveia

um bom punhado de nozes-pecãs (cerca de 50 g) grosseiramente picadas

1 colher (chá) de fermento químico em pó

uma pitada de sal marinho

1 banana madura descascada e amassada

150 ml de leite de coco ou de amêndoa (ver nota acima)

uma caixa de 200 g de mirtilos

PARA SERVIR

2 bananas descascadas e cortadas em fatias finas

um pouco de óleo de coco ou manteiga

algumas nozes-pecãs esmigalhadas

gomos de limão

mel, xarope de agave ou de bordo

Leve a panela de volta ao fogo médio e acrescente um pouco de óleo de coco ou manteiga. Despeje uma boa colherada de massa para cada panqueca. Quando surgirem bolhas na parte superior, vire a panqueca, e, quando ambos os lados estiverem cozidos, espalhe sobre ela um punhado de mirtilos e dobre a panqueca ao meio. Cozinhe por mais 2 minutos do outro lado. As panquecas ficarão úmidas no interior, por causa da banana, por isso não se preocupe. Mantenha-as aquecidas enquanto prepara as demais.

Sirva as panquecas empilhadas, intercalando-as com fatias de banana reservadas. Adicione um pouco de nozes-pecãs trituradas, esprema um pouquinho de limão e, se gostar, acrescente um toque de mel, xarope de agave ou de bordo.

Uma bola de sorvete de coco e banana transformam esta receita em "pudim do bem-estar" (ver p. 277).

Waffles de cereja e papoula

Os waffles, como xícaras de café ilimitadas, uma cobertura de xarope de bordo de 3 cm de altura e garçonetes que usam crachás, para mim, são coisas de norte-americano. Eu comecei a prepará-los em 2013, em casa – comprei uma forma de waffle bem cara e não me arrependi, pois há algo de muito bom em sua aparência quadriculada. Os waffles são rápidos, fáceis de fazer e mais consistentes que as panquecas, e a fôrma deles se mantém impecavelmente limpa: não há necessidade de lavar. Eu preparo estes waffles com uma mistura de aveia e quinoa, transformadas em pó no processador, mas a farinha de trigo também dá bons resultados.

A cereja é, com certeza, minha fruta predileta. Quando as cerejas britânicas começam a encher minha cesta de frutas, são a única coisa que eu como no café da manhã, até sumirem outra vez. Elas contêm muito ferro, por isso são indicadas para as pessoas que estão cortando as proteínas ricas em ferro. Tenho sempre no freezer cerejas descaroçadas para usar o ano inteiro, mas podem ser encontradas congeladas nos supermercados. Ficam ótimas se misturadas a framboesas com um pouco de água de rosas e substituem as cerejas frescas.

Em vez de usar ovos, você pode fazer estas panquecas utilizando a incrível e conveniente qualidade agregadora das sementes de chia. O que mais gosto nessas sementes é como elas se prestam ao preparo de doces e salgados que vão ao forno. Você pode usá-las em lugar dos ovos em praticamente qualquer preparo, basta misturar 1 colher (sopa) de chia com 3 colheres de água para substituir cada ovo e deixar em demolha por alguns minutos até obter uma mistura meio grudenta. Gosto de sentir a crocância da chia em um bolo, mas, se desejar, pode triturá-la no processador antes de adicionar a água. Essa mistura pode ser usada em todas as receitas cozidas deste livro, apenas não tente fazer ovos mexidos!

....

Coloque as cerejas e o mel em uma panela e leve para aferventar, então cozinhe por 10 minutos, até ficarem macias, levemente viscosas e de um vermelho intenso.

RENDE 8 WAFFLES

PARA AS CEREJAS
500 g de cerejas sem caroço frescas ou congeladas
2 colheres (sopa) de mel

PARA A MASSA
200 g de aveia
4 colheres (sopa) de açúcar demerara ou açúcar de coco (ver p. 275)
1 colher (sopa) de fermento químico em pó
uma pitada de sal marinho
2 colheres (sopa) de sementes de papoula ou chia, mais o necessário para servir
200 ml de iogurte natural ou iogurte de leite de coco
150 ml do leite de sua escolha
3 ovos orgânicos ou caipiras (ou ver nota sobre a chia)
raspas da casca de 1 limão-siciliano
manteiga ou óleo de coco para cozinhar

PARA SERVIR
iogurte
mel

WAFFLES DE CEREJA E PAPOULA

Leve a fôrma de waffle ao fogo baixo para aquecer. Costumo cozinhar no fogão a gás, o que aquece a fôrma bem depressa. Porém, se seu fogão é elétrico ou por indução, terá de esperar um pouco mais. Outra opção é usar uma máquina de waffle elétrica, na potência média.

Bata a aveia no processador até virar um pó bem fino, coloque-o em uma tigela e junte o açúcar, o fermento químico, o sal e as sementes de papoula. Em uma jarra, bata o iogurte, o leite, os ovos e as raspas de limão. Acrescente os ingredientes líquidos aos secos e bata até obter uma massa lisa e espessa, e então despeje-a de volta na jarra para facilitar o preenchimento da fôrma de waffle.

Aumente um pouco o fogo da fôrma de waffle. Despeje uma pelota de manteiga ou óleo de coco na base e com um pincel espalhe-a pelos quadrados da fôrma. Gire a fôrma e pincele o outro lado.

Coloque uma concha da mistura em um dos lados da fôrma e feche-a. Deixe por 2 minutos, até ficar crocante, então vire-a e deixe por mais 3 minutos. Os waffles estarão prontos quando estiverem dourados e soltarem facilmente da fôrma.

Sirva com as cerejas aquecidas, salpique com chia ou sementes de papoula, junte 1 colher (sopa) de iogurte e regue com mel.

Croquete de batata com tempero de dosa e picles de pepino

O melhor café da manhã que já comi foi uma dosa masala em Fort Cochin, em Kerala. É como eu gosto de introduzir no meu dia os intensos e fragrantes sabores do sul da Índia. É um prato para comer a qualquer hora, com grandes choques de sabor na forma de folhas de curry e sementes de mostarda preta, o que confere à batata a quente e sutil pungência que é o intenso e incrível equilíbrio da culinária indiana. Esse é o modo como eu quase sempre uso as minhas sobras de batata. Qualquer purê de tubérculos funciona nesta receita, mas eu acho que a batata absorve melhor os sabores.

Abacate amassado com esses condimentos é uma revelação – eu o como com torradas ao menos uma vez por semana.

Se as folhas de curry forem difíceis de encontrar (procure na internet), pode deixá-las fora da receita. No entanto, elas são maravilhosas e, se você não as conhece, tente obter algumas. Elas têm um sabor estranho, mas delicioso, e acrescentam ao prato uma intensidade que é difícil de explicar, como acontece em relação às trufas. Sempre que as encontro, compro alguns pacotes – hoje em dia alguns supermercados têm essas folhas em estoque. Guarde-as em um saco plástico no freezer e vá retirando algumas à medida que precisar. Você vai ficar viciado nelas, mas tudo bem, elas são ótimas para a saúde. Misture-as com limão e uma pitada de açúcar em água quente para auxiliar na digestão.

....

Aqueça um bom fio de óleo em uma frigideira sobre fogo médio e frite a cebola por cerca de 5 minutos, até ficar macia e perfumada. Acrescente as sementes de mostarda e afaste-se, pois elas pulam na frigideira. Retire 1 colher (sopa) cheia da mistura e reserve para esfriar.

Com a frigideira ainda no fogo, adicione o açafrão-da-terra e as folhas de curry e frite por cerca de 1 minuto, 1 minuto e pouco, então transfira tudo para uma tigela para esfriar ligeiramente.

Acrescente as batatas amassadas à cebola, tempere e misture bem. Divida a mistura em quatro partes e molde quatro croquetes de batata. Leve-os à geladeira para esfriar enquanto realiza algumas outras tarefas.

4 PORÇÕES

PARA O CROQUETE DE BATATA

azeite de oliva ou óleo de coco

1 cebola descascada e finamente picada

1 colher (sopa) de sementes de mostarda preta

½ colher (chá) de açafrão-da-terra em pó

10 folhas de curry

4 batatas grandes cozidas, escorridas e grosseiramente amassadas, ou 4 colheres (sopa) generosas de sobras de purê

sal marinho e pimenta-do-reino moída na hora

PARA O ABACATE

2 abacates maduros cortados ao meio e sem caroço

suco de ½ limão-siciliano

PARA OS PICLES RÁPIDOS DE PEPINO

½ pepino cortado ao meio e finalmente fatiado

1 colher (chá) de sementes de coentro trituradas em um pilão

uma pitada de açúcar ou 1 "esguichada" de xarope de agave

raspas da casca e suco de ½ limão-siciliano

1 colher (sopa) de vinagre de vinho branco

Em outra tigela, amasse o abacate com o suco de limão (você pode usar o amassador de batata) e adicione a colher com a cebola reservada. Misture e tempere bem.

Para fazer os picles, coloque o pepino fatiado em uma tigela e acrescente os outros ingredientes dos picles. Com as mãos, triture as fatias de pepino para mesclar os sabores.

Leve a frigideira de volta ao fogo. Retire os croquetes de batata da geladeira e frite-os ligeiramente e com cuidado em um pouco de óleo por 2-3 minutos de cada lado, até ficarem bem quentes, dourados e crocantes.

Sirva cada croquete de dosa coberto com as sementes de mostarda, a cebola e o purê de abacate com uma bela colher de picles ao lado.

Outros modos de usar seus picles de pepino:
- Compondo um hambúrguer vegetariano.
- Como acompanhamento de uma tigela de dahl e arroz.
- Em um bagel com um pouco de cream cheese e raspas de limão.
- Em um sanduíche de queijo.
- Acompanhando um curry.
- Para incrementar os próprios sanduíches de pepino.

Brunch integral de domingo

Às vezes precisamos de um café da manhã ou de um brunch reforçado, mas eu nunca embarquei em comida pesada e gordurosa para começar o dia. Para mim, o café da manhã define como eu quero que seja o meu dia. Opto por este café da manhã quando jantei fora na véspera ou pretendo fazê-lo nessa noite – posso dizer que este é o meu café da manhã legitimamente inglês. No outono e no inverno, quando ficou para trás o auge de sua produção, eu substituo os tomates frescos da receita por tomates secos.

Pode-se preparar esta receita no tempo que alguém levaria para sair, comprar o jornal e preparar uma bela xícara de café. Encorajo você a usar estes grãos em lugar de torradas no café da manhã. Eu os considero muito mais nutritivos do que o pão e se encaixam perfeitamente nesta receita. No entanto, se preferir, uma fatia de pão vai funcionar muito bem em lugar do farro. Às vezes, para obter um brunch realmente impecável, eu acrescento algumas linguiças de castanha, da p. 201, ou frito algumas fatias de tofu, em lugar do ovo.

Sálvia talvez não seja a erva mais óbvia para o café da manhã, mas funciona maravilhosamente bem aqui. Adoro sálvia – a palavra, o sabor, o odor, o alento que ela traz – há algo de ancestral nessa erva, que eu adoro. Na verdade, ela é um membro da família da hortelã e você pode sentir esse parentesco. Eu adoro fritar as folhas de sálvia em azeite quente até estarem perfeitamente crocantes e polvilhá-las sobre ovos fritos ou abóboras assadas.

....

2 PORÇÕES, EMBORA POSSA FACILMENTE SER PROGRAMADO PARA UM GRANDE BRUNCH ENTRE AMIGOS

¼ de abóbora-cheirosa ou similar sem sementes, cortada em fatias de 1 cm

2 cogumelos do campo grandes

sal marinho e pimenta-do-reino moída na hora

azeite de oliva ou óleo de canola

100 g de farro ou de quinoa

2 belas ramas de tomates-cereja

um punhado pequeno (50 g) de amêndoas

alguns ramos de sálvia fresca (cerca de 20 folhas)

1 limão-siciliano

2 ovos orgânicos ou caipiras para fazer poché (mais, se estiver faminto)

Preaqueça o forno a 220 °C.

Coloque a abóbora e os cogumelos em uma assadeira, tempere e regue com um fio de azeite. Leve ao forno por 15 minutos.

A seguir, comece a trabalhar o grão escolhido. Lave-o em água corrente, em seguida jogue-o em uma panela com água quente e sal e cozinhe o farro por 20-25 minutos, até ficar macio, ou a quinoa por 10 minutos, assegurando-se de cobrir o cereal com água sempre que preciso.

Passados os 15 minutos, retire do forno a assadeira com a abóbora e acrescente os tomates. Polvilhe sal e pimenta-do-reino, regue com azeite e leve de volta ao forno por cerca de 20 minutos.

Para fazer o pesto de sálvia e amêndoas, toste as amêndoas em uma panela até começarem a perfumar e dourar, então retire do fogo. Em um pilão, bata as folhas de sálvia com uma pitada de sal. Acrescente as amêndoas e bata até obter uma pasta granulosa, então adicione 4 colheres (sopa) de azeite, esprema o suco de ¼ de limão e bata novamente até ficar lisinha. Tempere com sal e pimenta-do-reino, provando para temperar a gosto. Pode ser feito também no processador.

Finalmente, leve uma panela com água para ferver para o preparo dos ovos pochés (uso uma frigideira). Diminua o fogo até a água estar borbulhando mansamente, então quebre os ovos na água e deixe cozinhar por 3-4 minutos. Retire-os com uma escumadeira e transfira para papel-toalha.

Coloque 1 colher de grãos em cada prato, arranje sobre os grãos os legumes assados, acrescente um ovo, regue generosamente com o pesto e aprecie-o lentamente...

o intervalo entre refeições

Se for para fazer um lanche, faça da maneira certa, do começo ao fim. Preencher os intervalos entre as refeições com algo que seja delicioso, planejado e saudável vai me impedir de procurar um biscoito de chocolate. Quer seja uma simples colher de pasta de amêndoa sobre um bolinho de arroz, um punhado de crisps de couve ou uma pipoca caramelada salgada feita em casa, uma larica bem pensada me deixa feliz, realizada e cheia de energia. Todas essas receitas são perfeitas também para uma multidão – basta multiplicar pela quantidade necessária para abastecer uma festa.

Quesadillas de batata-doce tostada · crisps de couve doces e salgados · o melhor sanduíche de ovo que você já comeu · salsa defumada · homus incrementado com missô · dip dourado do Oriente Médio · sanduíches altos e recheados · pipoca condimentada com caramelo e sal · wraps Califórnia de xarope de bordo e amendoim

Quesadillas de batata-doce tostada

Quesadillas não têm dia nem hora. Você prepara em 5 minutos e todo mundo adora. Podem ser servidas em uma festa, fazem um ótimo jantar-depois-do--serão, e funcionam no café da manhã, com um belo ovo dentro.

Estas quesadillas são um pouco diferentes – a comum, de farinha branca e recheada de queijo, não funciona para mim. Assim, estas são recheadas com uma super-rápida massa de batata-doce e feijão-branco. Você não vai se arrepender.

Há dois tipos de pimenta aqui, mas não se confrontam – não são fortes demais. Não gosto da sensação de queimação intensa da pimenta vermelha. Para mim, qualquer alimento que põe o organismo em pânico ou tira seu equilíbrio não pode ser bom. Mas adoro pimenta, e a mistura do defumado intenso da chipotle e o calor doce e cru da pimenta vermelha fresca proporcionam uma pungência equilibrada.

Hoje em dia, muitos lugares começam a estocar a pasta de chipotle, o que torna seu defumado suave mais acessível. Se não conseguir encontrá-la, substitua-a por ½ colher (chá) de páprica picante defumada. Entretanto, em algumas lojas especializadas você pode encontrar a pasta de chipotle pronta.

Vale a pena mencionar o que as pimentas escondem em sua colorida pequena embalagem. Elas possuem alto teor de antioxidantes e vitaminas, aceleram o sistema imunológico e ajudam a aumentar o metabolismo. A magia da pimenta.

---

2 PORÇÕES, COMO JANTAR, OU 4 COMO LANCHE

azeite de oliva
1 batata-doce descascada e ralada
1 colher (sopa) de xarope de bordo ou melado
sal marinho e pimenta-do-reino moída na hora
1 colher (chá) de pasta de chipotle
1 pimenta vermelha finamente picada
1 lata (400 g) de feijão-branco escorrido
1 abacate
½ limão
alguns ramos de hortelã fresca ou coentro, folhas escolhidas e picadas
4 tortilhas de milho (ver nota na p. 13)

Aqueça um fio de azeite de oliva em uma panela, acrescente a batata-doce e o xarope e tempere com sal e pimenta-do-reino. Adicione a pasta de chipotle, a pimenta vermelha picada e cozinhe por alguns minutos, até que a batata esteja macia e perca o sabor de crua.

Transfira para uma tigela e acrescente os feijões, então use o amassador de batatas para esmagar um pouco a mistura – restarão pedaços de batata-doce sem amassar. Tempere, se necessário.

Amasse o abacate com um pouco de suco de limão e junte as ervas. De novo, uso o amassador de batata para isso.

A seguir, aqueça uma frigideira grande o bastante para conter suas tortilhas. Coloque uma tortilha na frigideira, adicione ¼ da mistura preparada sobre uma das metades e dobre a outra sobre o recheio. Frite sem azeite um dos lados da tortilha até formar bolhas e dourar, então vire-a e faça o mesmo do outro lado. Mantenha a quesadilla aquecida enquanto prepara as outras do mesmo modo.

Sirva diretamente da frigideira com o abacate amassado.

Como parte de uma refeição maior:
- Sirva com alguns punhados de salada de folhas temperada com limão.
- Sirva com uma salada crocante de rabanete, folhas, erva-doce laminada e coentro, além de uma salsa rápida de tomate.

Crisps de couve ao forno

Os crisps de couve cruzaram o oceano, trazidos pelos nossos amigos norte-americanos que se preocupam com a boa saúde. E eles são deliciosos. Apetitosos, salgados, doces, crocantes e bons sob todos os pontos de vista – uma alternativa supersaudável para um pacote de salgadinhos. O único ponto negativo é o preço. Meu limite de gastos com um pote pequeno de crisps é bem baixo, e só um pote não duraria mais de meia hora lá em casa.

Tenho amigos partidários do crudivorismo – dieta totalmente crua – que preparam esses crisps no desidratador, um aparelho que lentamente seca e conserva os alimentos. Mas, não se preocupe, não vou sugerir que você saia e gaste um dinheirão nesse aparelho.

A resposta é bem mais barata: um maço de couve e um forno confiável. Assadas ao forno, as folhas de couve não manterão as mesmas credenciais do alimento cru tão apreciadas pelos meus irmãos crudívoros, mas eu gosto de compensações, e esta é muito boa – couve assada por batata frita.

Francamente, não consegui decidir qual sabor é melhor, então aqui estão os dois: a versão de missô com gergelim tem todo o adocicado sabor de um sushi roll matador. Já o de estragão e mostarda, é doce e perfumado. Experimente os dois e então crie sua própria receita – seguindo a fórmula salgado/ácido/doce não há o que errar.

Eis aqui uma ótima maneira de conquistar os que detestam verduras. Disfarçados em crisps crocantes e saborosos, qualquer um pode ser persuadido a gostar de couve.

RENDE O SUFICIENTE PARA UM GRUPO DE AMIGOS MORDISCAR OU COMO LARICA INDIVIDUAL POR UMA SEMANA

200 g de couve crespa lavada e seca ao sol (uso uma mescla de folhas brancas, verdes e roxas)

PARA O MOLHO DE ESTRAGÃO E MOSTARDA

1 colher (sopa) de mostarda em grão

1 colher (sopa) de azeite de oliva

1 colher (sopa) de mel ou de xarope de agave

½ maço de estragão fresco, folhas escolhidas e picadas

suco de 1 limão-siciliano

uma boa pitada de sal marinho

PARA O MOLHO DE MISSÔ E GERGELIM

1 colher (chá) de pasta de missô

1 colher (sopa) de shoyu (molho de soja) ou tamari

1 colher (sopa) de azeite de oliva

1 colher (sopa) de xarope de bordo ou melado de cana

suco de 1 limão

3 colheres (sopa) de gergelim

Preaqueça o forno a 120 °C e forre duas assadeiras com papel-manteiga.

Rasgue as folhas de couve dos seus talos em pedaços do tamanho de salgadinhos (lembre-se de que eles vão encolher um pouco). Os talos pequenos podem ficar, mas retire os maiores. Espalhe os pedaços de couve sobre as assadeiras forradas com papel-manteiga, espaçados uns dos outros.

CRISPS DE COUVE AO FORNO

Prepare o molho de sua preferência, misturando os ingredientes em uma tigelinha.

Espalhe o molho uniformemente sobre a couve nas assadeiras. A seguir, com as mãos, misture bem, virando os pedaços de couve até estarem bem recobertos.

Leve a couve ao forno por 30 minutos. A seguir, retire as assadeiras do forno e, com uma espátula, solte os pedaços de couve do papel-manteiga. Leve as assadeiras de volta ao forno desligado e deixe até que adquira a crocância necessária, o que levará outros 30 minutos.

Retire os crisps de couve da assadeira e guarde-os em um vidro ou recipiente hermético. Isso os manterá crocantes por 1 semana, mas vão sumir bem antes disso!

Muhammara de nozes defumadas e cominho

Se alguém que você conhece pensa que a comida vegetariana é sem graça, entregue a ele uma tigela deste molho e algumas torradas de pão sírio e lhe dê 5 minutos. É um turbilhão de sabores: o doce almiscarado das pimentas, o tempero terroso do cominho e a intensidade amanteigada das nozes. E é tão versátil! Tenho sempre um vidro na geladeira para apimentar praticamente qualquer refeição.

O melado de romã é tradicionalmente usado nesta receita para acrescentar uma doçura picante. A maioria dos grandes supermercados e lojas de produtos do Oriente Médio tem o produto em estoque, mas, se não conseguir encontrá-lo, pode substituir por 1 colher (sopa) de vinagre balsâmico e 1 colher (sopa) de xarope de tâmaras, mel escuro ou xarope de agave.

....

Preaqueça o forno a 220 °C.

Coloque as nozes e as sementes de cominho em uma assadeira e leve para assar por 6 minutos, até as nozes começarem a dourar e o cominho começar a recender e a desprender seu óleo. Despeje em um processador e acrescente os pimentões. Bata até obter uma pasta, então acrescente os farelos de pão, o purê de tomate, o melado de romã, a pimenta em flocos, o suco de limão e uma boa pitada de sal e pimenta-do-reino. Bata novamente até obter uma pasta lisa.

Com o aparelho ligado, adicione lentamente o azeite e bata até estar bem homogêneo. Prove, tempere, se necessário, e bata novamente. Continue a experimentar e a equilibrar os sabores – talvez você prefira com um pouco mais de limão, de melado de romã ou de sal e pimenta-do-reino. Tempere a seu gosto. Ele se mantém na geladeira por 1 semana.

Dicas para usar o muhammara:
- No café da manhã, espalhe sobre as torradas e sobre o ovo poché.
- Como marinada para tofu ou os legumes do churrasco.
- Misture com um pouco de azeite para temperar tubérculos assados, como beterrabas e abóbora.
- Para acompanhar um prato de lentilhas ou feijão, com um pouco de iogurte e algumas ervas.

RENDE UM VIDRO CHEIO, O BASTANTE PARA UM BATALHÃO SE DELEITAR

75 g de nozes sem casca

1 colher (chá) de sementes de cominho

1 vidro (200 g) de pimentão vermelho assado, ou 3 pimentões recém--assados, descascados, sem sementes e picados

2 fatias de bom pão integral, transformadas em farelos

2 colheres (sopa) de purê de tomate de boa qualidade

2 colheres (sopa) de melado de romã (como alternativa, ver nota adiante)

1 colher (chá) de pimenta turca em flocos (ver p. 22) ou uma pitada de pimenta vermelha em flocos

suco de ½ limão-siciliano

sal marinho e pimenta-do-reino moída na hora

4 colheres (sopa) de azeite de oliva extra virgem

Wraps Califórnia de maple e amendoim

Alguns anos atrás, este wrap me alimentou uma semana inteira no deserto, ouvindo música: a combinação exata de verduras refrescantes, cenouras carregadas de vitaminas e a boa energia proteica do tempeh e das sementes.

Mas o coroamento deste prato é o molho – é um desses molhos que atingem todos os níveis de sabor e deixam um gostinho de quero mais. É ótimo em saladas também. Já me aconteceu de comer um wrap atrás do outro. São bons demais. Super-rápidos de preparar. Lá em casa são um almoço infalível, ao menos duas vezes por semana, e não raro marcam presença nas ceias de verão, com algumas batatas-doces assadas cortadas em quatro.

O tempeh é um bolo de soja prensada. É uma grande fonte de proteína e funciona bem na maioria das receitas que empregam o tofu. Eu compro meu tempeh em uma loja de produtos naturais local. O tempeh é um alimento fermentado, de digestão muito mais fácil do que outros tipos de soja. Precisa de um tipo especial de tratamento, como a marinada desta receita, pois tem sabor bastante neutro. Aqui, um tofu firme funciona também.

....

Misture em uma tigela o xarope de bordo ou o melado, o molho de soja, o azeite de oliva e o vinagre. Acrescente o tempeh e vire-o, para recobri-lo com a marinada. Deixe descansar.

A seguir, prepare o molho. Bata todos os ingredientes juntos, com 1 colher (sopa) de água, se estiver muito espesso, prove e verifique se o sabor está equilibrado, então reserve.

Aqueça uma panela sem gordura e frite o tempeh por alguns minutos de cada lado até dourar e começar a caramelizar.

Aqueça as tortilhas – faço isso segurando-as com pinças sobre a chama do fogão a gás por alguns segundos, mas você pode usar o forno ou uma panela antiaderente. Para montar cada wrap, coloque um pouco de tempeh sobre cada tortilha, cubra com um quarto da cenoura ralada, das sementes e da salada verde e acrescente um quarto do molho.

Repita com os demais wraps.

RENDE 4 WRAPS

4 tortilhas de trigo integral
2 cenouras raladas
4 colheres (sopa) de um mix de sementes tostadas
quatro punhados de folhas verdes de salada

PARA O TEMPEH

1 colher (sopa) de xarope de bordo ou melado de cana
1 colher (sopa) de molho de soja
1 colher (sopa) de azeite de oliva
1 colher (sopa) de vinagre balsâmico
200 g de tempeh, cortado em fatias de 1 cm

PARA O MOLHO DE AMENDOIM

2 colheres (sopa) de pasta de amendoim natural
2 colheres (chá) de pasta de missô
2 colheres (chá) de shoyu (molho de soja)
2 colheres (sopa) de xarope de bordo ou melado de cana
2 colheres (sopa) de tahine
suco de 1 limão

HOMUS

TÂMARA E GERGELIM PRETO

1 lata (400 g) de feijão cannellini escorrido
1 colher (sopa) de azeite de oliva
4 tâmaras medjool grosseiramente picadas
suco de ½ limão-siciliano
½ colher (sopa) de pasta de missô
sal marinho
2 colheres (sopa) de xarope de tâmara
2 colheres (sopa) de gergelim preto tostado

Se não tiver à mão o xarope de tâmara, um fio de mel ou xarope de agave são substitutos à altura. Gergelim branco bem tostado pode repor o gergelim preto, se necessário.

....

Coloque o feijão no processador com o azeite, as tâmaras, o suco de limão, o missô e uma pitada de sal e bata até atingir a consistência desejada. Prove, adicione mais sal, se necessário, e junte um pouquinho de água ou azeite, se a mistura parecer muito espessa. Eu deixo bater bastante, pois gosto que a mistura fique leve e macia, mas alguns gostam de mais textura – você decide!

Ao atingir a textura desejada, transfira para uma tigela, regue com o xarope de tâmaras e salpique o gergelim preto.

FEIJÃO-PRETO E SEMENTES DE ABÓBORA

1 lata (400 g) de feijão-preto
1 pimenta verde sem o cabo e grosseiramente picada, mais pimenta picada, o suficiente para finalizar
um maço pequeno de coentro grosseiramente picado, mais coentro picado, o suficiente para finalizar
raspas da casca e suco de 1 limão
1 colher (sopa) de xarope de bordo ou melado de cana
um bom punhado de sementes de abóbora
sal marinho e pimenta-do-reino moída na hora
um bom fio de azeite de oliva

Uma combinação mexicana clássica por uma razão – é muito apreciado e delicioso com tortilhas chips feitas em casa.

....

Coloque todos os ingredientes, à exceção da quantidade extra de pimenta e coentro no processador e bata até obter a textura desejada. Prove e adicione mais sal e pimenta-do-reino, se desejar, e mais azeite ou água, se estiver muito espesso. Transfira para uma tigela. Misture a pimenta e o coentro extras com um pouco de azeite e regue a mistura.

Se sua casa for parecida com a minha, ou a maioria dos seus amigos for semelhante nessa questão, sua mesa e sua geladeira devem estar sempre repletas de potes de homus. Em geral eu mesma o preparo, pois gosto de adaptar os sabores às mudanças de estação, de humor e ao que mais houver na geladeira. A fórmula grão-de-bico + tahine pode não ser uma unanimidade, por isso, aqui estão algumas versões nada convencionais que você não vai encontrar à venda. O mesmo princípio pode ser seguido com praticamente qualquer coisa, desde que você mantenha aproximadamente as mesmas quantidades de cereal/cítricos/condimentos apresentadas abaixo.

Estas receitas são um modo excelente de usar as sobras de feijão.

Todas elas se mantêm na geladeira por 5 dias. Cada receita rende um bom vidro de homus.

FEIJÃO-MANTEIGA, AMÊNDOA E ALECRIM

1 lata (400 g) de feijão-manteiga escorrido
raspas da casca e suco de 1 limão-siciliano
um punhado de amêndoas inteiras
2 ramos de alecrim, folhas escolhidas
2-3 colheres (chá) de leite de amêndoas ou água
sal marinho e pimenta-do-reino moída na hora
um belo fio de azeite de oliva
algumas amêndoas inteiras, tostadas e picadas, para finalizar

Aqui, juntam-se o alecrim e as amêndoas, à moda italiana. É ótimo para iniciar uma refeição, com algumas fatias de pão chamuscadas ao fogo, regadas com azeite. Eu preparo as minhas com amêndoas cruas, mas as amêndoas tostadas acrescentam um sabor defumado, por isso, experimente ambas.

....

Junte todos os ingredientes, à exceção das amêndoas tostadas, em um processador e bata até obter uma mistura tão macia quanto queira. Adicione um pouquinho de água, se necessário, até obter uma boa consistência.

Finalize com as amêndoas tostadas e outro fio de azeite de oliva.

ERVILHA E ERVAS VERDES

300 g de ervilhas congeladas
um maço pequeno de hortelã fresca
um maço pequeno de manjericão fresco
2 colheres (sopa) de azeite de oliva extra virgem de qualidade
raspas da casca e o suco de 1 limão-siciliano
sal marinho e pimenta-do-reino moída na hora

Quem disse que não se pode fazer homus com ervilha? Eu, não. Espalhe-a sobre uma bruschetta ou finalize um simples risoto; as sobras podem até mesmo ser misturadas ao macarrão. Esta receita as crianças adoram. Às vezes adiciono um abacate para ter um pouco mais de cremosidade. Favas também funcionam nesta receita. Uso ervilhas frescas na primavera – no resto do ano, as congeladas são nossas aliadas.

....

Despeje as ervilhas em uma tigela e cubra-as com água fervente. Deixe descansar por 1 minuto, então escorra. Coloque-as no processador com os demais ingredientes até obter uma pasta verde-clara (um triturador manual também funciona). A seguir, prove e tempere com mais sal e pimenta-do-reino ou limão, se necessário.

Tortilhas caseiras com salsa de pimenta vermelha tostada ao fogo

Sempre que preparo estas tortilhas, elas fazem o maior sucesso. Tanto, que peguei o costume de fazê-las sempre que aparece alguém – ao menor sinal de visita, elas já estão no forno e eu, no preparo de uma salsa. Eu adoro elogios. Na verdade, sinto certa culpa pelo fato de as pessoas gostarem tanto dessas tortilhas, pois até uma criança de 5 anos é capaz de prepará-las. O que faz com que todos gostem ainda mais delas.

Gosto mais das tortilhas de milho. O sabor indicado abaixo é o meu preferido, mas a maioria dos condimentos funciona muito bem: cominho e coentro são os meus favoritos, mas um pouco de raspas de limão e tomilho ou alecrim picado também são boas opções.

Como estas tortilhas com todo tipo de molho ou patê. Lá em casa o forte é esta salsa defumada, mas abacate amassado, homus e iogurte condimentado também são ótimos. Experimente o abacate amassado à indiana, da página 45, com chips feitos de chapatis e condimentados com coentro e um pouco de raspas de limão, para obter outra fantástica combinação.

....

Preaqueça o forno a 200 °C.

Coloque uma frigideira de ferro sobre fogo forte. Quando começar a fumegar, de tão quente, coloque as cebolinhas, a pimenta vermelha e os tomates e deixe chamuscar de ambos os lados. Retire as cebolinhas quando estiverem negras, a seguir as pimentas e finalmente os tomates. Tudo isso não levará mais de 5 minutos. Transfira para uma tigela e deixe esfriar.

Quando estiverem frios o suficiente para manusear, transfira tudo para uma tábua de corte. Use uma faca grande para picar tudo ao mesmo tempo até obter uma salsa consistente e pedaçuda, descartando a parte verde da pimenta. Quando a salsa estiver quase pronta, pique o coentro e adicione-o à mistura.

RENDE UMA TIGELA GRANDE

8 tortilhas, wraps, pão sírio ou chapatis
azeite de oliva
1 colher (chá) de páprica defumada
sal marinho

PARA A SALSA

4 cebolinhas verdes
1 pimenta vermelha perfurada com uma faca
20 tomates-cereja ou 8 tomates grandes
um maço pequeno de coentro fresco
azeite de oliva
suco de 1 limão
sal marinho e pimenta-do-reino moída na hora

Coloque a mistura em uma tigela com um bom fio de azeite de oliva, o suco do limão, uma boa pitada de sal e pimenta-do-reino. Prove e equilibre os sabores com mais limão, sal ou azeite, se necessário.

Corte cada tortilha, wrap, pão sírio ou chapati em 8 triângulos e espalhe-os sobre duas assadeiras. Não encha demais a assadeira, ou não ficarão crocantes.

Regue-os com azeite e salpique sobre eles a páprica defumada e uma boa pitada de sal marinho.

Asse por 10 minutos, até estarem crocantes e deliciosos. Sirva as tortilhas em tigelas e com a salsa à parte.

Outros modos de utilizar sua salsa:
- Sobre quesadillas (ver p. 52).
- Em sanduíche feito com torradas de queijo.
- Sobre uma batata-doce assada.
- Para acompanhar batatas assadas.
- Para acompanhar um ovo poché ou frito no café da manhã.
- Para finalizar uma torrada com abacate.

Pipoca condimentada com caramelo e sal

Pipoca condimentada com caramelo salgado – sirva em grandes tigelas ou em saquinhos de papel, para uma verdadeira sessão de cinema. E faça em grande quantidade – é muito rápido.

Adoro canela – é um condimento tão reconfortante! Meia colher (chá) de canela em pó por dia, com chá ou água quente, auxilia problemas de digestão. Mas tenha certeza de comprar canela Real ou do Ceilão e não cássia. Cássia é a camada externa da árvore da canela – é mais escura, e vem em rolinhos de casca. Possui um impactante aroma medicinal e é amplamente usada nos Estados Unidos. A verdadeira canela é mais doce e mais calmante – a casca, que vem em bastões, é de cor mais clara e se esfarela com facilidade. Se você costuma fazer suas compras em uma boa loja de produtos naturais ou de especiarias, precisa saber o que está comprando.

....

Antes de mais nada, estoure as pipocas. Aqueça uma panela bem grande (certifique-se de que a tampa tenha um bom encaixe) sobre fogo médio e adicione um borrifo de óleo. Se não tiver uma panela grande, utilize duas menores. Quando estiver bem quente, acrescente o milho de pipoca, tampe e reduza para fogo baixo. Dê uma boa chacoalhada a cada 30 segundos, mais ou menos, para movimentar os grãos e impedir que queimem. Vai demorar um pouco até o milho começar a estourar, mas, quando começar, o estouro ficará mais intenso e rápido, portanto, não se veja tentada a erguer a tampa.

Enquanto o milho estoura, comece a preparar o caramelo. Coloque o açúcar em uma panela com 100 ml de água, leve ao fogo médio e deixe ferver ligeiramente, com o cuidado de não mexer a mistura. Deixe ferver até que a água tenha se reduzido e você obtenha um caramelo denso. Resista à tentação de mexer, ou vai acabar com um caramelo cristalizado.

Quando a pipoca parar de estourar, retire do fogo e espalhe-a sobre uma assadeira. Com cuidado, despeje o caramelo sobre a pipoca, usando uma colher de metal para misturá-lo – não toque a pipoca com as mãos, pois o caramelo estará muito quente. Salpique a canela e o sal, rale por cima de tudo a noz-moscada e as raspas de laranja, e misture novamente com a colher. Deixe esfriar completamente antes de servir.

10 PORÇÕES

um borrifo de óleo vegetal
400 g de milho para pipoca
200 g de açúcar demerara
1 colher (sopa) de canela em pó
uma pitada de sal marinho
½ noz-moscada ralada na hora
raspas da casca de 1 laranja

Sanduíche de ovo quente com alcaparras e ervas

Nunca gostei de sanduíches de ovo – sempre fugi deles. Meu namorado, John, os adora, então, um dia, resolvi fazer o melhor sanduíche de ovo que ele já havia comido. O resultado foi um do qual também gostei. Gemas macias, apenas firmes, cheias da personalidade de um molho inspirado no tártaro e um toque de algumas ervas verdes cortadas com tesoura. Trata-se de comida fresca e rápida de primeira! Feito na hora e indo direto para o prato, que, a meu ver, é a única maneira de comer um sanduíche de ovo.

Iogurte, eis algo muito útil na cozinha – com ótimos resultados em bolos, massas leves, pães. Uso o iogurte grego orgânico em lugar da maionese, em sobremesas mais ricas e, ao natural, no café da manhã e na finalização dos pratos. Para mim é muito importante variar a dieta, para não ficar muito dependente de um ingrediente, por isso tenho sempre à mão iogurte feito com leite de coco, para os dias em que quero mudar as coisas um pouco.

....

Antes de mais nada, coloque os ovos em uma panela, cubra com água fria e leve ao fogo alto. Quando começar a ferver, regule o timer para 6 minutos (precisará de mais algum tempo se os ovos forem grandes).

Passados os 6 minutos (ou o tempo que você precisou deixar a mais), escorra e deixe sob água corrente para esfriarem um pouco. A seguir, coloque-os em uma tigela com água fria até estarem frios o suficiente para descascá-los. Coloque o restante dos ingredientes, à exceção do pão, em uma tigela e misture bem. Depois de frios, descasque os ovos e pique-os grosseiramente, acrescentando-os à mistura na tigela. Prove e ajuste o tempero, adicionando mais sal, pimenta-do-reino ou limão. Se seu pão estiver superfresco, não há necessidade de tostá-lo, mas, se estiver meio murcho, coloque-o na torradeira. Empilhe a mistura de ovos sobre 4 das fatias de pão e cubra com as outras 4. Às vezes eu acrescento um punhado de salada da época – agrião e rúcula funcionam muito bem.

RENDE 4 SANDUÍCHES

6 ovos orgânicos ou caipiras

6 mínis ou 2 pepinos em conserva finamente picados

2 colheres (sopa) de minialcaparras em salmoura ou grandes e picadas

2 colheres (sopa) de iogurte grego

1 colher (chá) de mostarda de Dijon

raspas da casca e suco de ½ limão-siciliano

alguns ramos de endro fresco picados

alguns ramos de salsinha fresca picados

opcional: 1 talo de salsão finamente picado

sal marinho e pimenta-do-reino moída na hora

8 fatias de pão de boa qualidade (gosto do pão de grãos)

Delicioso club sandwich com tofu defumado

Na opinião do John, esta é a melhor coisa que já fiz. É basicamente um trabalho de montagem, reunindo algumas coisas boas entre duas fatias de pão, como deve ser um sanduíche.

....

Aqueça uma frigideira antiaderente em fogo médio, e então acrescente as fatias de tofu, aquecendo-as de ambos os lados.

Junte em uma tigela a pasta de chipotle, a maionese e o suco de limão, tempere com um pouco de sal e pimenta-do-reino, se necessário, e misture bem.

Toste o pão e coloque tudo sobre uma tábua de corte, pronto para montar o sanduíche.

Espalhe sobre 2 fatias de torrada a pasta de chipotle e sobre as outras 2 fatias, o abacate amassado. Sobre a pasta de abacate, acrescente o tofu, a alface e o tomate. Cubra com as fatias com pasta de chipotle, corte ao meio e coma em seguida.

RENDE 2 SANDUÍCHES NATURAIS

100 g de tofu defumado, cortado em 6 fatias

1 colher (sopa) de pasta de chipotle

1 colher (sopa) de maionese comum ou maionese vegana

suco de ½ limão

sal marinho e pimenta-do-reino moída na hora

4 fatias de pão (uso um pão de fermentação natural ou pão de sementes)

½ abacate grosseiramente amassado

1 miolo de alface rasgado

8 tomates secos

IDEIAS PARA SANDUÍCHES RÁPIDOS

Sanduíches são uma das coisas de que mais gosto.
Algo de muito bom acontece quando entre 2 fatias
de pão se insere a combinação certa de recheios.
Estes são uma versão moderna, vegetariana.
Uso um pão de qualidade – tipo italiano,
de centeio, de grãos ou mesmo de painço.

HOMUS

TOMATE FATIADO
TOMATES SECOS
HOMUS
AZEITONAS PRETAS
HARISSA
SEMENTES TOSTADAS

FALÁFEL

FALÁFEL
ALCAPARRAS
TOMATES
HOMUS
PICLES DE BETERRABA
ESPINAFRE
SUCO DE LIMÃO

VEG TOTAL

BROTOS
CENOURA RALADA
ESPINAFRE
ABACATE AMASSADO
TOMATES-CEREJA
PESTO

CLUB VEG

TOFU DEFUMADO
CHEDDAR FATIADO
PEPINO EM CONSERVA
ALFACE
TOMATE-CEREJA
MOSTARDA
MAIONESE

SAN FRAN

PESTO
AMÊNDOAS
PECORINO
AGRIÃO
MEL
SUCO DE LIMÃO

ABACATE

ABACATE AMASSADO
FETA
COENTRO
LIMÃO
TOMATES-CEREJA
ALFACE
PIMENTA VERMELHA/
CHIPOTLE

ASPARGOS

ASPARGO BRANQUEADO
PARMESÃO
ABACATE
SEMENTES DE ABÓBORA
AGRIÃO
SUCO DE LIMÃO-SICILIANO

BETERRABA

BETERRABAS COZIDAS
QUEIJO DE CABRA
SEMENTES DE ABÓBORA
AGRIÃO
RASPAS DA CASCA
DE LIMÃO-SICILIANO

uma tigela de caldo, sopa ou ensopado

Há algo nos pratos deste capítulo que nos faz sentir devidamente alimentados. Todas as propriedades de cada ingrediente são liberadas no caldo. A maioria dessas sopas e ensopados fica pronta em menos de 30 minutos e requerem apenas um preparo prévio. Nos meses mais frios, minha tendência é fazer uma grande quantidade de sopa na noite de segunda-feira, em geral uma receita dupla em meu maior caldeirão de ferro. Então mergulhamos nele nos almoços e jantares do resto da semana, variando os complementos para quebrar a rotina. Começamos com uma sopa pedaçuda, e depois de umas duas tigelas, bato tudo no liquidificador e ela está nova em folha.

Tubérculos de inverno · caldo de tomate condimentado · missô desintoxicante · vigor da Toscana · macarrão udon al dente · coco depurativo · capim-cidreira fragrante · molho de pimenta defumada · oleaginosas tostadas · sálvia frita crocante · crisps de tortilha

Ensopado de grão-de-bico e conserva de limão

Esta foi uma rápida criação noturna. Um daqueles momentos em que as estrelas se alinham e, embora você não tenha ido às compras, alguns ingredientes saltam da geladeira e sem o menor esforço se juntam para fazer algo especial.

Faço esta receita quando quero o calor de uma sopa, mas preciso de algo um pouco menos substancioso. A intensidade de sabor da canela, do limão em conserva e do tomate lembram algo que ficou cozinhando por horas, mas na verdade é uma receita rápida de fazer, e os quentes sabores das especiarias árabes são ainda mais estimulantes em uma noite fria.

Usei cuscuz israelense (às vezes chamado gigante), pois é maior, mais vigoroso e mais substancioso que o cuscuz marroquino e acredito que fica muito bem cozido em um ensopado. Está disponível na maioria das rotisseries e supermercados, embora você possa trocá-lo pelo marroquino ou por bulgur, se desejar, ou quinoa, se estiver evitando o glúten.

Uma nota sobre o limão-siciliano em conserva: o sabor único e salgado, mas perfumado, do limão em conserva introduz um toque pungente neste ensopado. Use-o também em saladas, para incrementar um pilaf de arroz, em sopas condimentadas e para ressaltar grãos e cereais. Para um melhor resultado, adicione-o no final do cozimento. Uso uma variação bem simples da clássica receita de Claudia Roden para fazer essa conserva. Corte 4 limões em quatro, sem separar as partes, então recubra os cortes generosamente com sal marinho. Comprima-os em um vidro de conserva, sele e deixe por cerca de 2 dias para que o sal faça o limão liberar seu suco. Preencha o vidro com o suco de mais 4 limões para cobrir tudo completamente. Deixe em lugar fresco por 1 mês. Depois disso ele estará pronto para uso.

....

Sobre fogo médio, aqueça um pouco de azeite de oliva em uma panela e então acrescente a cebola, a cenoura, o alho e uma pitada de sal marinho e cozinhe por 10 minutos, até que a cebola esteja macia e recendendo.

4 PORÇÕES

azeite de oliva
1 cebola roxa descascada e finamente picada
2 cenouras finamente picadas
1 dente de alho descascado e fatiado
sal marinho e pimenta-do-reino moída na hora
1 lata (400 g) de tomate em pedaços
1 lata (400 g) de grão-de-bico escorrido
½ cubinho de caldo de legumes, ou 1 colher (chá) de caldo de legumes em pó
1 pau de canela
1 limão-siciliano em conserva cortado ao meio e sem sementes
um punhado de uvas-passas
100 g de cuscuz israelense
um maço pequeno de salsa fresca, folhas escolhidas e picadas

PARA SERVIR

uma boa pitada de filetes de açafrão
4 colheres (sopa) de iogurte natural de sua escolha
½ dente de alho descascado e finamente picado
quatro punhados de rúcula
um pequeno punhado de pignoli tostados

A seguir, adicione os tomates e o grão-de-bico. Encha as duas latas com água e junte o líquido à panela. Acrescente o cubinho de caldo, a canela em casca, as metades de limão em conserva e as passas. Tempere com sal e pimenta-do-reino e deixe fervilhar em fogo médio por 15-20 minutos, até que o caldo de tomate tenha engrossado ligeiramente e esteja maravilhosamente encorpado e perfumado.

Adicione o cuscuz e cozinhe por mais 10 minutos, acrescentando um pouco mais de água para isso, se necessário. Gosto mais de sopa do que de ensopado, por isso, sempre acrescento mais uma lata de água.

Enquanto isso, coloque o açafrão em uma tigela com um borrifo de água fervente e deixe descansar por 5 minutos. A seguir, junte o iogurte, o dente de alho e uma pitada de sal e misture bem.

Depois de 10 minutos, o cuscuz deverá estar cozido, mas ainda um pouco al dente. Verifique o tempero e acrescente mais sal e pimenta-do-reino, se necessário, junte a salsinha, retire as metades de limão em conserva e coloque o ensopado em tigelas. Finalize com uma coroa de rúcula, uma boa colher de iogurte com açafrão e uma pilha de pignoli tostados.

Sopa de tomate assado e pão de grãos

Alguns anos atrás eu passei seis gloriosos meses vivendo e trabalhando entre videiras de Chianti no coração verde da Toscana. Eu estava distante uma hora do ônibus mais próximo, então, cozinhar era tudo o que se tinha para fazer. Trabalhávamos simultaneamente com o que acontecia ao nosso redor, e isso era glorioso. Preparávamos este pappa pomodoro, um apreciado molho tradicional toscano, para o almoço de nossa equipe pelo menos duas vezes por semana – comida caseira na sua melhor expressão!

Os famosos tomates vermelhos tornam-se de um rosa escarlate quando assados lentamente, e o pão amolece e absorve os sucos do tomate para tornar-se praticamente macio e rosado. Meu modo de fazer este molho é com pão de grãos – eu adoro a textura crocante que eles acrescentam. Faço esta sopa mesmo no mais rigoroso inverno, com 4 latas de tomates-cereja e alecrim ou tomilho – é, de fato, uma sopa diferente, mas ainda assim deliciosa.

....

Preaqueça o forno a 220 °C.

Coloque os tomates em rama em uma grande caçarola refratária com o alho, metade do manjericão, uma boa pitada de sal e pimenta-do-reino e regue com azeite de oliva. Leve ao forno por 20 minutos para assar e intensificar os sabores. Quando os tomates estiverem assados, retire a panela do forno e leve-a ao fogo, lembrando-se de tomar cuidado, pois a panela estará muito quente.

Acrescente os tomates em conserva e uma lata de água e desmanche um pouco os tomates com as costas de uma colher de pau. Deixe levantar fervura, então cozinhe por 20 minutos.

Quando a sopa tiver engrossado e estiver cheirosa, pique as fatias de pão e a maior parte do manjericão restante e cubra a superfície da sopa, tampe e deixe descansar por 10 minutos. Em seguida, mexa a sopa para combinar todos os ingredientes. Coloque em tigelas, regue generosamente com azeite de boa qualidade, espalhe sobre ela o restante do manjericão e delicie-se com entusiasmo e um belo vinho Chianti.

4 PORÇÕES

500 g de tomates em rama maduros e cortados ao meio

2 dentes de alho descascados e finamente picados

um maço grande de manjericão fresco, folhas escolhidas

sal marinho e pimenta-do-reino moída na hora

azeite de oliva

2 latas (400 g) de tomates italianos de boa qualidade

4 fatias de pão de grãos de boa qualidade

UMA SOPA: 1000 VARIAÇÕES

①	②	③
CRIE A CAMADA DE BASE	**ESCOLHA UMA ERVA**	**ESCOLHA UM CONDIMENTO**
↓	↓	↓

①

1 CEBOLA OU ALHO-PORÓ FINAMENTE PICADO

+

2 TALOS DE SALSÃO LIMPOS E FINAMENTE PICADOS

+

2 CENOURAS GROSSEIRAMENTE PICADAS

Pique os três ingredientes e refogue em fogo médio com um pouco de azeite de oliva até ficarem macios e aromáticos.

→

②

ALGUNS RAMOS DE TOMILHO
/
DOIS RAMOS DE ALECRIM
/
10 FOLHAS DE SÁLVIA
/
3 FOLHAS DE LOURO
/
ALGUNS RAMOS DE ORÉGANO
/
RAMOS DE MANJERICÃO
/
RAMOS DE COENTRO

Adicione as ervas e frite por uns 2 minutos para liberar seu sabor.

→

③

SEMENTES DE COMINHO
/
SEMENTES DE COENTRO
/
BAGAS DE CARDAMOMO (3)
/
PAU DE CANELA (½)
/
SEMENTES DE MOSTARDA
/
PÁPRICA DEFUMADA
/
PIMENTA-DO-REINO
/
PIMENTA CALABRESA (EM FLOCOS)

Adicione 1 colher (sopa) ou as quantidades sugeridas e frite por 1 ou 2 minutos.

→

4	5	6	7
ESCOLHA O INGREDIENTE PRINCIPAL	**ESCOLHA UM SABOR COADJUVANTE**	**COMO TORNÁ-LA MAIS SUBSTANCIOSA**	**COMO FINALIZAR A SOPA?**
↓	↓	↓	↓
ABÓBORA-CHEIROSA	ESPINAFRE (ADICIONE NO FINAL)	QUINOA (COZIDA)	SEMENTES TOSTADAS
BATATA-DOCE	BRÓCOLIS	FEIJÕES ESCORRIDOS	IOGURTE
ERVILHAS	ERVILHAS	AMARANTO (COZIDO)	TAHINE
BATATA	FAVAS	PÃO PICADO	OLEAGINOSAS TOSTADAS
NABOS	ALCACHOFRAS	MASSA MIÚDA OU QUEBRADA	CROÛTONS RÁPIDOS
TOMATES	ASPARGOS	ARROZ INTEGRAL (COZIDO)	ERVAS MACIAS PICADAS
CENOURAS			ÓLEO DE ERVAS
BRÓCOLIS		MACARRÃO QUEBRADO TIPO NOODLES	
COUVE-FLOR			

Coluna 4: Um punhado do seu principal legume descascado e picado, se necessário, e caldo suficiente para cobrir. Fervilhar por 40 minutos. →

Coluna 5: Adicione uns dois punhados de legumes lavados, debulhados ou picados e deixe fervilhar por mais 5 minutos. →

Coluna 6: Opcional. Se decidir usá-lo, acrescente alguns punhados quando a sopa estiver quase pronta. Aqueça e liquefaça, se preferir. →

Coluna 7: Finalize com 1-2 dessas opções e regue com um fio de azeite.

Caldo de missô e nozes com macarrão udon

Uma das minhas refeições preferidas ao sair para comer fora é esta, sentada sozinha no noodle bar em Koya, no Soho. O macarrão udon deles é um manjar dos deuses, no ponto certo de cocção. Mas é a pequena tigela com pasta de missô e nozes que o acompanha que realmente coroa a refeição. Tenho certeza de que a preparam de modo muito mais sofisticado – nunca perguntei. Bem, esta é a minha versão.

Eis uma sopa que tem de tudo. Intenso sabor de umami, picância e uma deliciosa variedade de hortaliças. Tanto o macarrão udon como o soba funcionam aqui. O caldo é muito simples e claro, e você só terá de misturar o missô e as nozes para que os sabores se complementem. No Koya, eles acrescentam um daqueles ovos japoneses magníficos, escalfados na própria casca. Às vezes adiciono também um ovo poché, mas as opiniões se dividem, então aqui o deixei de fora.

Tenho uma curiosa relação com as nozes. Depois de trabalhar por um ano em um elegante restaurante em Knightsbridge, em Londres, onde eu tinha de retirar a pele de noz por noz, sem quebrá-la, dando a voltas às suas delicadas bordas ababadadas, eu me apaixonei por elas. Mas abandonei essa tarefa e, desde então, tenho recorrido sempre às nozes. Elas são uma deliciosa fonte vegetariana de ômega-3, que é fundamental para a saúde do cérebro – um punhado irá fornecer-lhe quase tudo de que você precisa em um dia, portanto, trate de lanchar algumas nozes.

A maioria das hortaliças funciona bem neste caldo – acelga, aspargos, ervilha-torta, espinafre. Não se prenda ao que estou sugerindo aqui.

....

Preaqueça o forno a 220 °C.

Coloque as nozes em uma assadeira e leve-as ao forno por 5-10 minutos, até estarem bem douradas e exalando seu delicioso aroma. Retire-as do forno e deixe esfriar.

Prepare o caldo. Coloque as cebolinhas, o gengibre e o cubinho ou o pó de caldo de legumes em uma panela com 2 litros de água e leve ao fogo para ferver.

2 PORÇÕES

PARA A PASTA DE MISSÔ E NOZES

100 g de nozes ligeiramente tostadas

2 colheres (sopa) de pasta de missô escuro (uso missô de arroz integral)

2 colheres (sopa) de mel ou xarope de agave

1 colher (sopa) de molho de soja doce ou tamari

um borrifo de vinagre de vinho branco

PARA O CALDO

2 cebolinhas limpas e finamente fatiadas

um pedaço de 4 cm de gengibre fresco, descascado e cortado em palitos

1 cubinho de caldo de legumes ou 1 colher (sopa) de caldo de legumes em pó

1 cabeça de folhas novas de repolho sem os talos e rasgadas

um punhado de cogumelos shimeji (cerca de 150 g)

um punhado de cogumelos enoki (cerca de 150 g)

250 g de macarrão udon seco

Reduza o fogo e deixe fervilhar por 10 minutos, acrescente os vegetais e os cogumelos e desligue o fogo.

Enquanto isso, leve ao fogo outra panela com água. Quando ferver, acrescente o macarrão e cozinhe por 6-8 minutos (ou siga as instruções da embalagem).

Pulse as nozes tostadas em um processador até parecerem farelos de pão. Misture os demais ingredientes da pasta de missô e nozes.

Quando estiver cozido, escorra e divida o macarrão entre duas tigelas.
Com uma concha, acrescente o caldo quente (cerca de duas conchas por tigela) e adicione uma generosa colherada de missô de nozes no centro de cada uma delas e misture.

Caldo de coco restaurador

Há noites em que eu me sinto como se tivesse absorvido o dia inteiro. Quando toda a frenética atividade ao meu redor parece ter penetrado em mim. Sempre que me sinto descompensada e preciso de serenidade, elejo este caldo para o meu jantar. Branco e límpido, ele é como um cobertor numa noite fria e espanta toda a agitação. O leite de coco acalma e serena, a pimenta vermelha desperta e energiza, as folhas de limão e o capim-santo purificam e as hortaliças agregam energia e frescor.

Sempre que encontro, compro maços de capim-santo e de folhas de limão. Se nunca teve a oportunidade de usá-los, vai se surpreender com a intensidade e o poder cítrico que eles proporcionam em questão de minutos. Se costuma usá-los com frequência, pode guardá-los na geladeira, onde durarão por cerca de 1 mês. Se é provável que não os use nesse prazo, coloque-os no freezer – isso vai mantê-los em condição e podem ser usados congelados.

....

4 PORÇÕES

2 vidros (400 g) de leite de coco

1 cubinho de caldo de legumes ou 1 colher (sopa) de caldo de legumes em pó

4 talos de capim-santo

opcional: 4 folhas de limão

1 echalota descascada e finamente fatiada

2 dentes de alho descascados e cortados ao meio

1 pimenta vermelha grosseiramente picada

2 colheres (sopa) de açúcar de coco (ver p. 275) ou açúcar demerara

um maço de coentro fresco

quatro punhados generosos (cerca de 250 g) de folhas verdes rasgadas (acelga chinesa, couve galega, folhas novas de repolho)

dois punhados de cogumelos (enoki, shiitake, ostra ou o castanho fatiado caem bem)

2 colheres (sopa) shoyu (molho de soja) ou tamari

suco de 2 limões

Despeje o leite de coco em uma panela grande e acrescente um vidro de água e o cubinho de caldo de legumes ou o caldo em pó. Pressione o capim-santo com um rolo de macarrão até amassá-lo bem, para liberar os sabores mais rapidamente. Junte-o à panela com as folhas de limão (se optou por usá-las), a echalota, o alho, a pimenta vermelha e o açúcar. Corte as raízes do coentro e acrescente-o também à panela, e reserve um pouco para finalizar.

Pressione as ervas aromáticas no líquido, para recobri-las, e ligue o fogo. Deixe ferver em fogo baixo, por cerca de 15 minutos, até obter um caldo com intenso sabor de coco. Retire a panela do fogo e peneire o caldo em uma tigela, descartando todas as ervas aromáticas (elas já cumpriram sua função).

A seguir coloque o caldo de volta na panela, acrescente as verduras rasgadas e os cogumelos e aqueça tudo por 2-3 minutos. Retire do fogo e junte o shoyu e o suco de limão.

Sirva a sopa em tigelas e finalize com folhas de coentro grosseiramente picadas. Eu gosto da elegância, da transparência desta sopa simples e reconfortante, mas, se estiver faminto, experimente adicionar um pouco de macarrão soba já cozido.

Tigela de tomates doces e feijão-preto com tortilha

Adoro comida mexicana por sua preocupação em adicionar diferentes texturas e por suas diversas camadas de sabor, crocância, suavidade, cremosidade, toque cítrico e pela ardência de suas pimentas, e é tudo isso que aprecio nesta tigela de sopa.

Esta sopa, quase um ensopado, é espetacular por si só, mas quando se acrescentam tomates "estourando" de assados, um abacate cremoso e mesmo um ovo poché perfeitamente escalfado, tem-se um sério time de sabores em uma só tigela. Não se deixe enganar pelo título – esta não é uma daquelas tigelas mal acabadas feitas com tortilhas assadas que se vê em restaurantes mexicanos pouco confiáveis.

A páprica defumada é uma boa amiga – se eu encontrar uma desculpa qualquer para acrescentar um pouco dessa maravilha defumada em minha comida, pode crer que o farei. Em 2013, visitei meu santo graal: os campos de pimenta vermelha em La Vera, na Espanha. Ao longo dos anos, tenho tido a sorte de conhecer inúmeros artesãos e produtores, mas esse foi o meu preferido – campos e campos de esplêndidas pimentas vermelhas, colhidas manualmente e transportadas em carrinhos para enormes fornos em uma bela e antiga defumadora no meio desses campos, onde fogueiras são acesas sob tetos feitos de cremalheiras de arame que sustentam milhares de pimentas, para defumá--las e lhes conferir aquele sabor maravilhoso que elas têm.

4 PORÇÕES

1 batata-doce média lavada e picada em pedaços pequenos

20 tomates-cereja cortados ao meio

sal marinho e pimenta-do-reino moída na hora

azeite de oliva ou óleo de canola

um maço de cebolinha aparado e finamente fatiado

2 dentes de alho descascados e finamente fatiados

1 colher (chá) de páprica doce defumada

1 colher (chá) de coentro em pó

1 colher (chá) de cominho em pó

1 colher (chá) de canela em pó

1 lata (400 g) de tomates em pedaços

750 ml de caldo de legumes aquecido

1 lata (400 g) de feijão-preto escorrido

6 tortilhas de milho (ver p. 13)

opcional: alguns ovos orgânicos ou caipiras para os ovos poché

opcional: 1 abacate descascado e cortado em pedaços

um maço pequeno de coentro fresco, folhas escolhidas

Preaqueça o forno a 200 °C.

Coloque as batatas-doces em um dos lados da assadeira e os tomates cortados ao meio no outro. Polvilhe tudo com uma boa quantidade de sal e pimenta-do--reino, regue com um pouquinho de azeite e leve para assar por 20-25 minutos.

Aqueça um pouco de azeite em uma panela grande, em fogo médio. Adicione a cebolinha e o alho e frite por alguns minutos, apenas até o alho começar a dourar. Acrescente todas as outras especiarias e mexa tudo algumas vezes. Adicione os tomates em conserva e deixe fervilhar por 5 minutos, até que todos os sabores se tenham mesclado.

TIGELA DE TOMATES DOCES E FEIJÃO-PRETO COM TORTILHA

Junte o caldo e deixe ferver, então reduza o fogo e cozinhe por mais 5 minutos.

Nesse ponto, gosto de bater o caldo, mas fique à vontade para pular essa etapa, se preferi-lo com mais textura. Quando ferver, acrescente o feijão.

A essa altura, o tomate e a batata-doce devem estar assados. Retire a assadeira do forno, acrescente a batata-doce ao caldo e mantenha-o fervilhando em fogo baixo. Reserve o tomate assado – eles serão adicionados mais tarde.

Corte as tortilhas em tiras de 0,5 cm de largura e coloque-as em outra assadeira. Tempere com um pouquinho de sal, junte um fio de azeite, misture para recobrir bem e leve para assar por 4-5 minutos, até ficarem crocantes e ligeiramente douradas.

Gosto de servir ovos poché para finalizar minha sopa. Se gostar da ideia, prepare um ovo por pessoa (veja o meu método na p. 34).

Quando as tiras de tortilha estiverem douradas, retire-as do forno. Com uma concha, coloque a sopa em tigelas, acrescente o tomate assado, tiras de tortilha crocantes, um ovo poché, abacate picado, se desejar, e salpique o coentro.

Ensopado de pimentão chamuscado e halloumi

Parece haver um fascínio geral com relação ao halloumi, especialmente entre os vegetarianos. Todo churrasco de verão tem de incluir um ou dois blocos de halloumi. Embora eu goste desse queijo, acho que ele precisa de uma ajudazinha no quesito sabor. Nesta receita ele repousa sobre uma grossa camada de pimentões enegrecidos e um ensopado-relâmpago de tomates, que envolve o halloumi crocante com seus sucos balsâmicos. Algo entre uma salada quente e um fresco ensopado de ervas.

Se você tem um fogão a gás, acenda uma das bocas e use pinças para equilibrar os três pimentões ao redor da chama, virando-os a cada 2-3 minutos até estarem chamuscados por igual. Isso vai levar 10 minutos, mais ou menos. Eles estarão prontos quando estiverem cozidos e com a pele quase completamente enegrecida. Se não tem um fogão a gás, use uma frigideira de ferro bem aquecida para enegrecê-los da mesma forma, ou coloque-os sob o grill muito quente. Quando estiverem chamuscados de todos os lados, coloque os pimentões em uma tigela e cubra com filme de PVC. Deixe descansar por 5 minutos.

Coloque os tomates em uma tigela com as azeitonas sem caroço, as alcaparras, as raspas da casca de limão e 1 colher (sopa) de azeite. Tempere bem com sal e pimenta e deixe que os sabores se mesclem, enquanto limpa os pimentões. Retire os pimentões da bacia e com os dedos retire sua pele enegrecida, eliminando tanta pele quanto possível. Não se veja tentado a lavá-los sob a torneira, pois isso vai lavar também todo o sabor. Retire as sementes dos pimentões, corte-os em tiras de 1 cm e acrescente-os à tigela com os tomates.

A seguir, aqueça uma frigideira em fogo médio. Adicione o restante do azeite e, quando estiver aquecido, acrescente as fatias de halloumi e frite por cerca de 30 segundos de cada lado, até ficarem corados. Transfira o halloumi para uma travessa, coloque a mistura de tomate na panela e leve-a de volta ao fogo por alguns minutos para aquecer e liberar os sucos.

Por fim, adicione à panela as ervas picadas e o halloumi e sirva em seguida, quente, com um bom pão e folhas verdes.

4 PORÇÕES

3 pimentões vermelhos

500 g de tomates-cereja e de rama cortados ao meio

dois punhados de azeitonas Kalamata (cerca de 20) sem caroço

2 colheres (sopa) de alcaparras pequenas

raspas da casca de 1 limão-siciliano

3 colheres (sopa) de um bom azeite de oliva

sal marinho e pimenta-do-reino moída na hora

1 pacote (250 g) de queijo halloumi cortado em 12 fatias

½ maço de hortelã fresca, folhas escolhidas e picadas

½ maço de salsinha fresca, folhas escolhidas e picadas

½ maço de manjericão fresco, folhas escolhidas e picadas

Sopa de aipo-rábano com avelãs e crisps de sálvia

O aipo-rábano é uma estrela subutilizada. Eu adoro, e na minha cozinha ele é um campeão. Às vezes assado, com sal e pimenta-do-reino. Outras vezes amassado com limão e tomilho ou simplesmente cru, em fatias muito finas em um molho rémoulade.

Nesta receita, ele é a personagem principal de uma sopa caseira. As maçãs dão o contraste perfeito, com sua doçura, enquanto o feijão-manteiga entra com a cremosidade, portanto nada de creme ou crème fraîche aqui. A sopa pode ser servida sem acompanhamentos, mas prepare uma manteiga escurecida – ela eleva o sabor e faz desta sopa um verdadeiro sucesso. Se nunca fez manteiga escurecida, ela tem um sabor intenso de nozes, que combina bem com a sálvia crocante e as avelãs tostadas para dar a esta sopa uma nova dimensão.

O aipo-rábano é como um patinho feio dos tubérculos. Mas beleza não é tudo – por trás de uma aparência disforme e rugosa existe uma polpa branca e cremosa, com gosto adocicado, de nozes, supersaboroso. Retire uma casca grossa do aipo-rábano para eliminar qualquer matiz de verde e resquícios de terra. Se não encontrar o aipo-rábano, use nabo, rabanete ou mesmo batatas.

6 PORÇÕES

azeite de oliva
1 alho-poró, lavado, limpo e finamente fatiado
1 aipo-rábano lavado, descascado e grosseiramente picado
4 maçãs sem sementes e grosseiramente picadas
alguns ramos de tomilho fresco, folhas escolhidas, apenas as folhas
1,5 litro de caldo de legumes
1 lata (400 g) de feijão-manteiga, escorrido
sal marinho e pimenta-do-reino moída na hora

PARA SERVIR

um punhado de avelãs
100 g de manteiga
alguns ramos de sálvia fresca, folhas escolhidas, apenas as folhas

Aqueça 1 colher (sopa) de azeite em uma panela grande, acrescente o alho-poró e deixe cozinhar em fogo médio por 10 minutos, até estar macio e aromático. Adicione o aipo-rábano, a maçã e o tomilho e cozinhe por 2-3 minutos. A seguir, junte o caldo e o feijão e tempere bem. Deixe fervilhar em fogo baixo por 20-30 minutos, até o aipo-rábano estar macio, então retire do fogo e bata com o mixer até obter uma mistura homogênea.

Toste as avelãs em uma frigideira até ficarem douradas, retire da frigideira e reserve. Acrescente manteiga à frigideira e, quando estiver bem quente, junte as folhas de sálvia e frite-as até ficarem crocantes e a manteiga estar levemente dourada. Trabalhe com fogo baixo, e retire a frigideira do fogo assim que a manteiga dourar, pois pode queimar com muita facilidade.

Sirva o caldo em tigelas e finalize com as avelãs e a sálvia dourada na manteiga!

Sopa de lentilhas com limão e couve crocante

Adoro esta sopa simples, algo entre um dhal e um caldo – ela me lembra o curry que se serve com dosas no sul da Índia. Esta sopa limpa e purifica, graças ao açafrão-da-terra e à grande quantidade de limão que a aromatizam. É o que eu desejo para o jantar quando exagerei um pouco ou passei o dia cercada por comida (um risco da profissão – muito agradável, por sinal). Costumo servi-la com um kitchari (p. 163).

O açafrão-da-terra é um dos meus condimentos preferidos. Se estou me sentindo meio indisposta, coloco 1 colher (chá) em água quente e a beberico como um tônico revigorante. Gosto da cor vibrante, intensa e dourada do açafrão-da-terra, do toque saboroso, puro, acre e ácido e de seu sabor irretocável. É uma verdadeira estrela na batalha pela saúde, pois é um anti-inflamatório e possui propriedades anticancerígenas. Que especiaria!

....

Leve uma panela grande ao fogo. Acrescente um pouco de azeite e reduza para fogo médio. Junte o alho-poró e frite por alguns minutos, até ficar macio e exalar seu aroma adocicado. Adicione então os condimentos e frite por mais 2 minutos. Esprema o suco de um limão e mexa bem para soltar os condimentos do fundo da panela.

A seguir, adicione as lentilhas, 1,5 litro de água, o cubinho de caldo de legumes e deixe borbulhar por 20-35 minutos, até as lentilhas ficarem cozidas e a sopa engrossar.

Retire do fogo e, se desejar, bata a sopa até obter a consistência fina de um dhal, então acrescente o suco dos 2 limões restantes, aos poucos, provando passo a passo, para não ficar azeda demais. Pode parecer muito, mas o propósito é ressaltar o sabor do limão.

Imediatamente antes de servir, refogue a couve em um pouco de azeite de oliva até amaciar ligeiramente e começar a tostar nas bordas.

Sirva em tigelas, finalizando com o iogurte salgado e a couve crocante.

4-6 PORÇÕES

um bom fio de azeite de oliva ou óleo de canola

1 alho-poró lavado, limpo e finamente fatiado

1 colher (chá) de açafrão-da-terra em pó

2 colheres (chá) de cominho em pó

2 colheres (chá) de mostarda preta em grão

suco de 2-3 limões

250 g de lentilhas vermelhas

1 cubinho de caldo de legumes ou 1 colher (sopa) de caldo de legumes em pó

quatro punhados de couve (ou outras verduras) lavada, aparada e rasgada

PARA SERVIR (OPCIONAL)

iogurte com um pouco de sal marinho

Feijão-branco, verduras, azeite de oliva: minha ribollita

Passei uns bons anos da minha vida fazendo comida italiana, e ainda estou envolvida pelo que será uma paixão para o resto da vida. Este é um dos pratos que despertou essa paixão. É a diva dos pratos e seu preparo exige o uso de ingredientes da melhor qualidade. A ribollita preparada com os melhores ingredientes, azeite, tomates, couve tronchuda e pão, envolve muito trabalho.

Eu me lembro de cada detalhe da minha primeira prova deste prato na cozinha do Fifteen, de Londres, pelas mãos de um maravilhoso chef, Ben Arthur, um londrino que cozinha como um italiano. Pratos como esse fizeram com que eu mudasse meu modo de ver a comida, de compreendê-la – por que o azeite tem de ser o melhor, por que tem de ser usado em grande quantidade, por que as tradições são seguidas e as técnicas respeitadas. Pode-se dizer, uma tigela de sopa que muda sua vida.

Esta é uma versão outonal. No verão, eu uso acelga ou espinafre em lugar da couve tronchuda e tomates frescos amassados em lugar dos enlatados. Aqui usei feijão comprado pronto, mas você pode cozinhá-lo em casa, se desejar.

Um bom caldo de legumes é muito útil nesta receita, pois acrescenta uma intensidade de sabor e estrutura que é difícil de obter com os cubinhos de caldo prontos. Veja nas páginas 344 e 345 as minhas receitas de caldo de legumes. Um pão de boa textura é essencial também – eu uso um bom pão levedado ou um pão rústico de uma padaria próxima. O pão branco e esponjoso não apresentará o mesmo resultado.

A couve tronchuda é uma verdura-escura, que surge no final do verão, na Europa, e pode ser encontrada durante alguns meses. Eu adoro seu intenso sabor mineral e sua natureza robusta – suas folhas se prestam muito bem para o preparo de ensopados. Faz uma parceria divina com o azeite de oliva. Se não conseguir encontrar a couve tronchuda, use a comum, que dará também um bom resultado.

Aqueça um pouco de azeite em uma panela grande e frite a cebola, o alho, a cenoura e o salsão em fogo médio por cerca de 30 minutos, até ficarem macios, perfumados e ligeiramente caramelizados. Adicione boa parte da salsinha e cozinhe por mais alguns minutos.

6 PORÇÕES

azeite de oliva

2 cebolas roxas descascadas e picadas

3 dentes de alho descascados e picados

1 cenoura descascada e picada

6 talos de salsão aparados e picados, reserve as folhas amarelas

um maço pequeno de salsinha fresca grosseiramente picada

1 lata (400 g) de tomate tipo italiano

1 batata média descascada e picada

1 lata (400 g) de feijão-branco (reserve o líquido)

três punhados grandes de couve tronchuda ou couve comum (cerca de 400 g) sem os talos, as folhas grosseiramente picadas

2 litros de caldo de legumes

4 fatias de pão de boa qualidade (de preferência, amanhecido)

azeite de oliva extra virgem de ótima qualidade, para finalizar

A seguir, acrescente o tomate e a batata. Esmague o tomate com uma colher de pau e cozinhe em fogo baixo por mais 15 minutos, mexendo de vez em quando. A essa altura, o líquido do tomate deverá ter sido quase completamente absorvido e os legumes parecerão bastante secos.

Junte o feijão com o líquido reservado, juntamente com a couve e o caldo de legumes. Deixe levantar fervura lentamente e, então, cozinhe por 30 minutos.

Desligue o fogo e arranje as fatias de pão sobre a sopa, cobrindo-a bem. Regue generosamente com azeite de oliva extra virgem e deixe descansar por cerca de 10 minutos.

Então mexa, para misturar tudo. A ribollita deve ficar espessa, quase um ensopado, encorpada e deliciosa. Tempere com sal e pimenta-do-reino e acrescente mais salsinha, as folhas amarelas do salsão e mais azeite, servindo-a em tigelas grandes.

Se houver sobras, reaqueça em uma panela com mais caldo ou água quente, pois a sopa engrossa depois de fria.

Sopa de abóbora com cardamomo e anis-estrelado

Uma tigela repleta de coisas boas para um dia de inverno, esta sopa é uma refeição, com duas das minhas especiarias preferidas em destaque: a mais fragrante delas, o cardamomo, e o superbonito anis-estrelado. Nesta receita eles se juntam à doçura e ao vivo colorido laranja da abóbora e à batata-doce para produzir algo maravilhoso. Uma sopa com intensidade e personalidade.

Gosto de servi-la com algumas colheradas de arroz integral, colocadas no fundo da tigela, uma fina camada de iogurte e algumas sementes de cominho preto. Se não tiver o cominho preto, substitua por gergelim tostado. A sopa e o arroz integral levam o mesmo tempo de preparo, por isso coloque o arroz para cozinhar assim que iniciar o preparo da sopa.

4 PORÇÕES

azeite de oliva ou óleo de canola

1 alho-poró lavado e picado

1 pedaço de 5 cm de gengibre fresco descascado e finamente picado

4 dentes de alho descascados e finamente picados

1 pimenta verde sem sementes e finamente picada

6 vagens de cardamomo

1 colher (sopa) de sementes de coentro

1 colher (sopa) de açafrão-da-terra em pó

½ abóbora-cheirosa ou um pedaço de 500 g de abóbora-moranga

3 batatas-doces descascadas e grosseiramente picadas

2 peças de anis-estrelado

2 litros de caldo de legumes

sal marinho e pimenta-do-reino moída na hora

três punhados de espinafre

PARA SERVIR (OPCIONAL)

arroz integral cozido

1 maço pequeno de coentro fresco

sementes de nigella (cominho preto)

pimenta verde picada

gomos de limão para espremer

Aqueça uma panela grande e pesada em fogo médio. Acrescente um fio de azeite e salteie o alho-poró, o gengibre, o alho e a pimenta verde por cerca de 10 minutos, até ficarem macios e cheirosos.

Esmague os cardamomos em um pilão e descarte as vagens, deixando as sementes. Acrescente as sementes de coentro e moa tudo o mais fino possível. Adicione essa mistura e o açafrão-da-terra à panela com o alho-poró, e mexa por alguns minutos para liberar as fragrâncias.

Junte a abóbora, a batata-doce e o anis-estrelado e cubra com o caldo. Deixe levantar fervura, então reduza o fogo e deixe fervilhar por 20 minutos, até a abóbora ficar macia e desmanchar. Cubra com mais água durante o cozimento, se necessário.

Tempere com sal e pimenta-do-reino, e então bata tudo com o mixer. Junte o espinafre e deixe murchar.

Sirva em tigelas forradas com algumas colheres de arroz integral, um pouco de coentro picado, sementes de cominho preto, mais pimenta verde e alguns gomos de limão.

saladas que satisfazem

Uma salada não se resume a folhas de alface. Para mim, a salada é um jeito moderno de comer. Pilhas de folhas coloridas, escolhidas e cuidadosamente tostadas ou legumes finamente fatiados, um bom pão, um azeite de oliva bem verde e sementes ou oleaginosas tostadas fazem um almoço (e jantar) digno de um rei. Acrescente alguns grãos interessantes ou tubérculos assados para uma refeição mais substanciosa, ou apare tudo com folhas de salada verde e um molho excepcional. Seja simples ou complexa, leve e delicada ou substanciosa, não deixe de adotar seus dias de salada.

Raspas de limão · folhas novas · pão tostado com azeite de oliva · condimentos poderosos · sementes de romã · molho de missô e tahine · o frescor do limão · coco chamuscado · crisps de couve · tomates assados lentamente · abóbora-cheirosa tostada

A quinoa com ervas verdes de Laura

Minha bela irmã, Laura, é a rainha da comida reconfortante. Ela cozinha com frequência para nossa família e sempre consegue servir verdadeiros banquetes, em que cada bocado é tão incrivelmente saboroso quanto saudável. Laura prepara sempre este prato. Na minha opinião é a melhor quinoa que já comi, pois tem todo o frescor das verduras e os intensos sabores tostados. Então roubei-o para mim.

Os brócolis roxos são a minha escolha de brócolis para a maioria dos pratos. Adoro suas florações cor de violeta, o fato de que crescem no Reino Unido a maior parte do ano, e que, quando o longo inverno recolhe as flores desta ousada pequena brássica, ela é a única coisa verde sobre a superfície. Com vitamina C e fibras em grande quantidade, entre muitas outras vitaminas e minerais, estas pequenas hastes são fantásticas. Se você não conseguir obter os brócolis roxos, ou não for a época, uma pequena cabeça de brócolis comum ou, para usar o nome certo, o calabrese broccoli, pode ser usada. Não despreze os talos – eles podem ser fatiados e branqueados juntamente com os buquês. Cuidado para não cozinhar demais os brócolis – para mim, 1 ou 2 minutos em água fervente ou em uma panela a vapor é mais do que suficiente para eliminar o sabor de cru e manter seu caráter mineral e seu verde intenso e vivo.

A quinoa em geral é classificada como cereal integral, mas na verdade é a semente de uma planta que é parente das hortaliças de folha, como o espinafre e a acelga chinesa. É um alimento rico em energia e fornece enorme quantidade de fibras e proteína, e, além disso, contém muito pouca gordura e nenhum glúten. Os aminoácidos presentes na quinoa a tornam uma proteína completa, por isso é uma excelente escolha para vegetarianos e veganos. E seu sabor é muito bom também – macia e cremosa, mas ligeiramente crocante. Adoro quinoa. Experimente a quinoa vermelha e a preta, que são preparadas exatamente do mesmo modo.

Esta salada de quinoa combina bem com qualquer hortaliça – espinafre, favas, edamame, couve, aspargos… a lista continua, escolha o que é bom e está na época e troque à vontade.

....

Corte um dos limões ao meio e coloque ambas as metades em uma panela com a quinoa. Cubra com 600 ml (cerca de 1½ xícara) de água e acrescente um cubinho de caldo de legumes esfarelado, leve ao fogo para ferver e então reduza a chama e deixe fervilhar por cerca de 15 minutos, até que a maior parte da água tenha sido absorvida. Se preciso, acrescente mais água durante o preparo.

4 PORÇÕES

2 limões

250 g de quinoa

½ cubinho de caldo de legumes ou 1 colher (chá) de caldo de legumes em pó

1 maço de brócolis roxos ou verdes (cerca de 250 g), talos picados e buquês inteiros

um belo punhado de ervilhas congeladas

azeite de oliva extra virgem

1 alho-poró lavado, aparado e finamente fatiado

1 maço de manjericão fresco, folhas escolhidas e picadas

1 maço pequeno de hortelã fresca, folhas escolhidas e picadas

três punhados grandes de espinafre lavados e rasgados

2 colheres (sopa) de sementes de abóbora tostadas

2 colheres (sopa) de gergelim tostado

opcional: 200 g de queijo feta

sal marinho e pimenta-do-reino moída na hora

A QUINOA COM ERVAS VERDES DE LAURA

Antes que a quinoa tenha absorvido toda a água e seus 15 minutos de cozimento estejam se esgotando, adicione os brócolis e as ervilhas diretamente sobre a quinoa, tampe a panela e deixe cozinhar no vapor por alguns minutos.

Enquanto isso, leve uma frigideira ao fogo médio, adicione um bom fio de azeite de oliva e o alho-poró fatiado e cozinhe lentamente por cerca de 10 minutos, até ficarem macios e cheirosos.

Você vai saber quando a quinoa está pronta – estará levemente al dente, terá se tornado ligeiramente opaca e seu grão enrugado terá se soltado da casca. Escorra o excesso de água, retire as metades de limão e use pinças para espremer o suco do limão sobre a quinoa.

Coloque a quinoa, os brócolis e as ervilhas em uma tigela e acrescente as ervas picadas, o espinafre rasgado, as sementes tostadas e o alho-poró refogado. Acrescente o suco de metade do segundo limão, junte algumas colheres de azeite e misture bem.

Se decidiu usá-lo, esfarele o queijo feta sobre a quinoa. Prove e tempere com sal e pimenta-do-reino, e acrescente um pouco mais de suco de limão, se necessário.

Este prato sozinho já vale por uma refeição, mas às vezes um pouco de iogurte com sal e uma fatia de pão integral são um bom acompanhamento, assim como algumas fatias de abacate.

Salada Califórnia de feijão--manteiga, abacate e missô

Esta é uma grande refeição que se prepara em um piscar de olhos. Ela lembra o modo brilhante como os californianos mesclam os sabores asiáticos à sua culinária solar. Qualquer salada da estação funciona bem aqui – minhas preferidas são a mostarda, a rúcula e a alface mimosa.

O ponzu é uma mistura agridoce-salgada de shoyu e um fruto cítrico japonês chamado yuzu – o mais vivo sabor cítrico que conheço. Pode ser encontrado na maior parte das lojas de produtos japoneses. Se não tiver o ponzu, um pouco de shoyu com suco de limão é um bom substituto.

A pasta de missô é um dos meus ingredientes preferidos. É uma pasta feita à base de arroz, cevada ou soja fermentados e proporciona uma incrível intensidade umami – um sabor intenso – a praticamente qualquer prato. Uso o missô ao assar legumes (fica especialmente bom com cenouras), em molhos, caldos e dips. O missô pode ser escuro, branco ou de numerosos tons intermediários. Aqui eu uso o missô de arroz escuro, doce, quase da cor do cogumelo marrom. No entanto, pode-se usar o branco, também, o que é uma boa escolha se você está querendo fugir do glúten. O missô é uma ótima opção se você é vegano ou está reduzindo os laticínios – ele contém vitamina B12, que ajuda a manter saudáveis o sistema nervoso e o sangue, e em geral só é encontrada em produtos animais.

Prepare primeiro o molho. Misture todos os ingredientes do molho em um jarro, e acrescente um pouco de sal, dependendo de quão salgado estiver o missô.

A seguir, branqueie os brócolis em água fervente por cerca de 1 minuto, até cozinharem ligeiramente e ganharem um belo verde vivo. Escorra e deixe esfriar.

Toste as sementes de abóbora e o gergelim em uma panela até ficarem levemente dourados e transfira-os para uma tigela para esfriar.

Empilhe as folhas em uma saladeira. A seguir, pique o abacate em pedaços grandes e adicione-os à tigela, juntamente com o feijão-manteiga. Quando os brócolis e as sementes estiverem frios, acrescente-os também. Despeje o molho sobre a salada e misture bem. Sirva com arroz integral cozido no vapor ou macarrão soba, se quiser um jantar mais substancioso.

---

2 PORÇÕES OU 4, COMO PARTE DE UMA REFEIÇÃO

150 g de brócolis, talos picados, cabeça cortada em pequenos buquês

2 colheres (sopa) de sementes de abóbora

2 colheres (sopa) de gergelim

dois punhados de folhas tenras de salada, lavadas e enxugadas

1 abacate maduro cortado ao meio

1 lata (400 g) de feijão-manteiga escorrido

PARA O MOLHO

1 colher (sopa) de pasta de missô de arroz integral

1 colher (sopa) de vinagre de arroz integral

1 colher (sopa) de ponzu ou shoyu (molho de soja)

suco de ½ limão

4 colheres (sopa) de iogurte natural ou de soja

sal marinho

Salada morna de couve, coco e tomate assados

A couve assada é uma revelação. Aqui eu a combinei com tomates doces assados, coco e um molho rápido de missô. Essa maravilhosa brássica, quando assada, ganha um intenso sabor salgado e uma incrível textura crocante, não muito diferente da alga crocante do soturno restaurante chinês da minha infância.

Durante os meses de inverno eu como couve quase todos os dias. Adoro sua doçura mineral. É gostosa assada, salteada, cozida no vapor, branqueada, assada lentamente até ficar crocante e até mesmo crua (ver p. 124). É uma planta muito resistente, cujas folhas rugosas nos fornecem seu frescor quando todas as outras verduras se recolheram por causa do inverno. A mais comum é a couve crespa, que pode ser encontrada na maioria das quitandas e supermercados, mas o verde intenso da couve tronchuda e a majestosa couve roxa também funcionam nesta receita.

Para tornar esta refeição mais substanciosa, você pode adicionar um punhado ou dois de quinoa ou de cevada cozidas.

Preaqueça o forno a 220 °C.

Corte os tomates ao meio e coloque-os em uma assadeira com um pouco de sal e pimenta-do-reino, um bom fio de azeite, raspas dos 2 limões e suco de 1 deles. Asse por 20 minutos, até ficarem dourados e apresentando bolhas.

A seguir, empilhe as folhas de couve em uma assadeira com o coco. Regue com o shoyu e misture até recobrir tudo. Leve ao forno com os tomates pelos últimos 5-10 minutos do seu tempo de cozimento, até ficarem crocantes.

Enquanto isso, misture todos os ingredientes do molho em uma tigela com o suco do segundo limão. Prove e adicione um pouco mais de tempero ou de suco de limão, se necessário, deixando que seu paladar guie você – lembre-se: o molho ficará menos pungente depois de misturado à salada. Retire a couve e o tomate do forno e despeje-os em uma tigela grande. Junte o molho de missô, adicionando-o aos poucos e provando a cada passo, e sirva ainda quente.

4 PORÇÕES

400 g de tomates-cereja

sal marinho e pimenta-do-reino moída na hora

azeite de oliva

2 limões

1 maço de couve (cerca de 200 g) sem os talos, folhas grosseiramente rasgadas em pedaços pequenos

um punhado de coco seco em lâminas e sem açúcar ou coco seco ralado

1 colher (sopa) de shoyu (molho de soja) ou tamari

PARA O MOLHO

1 pedaço de 5 cm de gengibre descascado e finamente picado

1 colher (sopa) de pasta branca de missô (ver p. 101)

1 colher (sopa) de tahine

1 colher (sopa) de mel ou xarope de agave

1 colher (sopa) de óleo de coco ou azeite de oliva

1 pimenta vermelha finamente picada

Salada de batata bolinha e alho-poró caramelizado

Adoro salada de batatas e a preparo de diversas maneiras, dependendo da estação e do que está sendo servido. Às vezes são alcaparras e pepinos em conserva com iogurte aromatizado com endro. Outras vezes as batatas são assadas com brócolis chamuscados, limão e pimenta calabresa.

De todas as variações, esta é a minha preferida, pois atinge todos os pontos de sabor e textura do salsão e do rabanete. Em geral, faço este prato para uma multidão. Então a receita é satisfatoriamente dobrada e se transforma no centro da maioria das reuniões aqui em casa.

....

Coloque as batatas em uma panela com uma boa pitada de sal, cubra com água fervente, então deixe voltar a ferver e cozinhe por 20-25 minutos, até ficarem macias por inteiro.

A seguir, aqueça uma panela sobre fogo médio e junte um fio de azeite e o alho-poró. Acrescente uma pitada de sal, reduza para fogo baixo e cozinhe por 20-25 minutos, até o alho-poró ficar macio, cheiroso e começar a ganhar uma cor de caramelo em alguns lugares.

Enquanto isso, prepare o molho, misturando todos os ingredientes em um jarro com uma boa pitada de sal e pimenta-do-reino.

Quando as batatas estiverem cozidas, escorra-as e coloque-as de volta na panela. Em seguida, usando uma faca pequena, deslize grosseiramente pelas batatas, desbastando-as um pouco. Junte o alho-poró.

Deixe as batatas esfriar um pouco. A seguir, despeje-as em uma saladeira, junte os rabanetes, o salsão e o endro e misture delicadamente com uma colher. Acrescente o tempero e sirva imediatamente, ainda quente. Se decidir fazer a salada com antecedência, faça uma dose extra de tempero, pois você pode precisar acrescentar um pouco mais antes de servir.

4 PORÇÕES

PARA A SALADA

750 g de batatas bolinha bem escovadas

sal marinho e pimenta-do-reino moída na hora

azeite de oliva ou óleo de canola

2 alhos-porós de bom tamanho lavados, aparados, cortados ao meio e finamente fatiados

um punhado de rabanetes aparados e cortados em pedaços pequenos

2 talos de salsão aparados e grosseiramente picados

um bom maço de endro fresco

PARA O MOLHO

1 colher (chá) de mel

1 colher (sopa) de vinagre de maçã

4 colheres (sopa) de azeite de oliva

1 colher (sopa) de mostarda de Dijon em grão

1 colher (sopa) de mostarda de Dijon amarela

suco de ½ limão-siciliano

Trigo-sarraceno aromatizado com laranja e coentro

Adoro o East Side de Londres, e tenho vivido nos últimos anos perto do Broadway Market, em Hackney, uma movimentada fileira de lojas com uma feira livre aos sábados. Ao longo dos anos, eu o vi tornar-se um brilhante e ruidoso misto de comida, música e cervejas sob o sol. Aos sábados, minha irmã e eu perambulamos pelo mercado, verificando todas as barracas de alimentos antes de decidir o que comer. Na maioria das vezes, acabamos naquela que prepara uma salada vegetariana deliciosa e um belo trigo-sarraceno. Inspirada por essa incrível preparação e pelo desejo de introduzir um pouco mais de trigo-sarraceno em minha cozinha, preparei esta salada.

Há um corajoso uso de sementes de coentro nesta receita, o que combina bem com a rijeza do trigo-sarraceno e a equilibrada doçura da abóbora assada e das cebolas. Para mais informações sobre trigo-sarraceno, veja na p. 185.

Preaqueça o forno a 220 °C.

Coloque a abóbora em uma assadeira com as cebolas e as sementes de coentro. Salpique com sal e pimenta-do-reino e regue com azeite de oliva. Corte a laranja ao meio e esprema seu suco sobre a abóbora e as cebolas, e a seguir acrescente as metades de laranja à assadeira. Misture para recobrir tudo e leve ao forno para assar por 30 minutos.

A seguir, cozinhe o trigo-sarraceno. Coloque-o em uma panela e acrescente o dobro de seu volume em água quente. Quando levantar fervura, reduza o fogo e deixe fervilhar por 20 minutos, até que toda a água tenha sido absorvida e o trigo esteja macio, mas não empapado. Se necessário, escorra o excesso de água, então tampe a panela para mantê-lo aquecido e reserve.

Quando a abóbora estiver assada, despeje-a em uma saladeira. Adicione o trigo-sarraceno e as ervas picadas com um fio extra de azeite de oliva e mel (se decidiu usá-lo). Misture bem, prove e tempere outra vez, se precisar. Sirva simplesmente com um pouco de iogurte grego e algumas folhas de salada temperadas com limão-siciliano – às vezes acrescento um pão chato tostado no fogo, se estiver faminta.

4 PORÇÕES

1 abóbora-cheirosa descascada, sem sementes e cortada em pedaços grandes

2 cebolas roxas descascadas e cortadas em oito, no sentido do comprimento

1 colher (sopa) bem cheia de sementes de coentro socadas em um pilão

sal marinho e pimenta-do-reino moída na hora

azeite de oliva

1 laranja

100 g de trigo-sarraceno ou kasha tostado

um maço pequeno de hortelã fresca, folhas escolhidas e grosseiramente picadas

um maço pequeno de coentro grosseiramente picado

opcional: um fio de mel

PARA SERVIR

um pouco de iogurte grego

COMO FAZER UMA SUPERSALADA

① COMECE COM AS FOLHAS
dois punhados por pessoa

↓

ESPINAFRE
/
RÚCULA
/
ALFACE-AMERICANA
/
CHICÓRIA (VERMELHA OU BRANCA)
/
ALFACE MIMOSA
/
ALFACE LISA
/
COUVE RASGADA
/
AGRIÃO
/
FOLHAS TENRAS

② ADICIONE INTERESSE
meio punhado por pessoa

↓

ABÓBORA ASSADA
/
TOMATES MADUROS
/
ERVILHAS BRANQUEADAS
/
ESPIGA DE MILHO
/
ALHO-PORÓ ASSADO
/
ABACATE
/
ERVILHA-TORTA
/
RABANETES
/
ABOBRINHA EM FITAS
/
QUEIJO FETA

③ ADICIONE TEXTURA
Um pequeno punhado por pessoa

↓

CROÛTONS
/
SEMENTES TOSTADAS
/
OLEAGINOSAS TOSTADAS
/
TIRAS DE TORTILHA TOSTADAS (P. 86)
/
SEMENTES COM XAROPE DE BORDO OU MELADO DE CANA (P. 246)
/
BROTOS
/
SEMENTES DE ROMÃ
/
FARELO DE PÃO FRITO

EXEMPLO

Uma grande salada é a combinação de sabores, texturas e cores, finalizados com um molho equilibrado. As saladas vão muito além de uma tigela de folhas. Não importa se acompanham outro prato ou constituem elas mesmas uma refeição, são uma ótima oportunidade de expressar a criatividade. Siga o fluxo da receita, abaixo, mas sinta-se livre para experimentar e criar.

4
ADICIONE FRESCOR
um punhado pequeno por pessoa

↓

MANJERICÃO
/
HORTELÃ
/
CEREFÓLIO
/
ESTRAGÃO
/
SALSINHA
/
COENTRO
/
SÁLVIA FRITA CROCANTE
/
ENDRO
/
BULBOS DE ERVA-DOCE
/
FOLHAS DE SALSÃO

5
TORNE-A MAIS SUBSTANCIOSA
algumas colheres (sopa) por pessoa

↓

QUINOA
/
FEIJÕES ESCORRIDOS
/
LENTILHA
/
CUSCUZ
/
CEVADA PÉROLA
/
PÃO PICADO
/
AMARANTO
/
TRIGO BULGUR
/
UM OVO POCHÉ
/
QUEIJO

6
FAÇA UM MOLHO ESPECIAL
siga a proporção 2:1, e adicione seus sabores e temperos.

↓

ÓLEOS: 2 PARTES
AZEITE DE OLIVA · ÓLEO DE AVELÃS · ÓLEO DE CANOLA · ABACATE AMASSADO · LEITE DE COCO · ÓLEO DE SEMENTE DE ABÓBORA

ÁCIDOS: 1 PARTE
CÍTRICOS: LIMÃO-SICILIANO · LIMÃO · LARANJA · TORANJA VINAGRES: ARROZ · VINHO BRANCO · VINHO TINTO · ERVAS · BALSÂMICO

SABORES E TEMPEROS
MISSÔ · CHIPOTLE · ESPECIARIAS TOSTADAS · PIMENTA VERDE OU VERMELHA · MOSTARDA · ALCAPARRAS · PARMESÃO · PECORINO · SAL E PIMENTA-DO-REINO

Misture tudo com um garfo em um jarro, ou em um vidro de geleia e sacuda.

Salada solar

Nos Estados Unidos, as alcachofras-de-Jerusalém são chamadas pelo nome bem mais charmoso de "sunchokes" (algo como "alcachofras do sol"). Mas são, na verdade, parte da família do girassol, daí seu nome jovial. Se não conseguir encontrá-las, pode usar batatas yacon no lugar.

Adoro esses pequenos legumes em forma de botão, carregados de nutrientes, e gosto de comer as alcachofras cruas, pois elas têm uma suculência refrescante e seu sabor é muito mais doce e sutil antes de serem cozidas. Se quiser fatiá-las com antecedência, mantenha-as em uma tigela com água e suco de meio limão espremido sobre elas, para evitar que escureçam.

Esta é também minha receita infalível de salada. O molho é um vencedor, adocicado e energético, com uma boa espremida de limão; costumo fazer esta receita em grande quantidade, mantendo-a sempre à mão, em um vidro na geladeira. Use as folhas de salada da estação de sua preferência – uma mistura de frisée e rúcula funciona bem para mim, ou, se for época, escarola ou radicchio.

Usei amêndoas defumadas aqui, pois gosto como elas se alinham com esses sabores, mas as amêndoas tostadas funcionam também. Esta salada serve como acompanhamento, mas se quiser torná-la parte de uma refeição, vai combinar bem com queijo feta assado (ver p. 119) e alguns pães sírios aquecidos.

4 PORÇÕES COMO ACOMPANHAMENTO

PARA A SALADA
2 alcachofras-de-Jerusalém pequenas
quatro bons punhados de folhas de alface amarga
um punhado de amêndoas defumadas grosseiramente picadas
sal marinho e pimenta-do-reino moída na hora

PARA O MOLHO
½ limão-siciliano em conserva sem as sementes
3 colheres (sopa) de azeite de oliva
1 colher (sopa) de vinagre de vinho branco
1 colher (chá) e mel ou de xarope de agave
uma boa pitada de sal marinho

Antes de mais nada, prepare o molho, reunindo todos os ingredientes no processador e batendo até ficar acetinado e turvo. Se não dispuser de um processador, pique em pedaços muito pequenos a conserva de limão reservada e misture-os com todos os outros ingredientes em um jarro.

A seguir, fatie as alcachofras na espessura de uma folha de papel – eu uso um mandolin, mas uma faca afiada e um pouco de cuidado darão conta do recado.

Coloque as folhas da salada em uma tigela com as alcachofras fatiadas e as amêndoas grosseiramente picadas. Regue com o molho, misture para recobrir tudo, prove e tempere com sal e pimenta-do-reino, se necessário.

Salada crocante de satay de pepino

Ao mesmo tempo refrescante, crocante e cheia de energia, esta salada fresca é ideal para acompanhar curries indianos e tailandeses ou para compor um prático jantar de verão. Pode também, é claro, ser servida como prato único em um almoço ou um jantar leve, com um ou dois pães sírios.

Não se espante com a quantidade de coentro fresco usada nesta receita – ele é o centro da salada. Eu compro grandes maços na quitanda local, mas, se você for comprar no supermercado, onde são menores, compre dois maços.

Esta receita permite ao pepino brilhar. Um legume legitimamente inglês e membro da família da abóbora, o pepino está repleto de vitamina C.

Veja na p. 39 uma nota sobre o leite de coco. Aqui usamos o leite de coco já pronto para beber.

....

Descasque o pepino, corte-o ao meio no sentido do comprimento e depois use uma colher para retirar as sementes. Corte as metades em meias-luas de cerca de 0,5 cm de espessura e coloque-as em uma tigela grande.

Moa o amendoim em um pilão até esfarelar. A seguir, acrescente-o à tigela, juntamente com as folhas e talos do coentro picados e o espinafre rasgado.

Esprema o limão em um vidro ou jarro pequeno. Adicione o mel, o shoyu, o leite de coco e o gengibre e mexa bem.

Despeje o molho sobre a salada, misture bem e finalize com os flocos de coco tostados.

4 PORÇÕES

1 pepino

dois punhados de amendoim sem sal

um maço grande de coentro fresco grosseiramente picado, raízes e tudo

três bons punhados de espinafre lavado e rasgado

1 limão-siciliano

1 colher (sopa) de mel

1 colher (chá) de shoyu (molho de soja)

2 colheres (sopa) de leite de coco light ou azeite de oliva

1 pedaço de 2,5 cm de gengibre fresco descascado e finamente picado

um punhado de coco em flocos tostado

Panzanella de tubérculos assados

A panzanella, por sua natureza rica em tomates, é algo que eu aprecio principalmente no fim do verão, quando os tomates são melhores e estão bem maduros. Como é bom molhar o pão nos ricos sucos dos melhores tomates!

Mas adoro a ideia da panzanella. Então criei uma versão para o outono também. Aqui, a abóbora lentamente assada envolve o pão de grãos, as cebolas acrescentam um adocicado de fundo, e as beterrabas são assadas com uma boa dose de vinagre, que se torna um caldo de intensa cor ametista e é a base do delicioso molho da salada. Nesta receita, o forno faz o trabalho por você (mas você vai precisar de algumas assadeiras).

Na maioria das vezes recomendo a abóbora-cheirosa, por ser a mais disponível e fácil de encontrar. Mas encorajo você a tentar outros tipos de abóbora, que surgem em quantidade pelas quitandas, nos meses de outono e inverno. Também são indicadas outras variedades, como a moranga, a abóbora de pescoço e a japonesa, de polpa dourada. Mas a minha favorita é a abóbora Crown Prince, de casca verde-pálido. Ela é enorme, portanto, um quarto da abóbora deve bastar. Todas as abóboras cozinham de modo semelhante, contanto que sejam cortadas em fatias de 1 cm.

Gosto de aproveitar as sementes da abóbora, tostá-las para usar em saladas e com cereais. É um tanto trabalhoso, mas vale a pena, pois ficam muito mais saborosas do que as compradas em lojas. Lave as sementes em água corrente e mergulhe-as em água salgada por cerca de duas horas – assim será fácil eliminar as fibras cor de laranja da abóbora que se apegam a elas. Asse-as em forno a 200 °C por 15 minutos com um pouco de sal e azeite – acrescentar shoyu e especiarias também é uma ótima opção. Lembre-se de que elas se tornam crocantes depois de esfriar.

....

Preaqueça o forno a 200 °C.

Coloque a beterraba em uma assadeira com um pouco de vinagre, sal e pimenta-do-reino e um bom fio de azeite de oliva. Mexa para recobrir tudo, então cubra a assadeira com papel-alumínio e leve ao forno por 15 minutos.

4 PORÇÕES

PARA A SALADA

6 beterrabas médias descascadas e cortadas em quatro

2 colheres (sopa) de xerez ou vinagre de vinho tinto

sal marinho e pimenta-do-reino moída na hora

azeite de oliva

2 cebolas roxas descascadas e cortadas em oito

6 cenouras pequeninas descascadas e cortadas ao meio no sentido do comprimento

½ abóbora-cheirosa sem sementes cortada em pedaços de 1 cm (ver nota sobre a abóbora, adiante)

alguns ramos de sálvia fresca ou tomilho, folhas escolhidas

5 fatias de um bom pão de grãos

um punhado de sementes de abóbora tostadas

1 limão-siciliano

PARA O MOLHO

2 colheres (sopa) de um bom azeite de oliva extra virgem

1 maço pequeno de hortelã, folhas escolhidas e grosseiramente picadas

1 colher (sopa) de mostarda em grão

PANZANELLA DE TUBÉRCULOS ASSADOS

A seguir, coloque a cebola e a cenoura em uma segunda assadeira e a abóbora em uma terceira. Salpique com sal e pimenta-do-reino, acrescente um fio de azeite de oliva e então espalhe sálvia ou tomilho em ambas as assadeiras. Depois que a beterraba tiver assado por 15 minutos, leve ao forno as outras duas assadeiras e deixe tudo assar por mais 40 minutos.

Quando os legumes estiverem assados, macios e dourados, retire tudo do forno e raspe a cebola e a cenoura da assadeira, acrescentando-as à assadeira com a abóbora. Pique o pão em pedaços pequenos e espalhe-os sobre a assadeira agora vazia e salpique sobre eles as sementes. Tempere com sal e pimenta-do-reino e rale por cima a casca do limão. Regue com um fio de azeite de oliva e leve ao forno por 5-10 minutos, até começar a tostar.

Enquanto o pão está no forno, prepare o molho. Com cuidado, transfira os sucos da assadeira em que assou a beterraba para um jarro, acrescente o azeite de oliva, a hortelã e a mostarda, tempere com sal e pimenta-do-reino e misture bem.

Despeje todos os legumes em uma tigela grande e junte o pão e as sementes crocantes. Acrescente o molho e misture de forma a recobrir tudo com sua intensa cor arroxeada.

Fica maravilhosa com um pouco de queijo de cabra ou mesmo com uma colherada de iogurte com limão. Junte algumas folhas de salada verde, se desejar.

Figos com molho de tâmaras

Esta receita é para quando você encontra aqueles figos maravilhosos, de um roxo intenso e recobertos por um pó branco. As pequenas caixas surgem algumas vezes por ano em uma quitanda perto de casa e, quando aparecem, faço esta receita.

Este molho é espetacular para qualquer salada robusta. Se não for a estação do figo, pêssegos, maçãs finamente fatiadas ou tangerinas também são boas opções.

Nesta receita, uso xarope de tâmaras – sempre tenho uma garrafa na despensa para adoçar mingaus, pudins, marinadas, vitaminas e para regar panquecas. É um adoçante incrível, completamente natural e com um maravilhoso e intenso sabor de malte. Se não encontrar o xarope, bata algumas tâmaras com um pouco de azeite ou um bom e espesso balsâmico.

O queijo de cabra combina maravilhosamente bem com frutas e na verdade é muito mais digestivo do que os produtos à base de leite de vaca, graças a suas pequenas moléculas de proteína. Elas contêm mais cálcio e minerais que as do leite comum e tornam o sistema digestivo alcalino. Eu adoro.

....

Coloque a echalota picada, a mostarda, o xarope de tâmaras e o suco de limão em um jarro, tempere com sal e pimenta-do-reino e regue com o azeite, batendo durante o processo. Pique a hortelã, junte no jarro e reserve.

Arranje a salada de folhas em uma travessa e distribua o figo sobre ela. Misture bem o molho no jarro e espalhe-o sobre a salada. Retire as folhas dos ramos de manjericão, acrescente-as à salada, então misture tudo muito bem.

Finalize com o queijo de cabra em pedaços e está pronta para servir.

4 PORÇÕES

PARA O MOLHO

1 echalota descascada e muito finamente picada

½ colher (chá) de mostarda de Dijon

2 colheres (sopa) de xarope de tâmaras ou 2 tâmaras batidas com um pouco de azeite

1 limão-siciliano

sal marinho e pimenta-do-reino moída na hora

2 colheres (sopa) de um bom azeite de oliva extra virgem

1 maço pequeno de hortelã fresca

PARA A SALADA

oito grandes punhados de folhas diversas (uso rúcula, radicchio, acelga baby e folhas novas de mostarda)

6 figos frescos cortados em quatro

1 maço pequeno de manjericão

100 g de queijo de cabra macio ou coalhada de cabra

Legumes assados e vinagrete de agrião

Esta é uma daquelas saladas que brilham por si mesmas. Aqui levo as batatas e os aspargos ao forno, pois gosto do sabor de nozes que isso traz aos aspargos. No inverno, uso os brócolis roxos e as batatas cortadas em pedaços grandes, que cozinham da mesma forma e funcionam também.

Uma das razões pelas quais gosto de cozinhar é a possibilidade de manter contato com o que acontece no campo e em arrendamentos agrícolas de todo o país. O aspargo, para mim, marca uma mudança no ano, anunciando a chegada de tempos mais quentes. Guarde as extremidades mais rijas dos aspargos, que você cortou para o preparo desta salada, para fazer um caldo de legumes para uma sopa ou risoto. Embora sejam muito rijos para comer, ainda guardam todo o seu sabor.

Preaqueça o forno a 220 °C. Coloque as batatas em uma assadeira com uma boa pitada de sal e pimenta-do-reino e regue com azeite. Quando o forno estiver quente, leve as batatas para assar por 30 minutos.

A seguir, coloque os ovos em uma panela, cubra-os com água fria e leve ao fogo. Quando ferver, desligue e deixe na água quente por 7 minutos. Retire-os então da panela e coloque sob água corrente. Quando estiverem frios, descasque-os e reserve.

Quando as batatas completarem os 30 minutos de forno, junte os aspargos, à exceção de dois talos, sacuda a assadeira para recobri-los com o azeite e deixe tudo no forno por mais 15 minutos.

Pique as ervas e o agrião com os pepinos em conserva e as alcaparras e coloque-os em um pote ou jarro pequeno. Acrescente 3 colheres (sopa) de azeite, o vinagre de vinho tinto e a mostarda de Dijon e sacuda ou bata para misturar bem. Descasque os talos reservados e corte-os em tiras longas e finas com um descascador de legumes.

Quando as batatas e os aspargos estiverem assados, transfira-os para uma tigela. Pique os ovos grosseiramente e junte-os à tigela. Acrescente o molho, espalhe por cima as tiras de aspargos e misture delicadamente enquanto a salada ainda está quente.

4 PORÇÕES

750 g de batatas bolinha bem escovadas

sal marinho e pimenta-do-reino moída na hora

azeite de oliva extra virgem

4 ovos orgânicos ou caipiras

1 maço de aspargos, extremidades rijas cortadas (e reservadas)

alguns ramos de salsinha, de hortelã e de estragão, todos frescos, folhas escolhidas

um bom maço de agrião grosseiramente picado

8 pepinos em conserva grosseiramente picados

2 colheres (sopa) de alcaparras pequenas

1 colher (sopa) de vinagre de vinho tinto

1 colher (chá) de mostarda de Dijon

Salada de cenoura e castanha-de-caju condimentada, com coentro e coco fresco

Os sabores indianos se insinuam nesta salada fresca e jovial que minha amiga Emily me ensinou. Assar as cenouras traz intensidade à salada, enquanto o pepino puro e os tomates maduros garantem o frescor. Uso minhas adoradas folhas de curry aqui, mas, se não as conseguir, não se preocupe – ficará boa do mesmo jeito!

Adoro preparar oleoginosas condimentadas, e estas são uma bela opção para qualquer hora, mas espalhá-las sobre esta salada cuidadosamente planejada torna este prato simplesmente delicioso.

Preaqueça o forno a 200 °C.

Coloque as cenouras em uma assadeira e adicione um bom fio de azeite e mel. Espalhe sobre elas as sementes de mostarda e o cominho preto e leve ao forno para assar por 30 minutos.

Em uma tigela, junte o pepino, o tomate, a cebola roxa e a pimenta vermelha. Misture com um pouco de azeite e uma boa pitada de sal e esprema sobre tudo o suco de um limão.

Aqueça um pouco de azeite em uma frigideira, acrescente as folhas de currry, se for usá-las, o açafrão-da-terra e mexa tudo por cerca de 1 minuto, até as folhas de curry ficarem crocantes. Adicione a cebola e frite por cerca de 1 minuto, então junte as castanhas-de-caju e continue a fritar até ficarem douradas e tostadas. Tempere com sal e pimenta-do-reino e transfira para uma tigela, para esfriar.

Retire as cenouras do forno e acrescente-as à tigela com o pepino e o tomate.

Para servir, espalhe a salada de cenoura em uma travessa grande. Salpique o coentro, depois as castanhas condimentadas. Polvilhe com a pimenta picada, rale o coco sobre tudo e esprema o suco do limão restante. Sirva com chapatis quentes e chutney de manga (ou o chutney de nectarina, na p. 339).

4 PORÇÕES

PARA A SALADA

500 g de cenouras descascadas e cortadas ao meio no sentido do comprimento e em pedaços de 3 cm

azeite de oliva ou óleo de coco

1 colher (sopa) de mel ou xarope de agave

2 colheres (chá) de sementes de mostarda

1 colher (chá) de sementes de nigella (cominho preto)

½ pepino descascado e cortado em fita

4 tomates maduros grosseiramente picados

1 cebola roxa pequena descascada e muito finamente fatiada

1 pimenta vermelha sem sementes e finamente picada

sal marinho

1 limão

PARA AS CASTANHAS-DE-CAJU CONDIMENTADAS

opcional: 20 folhas de curry

1 colher (chá) de açafrão-da-terra

1 cebola descascada e finamente fatiada

100 g de castanha-de-caju

sal marinho e pimenta-do-reino moída na hora

PARA SERVIR

1 maço grande de coentro fresco grosseiramente picado

1 pimenta vermelha grande sem sementes e finamente picada

100 g de coco fresco

1 limão

Feta assado com limão e tomates multicores

Onde moro, em Hackney, leste de Londres, cada loja de esquina vende queijo feta e tomates, por isso faço esta receita no verão, quando não tenho tempo ou disposição de perambular para mais longe.

Aqui assei o feta com limão e coentro, pois ambos conferem ao queijo salgado um sabor cítrico espetacular. Assado, o feta ganha uma maravilhosa cremosidade láctea por dentro e um exterior crocante e dourado. Gosto de servi-lo assim que sai do forno, quando está macio e suculento.

O manjericão é o par perfeito para o tomate, mas a hortelã vem da mesma família de ervas e, na minha opinião, os dois combinam muito bem. Às vezes junto à mistura meias-luas de pepino descascado e sem sementes, um punhado de espinafre rasgado e até mesmo um punhado de sementes de abóbora tostadas.

Gosto de aproveitar da grande variedade de cores e formatos de tomate que há no Reino Unido. Não consigo pensar numa travessa mais bonita do que uma mistura do amarelo vivo, do laranja vibrante e do flamejante vermelho dos tomates, cuidadosamente fatiados, com um fio de bom azeite e polvilhados com sal marinho.

O tomate contém um poderoso antioxidante chamado licopeno, que é mais bem absorvido pelo organismo se os tomates forem cozidos. E, melhor ainda, o azeite facilita a absorção do licopeno, o que comprova que a natureza é sábia.

.....

Preaqueça o forno a 220 °C.

Coloque o feta em uma assadeira forrada com papel-manteiga. Rale sobre o queijo a casca de ½ limão, salpique sobre ele as sementes de coentro trituradas, tempere com um pouco de pimenta-do-reino (não há necessidade de sal aqui) e regue com um fio de azeite. Leve ao forno por 25 minutos, até o queijo começar a ficar lindamente dourado.

2 PORÇÕES, OU 4 COMO ACOMPANHAMENTO

1 pacote (200 g) de queijo feta

1 limão-siciliano

1 colher (chá) de sementes de coentro socadas em um pilão

sal marinho e pimenta-do-reino moída na hora

azeite de oliva

800 g de tomates de diferentes cores, tamanhos e formatos

1 maço pequeno de hortelã fresca, folhas escolhidas e finamente picadas

FETA ASSADO COM LIMÃO E TOMATES MULTICORES

Enquanto o feta está no forno, corte os tomates em diferentes formatos (pedaços e fatias) e coloque-os em uma tigela. Tempere com sal e pimenta-do-reino e rale sobre eles a casca do restante do limão e regue com cerca de 2 colheres (sopa) de azeite. Adicione metade do suco de limão, então prove e adicione mais, se necessário. Misture bem com as mãos e deixe descansar para mesclar os sabores.

Quando o feta estiver assado, espalhe o tomate sobre uma travessa e salpique sobre ele a hortelã. Com uma colher, distribua os pedaços de feta sobre os tomates e sirva em seguida, com pão sírio aquecido ou torradas regadas com azeite, se desejar, e folhas verdes de salada.

O feta assado também vai bem com:
- Abobrinhas finamente fatiadas temperadas com limão e pimenta vermelha.
- Para finalizar uma salada de quinoa ou cuscuz.
- Esfarelado sobre abóbora assada.
- Esfarelado sobre sopas e ensopados.
- Empilhado sobre nacos de pão, um belo pão regado com azeite.
- Em uma salada grega.

Salada cítrica tailandesa, crua e crocante

Esta salada empresta seus sabores de um dos meus pratos preferidos, o pad tailandês. Ao contrário deste, entretanto, você vai perceber que não há macarrão na minha receita – em vez disso, fitas de abobrinha e cenoura tomam seu lugar. Faço esta salada o ano inteiro: no outono e no inverno, troco o manjericão por mais coentro e a abobrinha por yacon ou nabo.

Tudo que usei nesta salada está totalmente cru. É bom ter alguns alimentos crus em sua dieta – ajuda a apreciar a comida em sua forma mais saudável, mais pura. Esta salada é um bom começo para as pessoas que pensam que alimentos crus se resumem a broto de feijão e sementes de cânhamo.

Use um descascador de legumes para cortar a abobrinha e a cenoura em fitas e coloque-as em uma tigela – não tem problema deixar um pouco do centro de lado, para não ralar os dedos. Rasgue o repolho em pedaços pequenos, fatie o pimentão vermelho e as cebolinhas o mais fino que conseguir e junte tudo à tigela.

Use uma faca para descascar a toranja e o limão. A seguir, retire todos os gomos de ambas as frutas, deixando para trás a membrana branca que os envolve. Coloque os gomos em uma tigela e bata-os ligeiramente para obter as gotículas suculentas das frutas. Acrescente-as também à tigela grande.

Pique grosseiramente o manjericão e o coentro e adicione à tigela todo o manjericão, metade do coentro e os brotos de feijão. Eles se manterão em perfeito estado na geladeira até a hora de servir.

No último minuto, prepare o molho, juntando todos os ingredientes no liquidificador com 150 ml (⅔ de xícara) de água e bata até obter um molho espesso o suficiente para cobrir e aderir às hortaliças. Dilua com um pouco de água, se precisar. Na falta do liquidificador, amasse as tâmaras em uma tigela até obter uma pasta, então pique bem as castanhas, o gengibre, o alho e a pimenta dedo-de-moça e misture o suco de limão e o shoyu. Despeje o molho sobre a salada, mexa bem e finalize com as castanhas-de-caju e o restante do coentro.

4 PORÇÕES

PARA A SALADA
1 abobrinha
3 cenouras médias descascadas
½ repolho branco
1 pimentão vermelho sem sementes
2 cebolinhas verdes
1 toranja rosa
1 limão
1 maço pequeno de manjericão fresco
1 maço grande de coentro fresco
dois bons punhados de brotos de feijão

PARA O MOLHO
2 tâmaras medjool
um punhado (cerca de 100 g) de castanha-de-caju demolhadas da noite para o dia, se você tiver tempo
1 pedaço de 2 cm de gengibre fresco descascado e grosseiramente picado
½ dente de alho descascado, o centro verde removido, grosseiramente picado
1 pimenta dedo-de-moça sem sementes e finamente picada
suco de 2 limões
2 colheres (sopa) de shoyu (molho de soja) ou tamari

PARA SERVIR
um punhado de castanhas-de-caju ligeiramente trituradas

Salada de batata-doce, milho tostado e couve

Esta é uma mistura das picantes especiarias mexicanas com os frescos sabores da Califórnia. É uma profusão de cores em uma só tigela, e com frequência rouba a cena quando tenho convidados para o jantar. É também uma maravilhosa ceia de meio de semana, pois fica pronta em um instante, acompanhada de arroz preto ou integral.

Nesta receita, mantive a couve crua, o que pode parecer um tanto incomum. Adoro couve crua – mas eu sempre a esmago com limão-siciliano ou taiti e uma pitada de sal, antes. Isso produz um resultado incrivelmente novo e diferente – a celulose se rompe, e assim amacia e adoça as fitas de legumes, tornando-as cremosas. É super-rápido também. Esmago qualquer verdura antes de usá-la na salada – espinafre, couve tronchuda, e sempre funciona.

....

Preaqueça o forno a 200 °C.

Coloque as batatas-doces em uma assadeira com a páprica, o cominho, o mel, um bom fio de azeite e um pouco de sal e pimenta. Sacuda para misturar, deixe assar por 40 minutos, até estarem macias por dentro e tostadas e caramelizadas por fora.

Retire os talos da couve e rasgue-a ou pique em pedaços pequenos. Coloque em uma tigela grande, acrescente o suco de limão e uma pitada de sal. Com as mãos, esprema a couve por 1 ou 2 minutos, e então reserve.

A seguir, aqueça uma frigideira de ferro até estar superquente. Acrescente o milho e toste de todos os lados, virando a espiga de tempos em tempos. Quando estiver toda tostada, deixe esfriar, então corte os grãos da espiga e adicione-os à tigela com a couve.

Junte todos os ingredientes do molho no liquidificador com 2 colheres (sopa) de água e uma boa pitada de sal. Bata até obter um verde-claro quase uniforme. Prove, acrescente mais suco de limão ou sal, se achar que precisa.

Adicione as batatas-doces à tigela com a couve e o milho, e junte também o abacate. Acrescente o molho e misture tudo muito bem.

4 PORÇÕES

4 batatas-doces lavadas e grosseiramente picadas
1 colher (chá) de páprica defumada
½ colher (chá) de sementes de cominho
1 colher (chá) de mel
azeite de oliva extra virgem
sal marinho e pimenta-do-reino moída na hora
1 maço (250 g) de couve crespa
suco de ½ limão
2 espigas de milho
1 abacate maduro descascado e fatiado

PARA O MOLHO
suco de ½ limão
um punhado de castanhas-de-caju (maceradas em água de véspera, se houver tempo – ver nota na p. 340)
meio maço de coentro fresco
2 colheres (sopa) de leite de coco (ver nota na p. 39)

Abóbora com mix de sementes, romã e zátar

Esta é uma salada quente que vai iluminar o dia mais cinzento. Uma profusão de vivos laranjas e vermelhos, esta salada de abóbora brinca com os sabores da mistura de especiarias do Oriente Médio, o zátar. Para quem não conhece, é uma mistura de tomilho, sumagre e gergelim que se pode espalhar sobre tudo, do pão sírio a sopas, e é um recurso rápido para valorizar qualquer jantar.

Eu poderia comer abóbora em todas as refeições. Sua cor vibrante indica que ela é rica em betacaroteno e vitaminas. É cultivada no Reino Unido e pode ser encontrada durante o ano todo. Suas folhas, amargas como as da chicória e do radicchio, contrastam com o adocicado desta salada.

Preaqueça o forno a 220 °C.

Jogue a abóbora em uma assadeira, acrescente um fio de azeite e espalhe por cima da abóbora as sementes de papoula, de gergelim e de erva-doce, a pimenta calabresa e a canela. Tempere com sal e pimenta-do-reino e misture para recobrir tudo com as especiarias. Cubra com papel-alumínio e leve ao forno por 40 minutos.

Enquanto isso, rasgue a chicória ou o radicchio e retire as sementes de romã da casca. Coloque tudo em uma tigela grande. Em seguida, pique grosseiramente a hortelã e acrescente-a também. Em outra tigela, amasse as tâmaras com um garfo, e então acrescente os demais ingredientes do molho e misture bem. Se suas tâmaras não forem muito macias, use um processador.

Depois de 40 minutos, retire o papel-alumínio da assadeira, verifique se a abóbora está macia e leve a assadeira de volta ao forno, sem o papel-alumínio, por mais 10 minutos para ficar crocante.

Retire a abóbora do forno e acrescente-a à tigela. Regue com o molho e misture. Para uma refeição mais substanciosa, sirva a salada com pão sírio e mais algumas folhas verdes. Às vezes, um queijo feta também encontra seu lugar na finalização desta salada.

4 PORÇÕES

1 abóbora-cheirosa média ou 2 miniabóboras sem sementes e cortada em pedaços (pode-se deixar a casca)
um pouco de azeite
1 generosa colher (sopa) de sementes de papoula
1 generosa colher (sopa) de gergelim
1 colher (chá) de sementes de erva-doce ligeiramente socadas no pilão
1 colher (chá) de pimenta calabresa
1 colher (chá) de canela em pó
sal marinho e pimenta-do-reino moída na hora
2 cabeças de chicória vermelha ou de radicchio
½ romã
alguns ramos de hortelã fresca

PARA O MOLHO

2 tâmaras medjool, sem caroço
2 colheres (sopa) de um bom vinagre balsâmico
2 colheres (sopa) de azeite de oliva
suco de ½ limão-siciliano

almoços fáceis e ceias relaxantes

Comida para dias tranquilos e noites sem pressa: gosto de uma refeição leve e saudável, que me deixe disposta para um passeio após o jantar ou para me aboletar no sofá, mais alegre e confortável para assistir a um filme. Estas receitas são perfeitas tanto para um jantar durante a semana como para um almoço de fim de semana e ficam prontas em menos de 30 minutos, deixando você satisfeito, mas leve como uma pluma.

Tacos com pipoca · dhal de coco aromático · pesto de nozes · beterrabas carmesim assadas · salsa verde energética · pizzette de avelãs · cebolas caramelizadas · molho de maple espesso · aspargos de primavera · espaguete com abacate · molho romesco doce e defumado

Dhal com batata-doce crocante e chutney rápido de coco

Esta é uma das minhas receitas favoritas. Um dhal incrível, e as batatas-doces assadas e o chutney de coco, cor-de-rosa, valorizam ainda mais o prato. Todas as pessoas a quem eu dei esta receita dizem que este se tornou um "complemento" obrigatório – todos gostam dele. E tudo graças à humilde lentilha.

Para o chutney, o melhor é usar coco fresco ralado, mas nem sempre eu tenho tempo de ir atrás de coco para o jantar, por isso esta versão utiliza o coco desidratado sem açúcar. Se você tiver tempo de ralar um coco fresco, este chutney vai ficar do outro mundo! Se estiver com o tempo contado, pode ser substituído por uma generosa colher de chutney de manga.

Tenho sempre um pacote de folhas de curry no freezer. Elas me trazem de volta vivas e coloridas lembranças do Sul da Índia, e seu profundo e delicado sabor são insubstituíveis. Se não encontrar as folhas de curry frescas, pode usar as secas.

....

Preaqueça o forno a 220 °C. Despeje 150 ml de água fervente sobre o coco e deixe absorver.

Coloque as batatas-doces em uma assadeira e acrescente uma boa pitada de sal e de pimenta-do-reino, as sementes de cominho e de erva-doce e um fio de azeite. Deixe no forno por 20-25 minutos, até estarem macias por dentro e crocantes por fora.

Em uma panela grande, frite o alho, o gengibre, a pimenta verde e a cebola em um pouco de azeite por cerca de 10 minutos, até estarem doces e macios.

Soque as sementes de cominho e de coentro em um pilão, então acrescente essa mistura à panela com as outras especiarias e cozinhe por alguns minutos para tostar e liberar seus óleos. Adicione à panela as lentilhas, o leite de coco e o caldo de legumes e leve ao fogo até levantar fervura. Quando ferver, reduza para fogo baixo e deixe fervilhar por 25-30 minutos.

4 PORÇÕES

PARA AS BATATAS-DOCES
2 batatas-doces com casca lavadas e grosseiramente picadas em cubos de 1,5 cm
sal marinho e pimenta-do-reino moída na hora
1 colher (chá) de sementes de cominho
½ colher (chá) de sementes de erva-doce
azeite de oliva

PARA O DHAL
2 dentes de alho descascados e picados
1 pedaço de 5 cm de gengibre fresco descascado e grosseiramente picado
1 pimenta verde finamente picada
1 cebola roxa descascada e grosseiramente picada
1 colher (chá) de sementes de cominho
1 colher (chá) de sementes de coentro
1 colher (chá) de açafrão-da-terra em pó
1 colher (chá) de canela em pó
200 g de lentilhas vermelhas
2 vidros (200 ml) de leite de coco
400 ml de caldo de legumes
dois punhados grandes de espinafre
1 maço de coentro fresco grosseiramente picado, com talos e tudo
suco de 1 limão-siciliano

PARA O CHUTNEY DE COCO
50 g de coco fresco ou seco sem açúcar
1 colher (chá) de sementes de mostarda preta
10 folhas de curry frescas ou secas
um pouco de óleo vegetal ou de coco
1 pedaço de 20 g de gengibre ralado
1 pimenta dedo-de-moça finamente picada

DHAL COM BATATA-DOCE CROCANTE E CHUTNEY RÁPIDO DE COCO

Enquanto a lentilha cozinha, prepare o chutney. Escorra o coco, se usar o fresco, e coloque-o em uma tigela. Frite as sementes de mostarda e as folhas de curry em um pouco de óleo vegetal até começarem a chiar, então despeje essa mistura sobre o coco. Tempere com sal e pimenta-do-reino, então acrescente o gengibre e a pimenta dedo-de-moça e dê uma boa mexida.

Para finalizar seu dhal, retire-o do fogo, junte o espinafre, mexa e deixe murchar um pouco, adicionando metade do coentro picado e o suco de limão. Divida em tigelas e finalize com as batatas-doces crocantes, colheradas de chutney de coco e o restante do coentro. Costumo servir esta receita com pão chapati ou roti tostado ao fogo, mas, se estiver muito faminto, acrescente um fofo arroz basmati integral.

Tacos com pipoca

Elote é uma iguaria de rua mexicana, vendida em cada esquina do país. Uma inusitada combinação de milho cozido, pimenta, manteiga e limão (e às vezes também maionese), servida em um pratinho de plástico e normalmente finalizado com crema – creme azedo. Aparência, estranha. Gosto, delicioso.

Preparo minha versão do elote caramelizando o milho e juntando limão e pimenta, colocando tudo dentro de um taco e finalizando com pipoca temperada com agave. Tem um pouco do kitsch do escultor Jeff Koons e o sabor é absurdamente bom.

O milho é usado de três formas nesta receita: os grãos tostados no fogo, a pipoca estourada e as tortilhas de milho. O milho é um alimento tão incrível quanto versátil. Passei algum tempo em uma reserva indígena, alguns anos atrás, e fiquei abismada com a criatividade dos pratos feitos com o milho: pães, bolos, ensopados – ele parece fazer parte de tudo. Comer o milho de três formas diferentes, aqui, significa aproveitar ao máximo suas vitaminas e sais minerais, pois diferentes formas de preparo trazem benefícios distintos ao nosso organismo.

Os elotes compõem uma ceia ou almoço perfeitos. Eu me satisfaço com dois minielotes, e foi o que levei em consideração nesta receita, mas um bom garfo (como meu John) poderia comer três ou quatro.

Uso aqui a pimenta-de-caiena, que traz a pungência da pimenta vermelha, uma vez que é feita com pimentão vermelho assado, e um sabor semelhante ao do tomate seco. Recentemente ela esteve em evidência, misturada ao xarope de bordo, como a superfórmula detox de escolha de muitas celebridades. Colha os mesmos benefícios nesta deliciosa receita, em lugar de penosamente beber uma garrafa de um xarope aguado e apimentado.

Antes de mais nada, estoure a pipoca. Leve uma panela grande ao fogo baixo e acrescente um fio de azeite. Junte o milho de pipoca e tampe a panela. Sacuda vigorosamente a cada minuto, mais ou menos, para que o milho não queime. O milho começará a estourar depois de alguns minutos. Quando parar de estourar, retire do fogo e deixe esfriar um pouco.

4 PORÇÕES

PARA A PIPOCA
azeite de oliva
3 colheres (sopa) de milho de pipoca
½ colher (chá) de sal marinho
½ colher (chá) de sementes de cominho
½ colher (chá) de pimenta-de-caiena
1 colher (sopa) de mel ou xarope de agave

PARA O MILHO CARAMELIZADO
4 espigas de milho
sal marinho e pimenta-do-reino moída na hora
raspas da casca e suco de 1 limão
½ colher (chá) de pimenta-de-caiena
1 pimenta dedo-de-moça ou verde finamente picada
½ xícara de iogurte natural ou crème fraîche

PARA SERVIR
2 abacates
suco de ½ limão
8 minitortilhas de milho ou trigo, ou 4 grandes
100 g de queijo feta escorrido e esfarelado
1 maço de coentro, grosseiramente picado

TACOS COM PIPOCA

Prepare o tempero da pipoca. Junte o sal, as especiarias e o mel ou xarope de agave em uma panela pequena, aqueça e mexa bem. A seguir, misture-o à pipoca até estar recoberta por igual.

Com uma faca afiada, corte os grãos da espiga. Aqueça um pouquinho de azeite em uma panela e frite o milho por 5-10 minutos, até estar tostado e caramelizado. Adicione sal e pimenta-do-reino, as raspas e o suco do limão, a pimenta-de-caiena e a pimenta dedo-de-moça, então retire do fogo, junte 1 colher (sopa) de iogurte e cubra a panela com papel-alumínio para manter o milho aquecido.

Descasque os abacates, retire o caroço e corte a polpa em pedacinhos. Coloque-os numa tigela e regue com suco de limão.

Aqueça as tortilhas – para isso, eu costumo segurá-las com uma pinça junto à chama de gás, mas podem ser aquecidas também no forno ou em uma frigideira antiaderente.

Divida o milho pelas tortilhas e finalize com uma colher de iogurte ou crème fraîche, com queijo feta esfarelado e uma pitada de coentro picado. Espalhe a pipoca sobre tudo, feche a tortilha nas mãos e coma.

Pesto de nozes e manjericão com radicchio

Acho que vou arranjar confusão com os puristas da massa com esta receita, mas, para mim, estes sabores valem o risco. Strozzapreti é minha massa preferida – adoro sua forma arredondada. Você pode encontrá-la em rotisserias de produtos italianos e em alguns bons supermercados que vendem produtos importados, mas os fusilli são um substituto à altura.

Esta é uma ótima opção de jantar para a semana, pois preparar o molho leva o mesmo tempo que cozinhar o macarrão.

O radicchio é uma alface de um magenta vibrante, com um gosto ligeiramente amargo. É um membro da família da chicória, portanto a chicória vermelha também pode compor este cardápio. Folhas amargas precisam ser tratadas com alguma antecipação. Aqui o radicchio é rasgado em pedaços pequenos, assim cada bocado levemente amargo é balanceado pela doçura das nozes tostadas. Essas folhas podem ajudar na digestão, como as amargas bebidas digestivas servidas após a refeição, na França e na Itália.

....

Toste as nozes em uma panela por alguns minutos até ficarem douradas, então soque-as em um pilão com o alho e um pouco de sal marinho até obter uma pasta espessa. Use o processador, se desejar – só tome cuidado para não bater demais, pois é bom manter um pouco de textura.

Junte as ervas, soque novamente, então adicione o azeite e misture tudo, obtendo uma pasta de um verde-escuro. Acrescente o queijo pecorino e suco de limão-siciliano a gosto, tempere com um pouco mais de sal e pimenta-do-reino, se necessário, e reserve.

A seguir, leve ao fogo uma panela com água e sal para ferver e adicione o macarrão. Deixe ferver em fogo baixo pelo tempo indicado na embalagem – algo em torno de 8 minutos. Imediatamente antes de escorrer o macarrão, retire e reserve uma caneca da água do cozimento.

Coloque a massa de volta na panela, junte um pouco do pesto e misture bem, adicionando água do cozimento reservada suficiente para soltar a massa e deixar o molho cremoso. Finalmente, misture à massa o radicchio rasgado em pedaços e sirva com mais queijo pecorino.

4 PORÇÕES

400 g de macarrão strozzapreti, casarecce ou fusilli

1 cabeça de radicchio (cerca de 200 g) rasgado

PARA O PESTO

50 g de nozes sem casca

1 pequeno dente de alho descascado

sal marinho e pimenta-do-reino moída na hora

1 maço de manjericão fresco ou orégano, folhas escolhidas

1 maço de salsinha fresca, folhas escolhidas

3 colheres (sopa) de azeite de oliva extra virgem

50 g de queijo pecorino ralado na hora (ver nota na p. 136)

suco de 1 limão-siciliano

TRÊS RECEITAS INFALÍVEIS DE MASSAS

Para cozinhar seu macarrão: leve ao fogo uma grande panela com água e adicione algumas pitadas generosas de sal. Quando a água começar a ferver, acrescente o macarrão e cozinhe pelo tempo indicado na embalagem ou apenas até ficar al dente. Enquanto isso, inicie o preparo do molho escolhido. Cada receita rende 4 porções.

MINHAS REGRAS DE OURO PARA COZINHAR MASSAS:

- Use a maior panela que tiver, para que a massa tenha espaço para se movimentar.
- Cuidado na hora de salgar a água – lembre-se de que o sal que você acrescentar à água será absorvido pela massa.
- Adicione a massa apenas depois que a água estiver fervendo.
- Sempre cozinhe a massa até o ponto al dente – ela continuará a cozinhar enquanto esfria.
- Mergulhe sempre uma caneca na panela e encha-a com a água do cozimento antes de escorrer a massa. Ela poderá ser adicionada ao macarrão escorrido para diluir o molho.

INFORMAÇÕES SOBRE O PARMESÃO E O PECORINO

Uso muito o queijo pecorino com macarrão, pois gosto do sabor e, onde moro, é mais fácil encontrar a versão vegetariana do pecorino do que a do parmesão. O parmesão e alguns pecorinos não são na verdade vegetarianos, pois são feitos a partir do coalho animal. No entanto, é possível comprar queijos vegetarianos especiais, do tipo parmesão, que são bastante bons. Assim, você pode procurá-los ou usar outro tipo de queijo.

1

ESPAGUETE RÁPIDO COM VERDURAS

400 g de espaguete (comum, integral, de arroz ou espelta) – ver as instruções do fabricante para o cozimento
azeite de oliva extra virgem
2 dentes de alho descascados e finamente fatiados
1-2 pimentas dedo-de-moça sem sementes e finamente picadas, dependendo de quão picante você queira sua massa
1 ramo de alecrim fresco, folhas escolhidas
1 maço grande de espinafre (cerca de 400 g), folhas lavadas e finamente fatiadas, sem os talos maiores
raspas da casca e suco de 1 limão-siciliano grande (ou mais suco, se necessário)
sal marinho e pimenta-do-reino moída na hora
um bom punhado de queijo parmesão ou pecorino finamente ralado

Aqueça um bom fio de azeite em uma frigideira grande e adicione o alho, a pimenta dedo-de-moça e o alecrim. Frite por cerca de 1 minuto, até que o alho comece a ganhar cor, então acrescente o espinafre e refogue, mexendo de vez em quando, por 3-4 minutos, ou até que a verdura tenha murchado ligeiramente.

Coloque todos os ingredientes no liquidificador e bata com as raspas e o suco do limão, outras 2 colheres (sopa) de azeite e uma boa pitada de sal e pimenta-do-reino. Dilua com um pouco da água do cozimento, se necessário – a consistência deve ser semelhante à de um pesto. A seguir, coloque a mistura de espinafre de volta na panela.

Escorra o macarrão, reservando uma caneca do líquido de cozimento. Adicione-o à verdura com um fio da água do cozimento e misture bem. Acrescente um pouco mais de suco de limão, se necessário, e finalize com um fio de azeite e um montinho de queijo parmesão ou pecorino ralado.

SPAGUETTINI RÁPIDO DE ABOBRINHA

400 g do espaguete de sua escolha (prefiro o de trigo-sarraceno ou o integral) – ver as instruções do fabricante para cozimento
4 abobrinhas
1 pimenta dedo-de-moça sem sementes e finamente picada
1 maço de hortelã fresca, folhas picadas
1 maço de salsinha, folhas picadas
raspas da casca e suco de 1 limão-siciliano
200 g de queijo feta
azeite de oliva extra virgem de qualidade
sal marinho e pimenta-do-reino moída na hora

Rale as abobrinhas em uma tigela grande. Adicione a pimenta dedo-de-moça picada, a hortelã, a salsinha, as raspas e o suco do limão, e a seguir o feta esfarelado. Acrescente algumas colheradas de um bom azeite e misture bem.

Antes de escorrer a massa, retire uma caneca do líquido de cozimento – você vai precisar dela mais tarde. Escorra o macarrão e coloque-o de volta na panela vazia, acrescente a mistura de abobrinha e uma boa pitada de sal e pimenta-do-reino. Adicione um tantinho do líquido do cozimento para aumentar o molho. Apresente em seguida, no centro da mesa, para que cada um se sirva à vontade.

ESPAGUETE POMODORO

400 g de espaguete (gosto de usar o espaguete de trigo-sarraceno) – ver as instruções do fabricante para cozimento
azeite de oliva
2 dentes de alho descascados e finamente fatiados
1 maço de manjericão fresco
500 g de tomates-cereja cortados ao meio, ou de rama, maduros e picados
sal marinho
azeite de oliva de qualidade para finalizar
opcional: queijo parmesão ou pecorino

Aqueça uma frigideira de bom tamanho e acrescente um fio de azeite. Quando o azeite estiver quente, mas não demais, acrescente o alho e cozinhe em fogo médio até que as bordas comecem a dourar. Adicione os talos do manjericão e mexa bem. A seguir, junte os tomates e uma boa pitada de sal e cozinhe em fogo médio por 10 minutos, até desmancharem e o molho ficar encorpado e doce.

Quando o macarrão estiver cozido, retire com cuidado uma caneca do líquido do cozimento, então escorra o macarrão e acrescente-o ao molho de tomate. Misture tudo, adicionando um pouco do líquido do cozimento, se necessário. Rasgue as folhas do manjericão e espalhe sobre o macarrão.

Sirva em seguida, regando com azeite, e acrescente queijo parmesão ou pecorino ralado, se desejar.

ADICIONE PARA INCREMENTAR

- 1 colher (sopa) de harissa e algumas azeitonas pretas sem caroço.
- 1 colher (sopa) de sementes de erva-doce tostadas e couve rasgada.
- 1 colher (sopa) de sementes de coentro e um pouco de queijo feta esfarelado.
- 1 colher (sopa) de alcaparras, um punhado de azeitonas verdes e um pouco de orégano.
- alguns punhados de ervilhas congeladas e um pouco de hortelã fresca.
- 1 colher (sopa) de zátar (ver p. 125) e um pouco de abóbora assada.
- 200 g de vagem picada e um pouco de pimenta calabresa.
- abobrinha cortada em fitas e queijo de cabra esfarelado.

Espaguete com abacate e raspas de limão

Lá em casa o jantar é quase sempre apressado, mas tem de ser muito saboroso e nutritivo, e isso garante sempre o sucesso.

Costumo usar espaguete integral, pois vai muito bem com abacate. Porém, o espaguete integral absorve mais óleo do que as outras massas, portanto, talvez você precise acrescentar um pouco mais no final.

Prefiro usar alcaparras em vidro, que vêm em salmoura. As conservadas em cristais de sal ficam muito salgadas, mesmo depois de lavadas. Use a que preferir, mas lembre-se de que toda alcaparra é salgada, portanto seja comedido na hora de salgar.

Em geral, finalizo este espaguete com um ovo poché, em parte porque torna a refeição mais substanciosa, mas também pelo belo molho amarelo-ouro que ele confere à massa. Experimente!

....

Encha uma panela com água fervente e adicione uma boa pitada de sal. Quando estiver fervilhando, acrescente a massa e cozinhe por 8-10 minutos, ou siga as instruções da embalagem, até estar perfeitamente al dente.

Aqueça um pouco de azeite em uma frigideira grande, em fogo baixo, e adicione as alcaparras e o alho e deixe refogar até as bordas do alho começarem a dourar. Retire do fogo e acrescente as raspas de limão.

Pique as ervas e adicione-as à frigideira. Corte os abacates ao meio e retire o caroço, então use a faca para fazer cortes cruzados na polpa, cortando-a ainda na casca. Com uma colher, retire a polpa e junte-a à panela, mexendo para mesclar todos os sabores.

Antes de escorrer o macarrão, retire e reserve uma caneca da água do cozimento. Escorra o macarrão e transfira-o para a frigideira com um pouco do líquido do cozimento e um fio de azeite. Prove e acrescente sal, pimenta-do-reino e suco de limão, se precisar. Sirva o macarrão em tigelas individuais para comer na mão.

4 PORÇÕES

sal marinho e pimenta-do-reino moída na hora

400 g do espaguete seco de sua escolha (uso o integral, mas o de arroz, de quinoa ou mesmo o comum caem bem)

azeite de oliva

4 colheres (sopa) de alcaparras em salmoura, grosseiramente picadas

1 dente de alho descascado e muito finamente fatiado

raspas da casca de 2 limões-sicilianos e suco de ½ limão-siciliano

1 maço de manjericão fresco (só as folhas)

1 maço de salsinha fresca (só as folhas)

2 abacates maduros

Tigela de sushi com couve e gergelim preto

Isso é comida saudável. O arroz integral para sushi fornece a base reconfortante para uma tigela colorida e que satisfaz, de sabores picantes e crocantes que explodem na boca. É o tipo de comida que eu procuro num dia de semana, quando preciso de energia para enfrentar a correria do dia a dia. Há alguns restaurantes japoneses em Londres, em que se faz uma caixa bentô cheia de arroz, abacate e algas, que eu em geral peço para viagem.

Se estou em casa, entretanto, ou se tenho tempo, preparo de véspera, pois é tão bom frio quanto quente. Eu planejei esta receita para duas pessoas, mas você pode dobrar as quantidades para um jantar de quatro pessoas – é um prato único e completo para um jantar leve, em um dia ensolarado.

O gergelim preto é uma semente de um preto azulado e tem um sabor muito próprio, mais intenso que o do seu irmão, o gergelim branco. O gergelim preto possui alto teor de vitamina E e de antioxidantes. Compro o gergelim preto em lojas de produtos chineses ou japoneses. Se não conseguir encontrá-lo, use o gergelim branco bem tostado.

....

Lave o arroz em uma peneira sob água corrente para livrá-lo de parte do amido, então coloque-o em uma panela com uma pitada de sal e o dobro do volume de água (cerca de 400 ml). Deixe ferver, então reduza para fogo baixo, tampe e cozinhe por 45 minutos, até que a água tenha sido absorvida e o arroz esteja completamente cozido. Acrescente mais água quente, de quando em quando, se necessário, para evitar que o arroz seque. Se estiver utilizando arroz integral comum, siga as instruções da embalagem.

Enquanto isso, descongele o edamame colocando-o em uma tigela e cobrindo com água fervente. Deixe descansar por 10 minutos.

Corte a romã ao meio. Encaixe a peneira em uma tigela, segure uma das metades da romã, o lado cortado voltado para baixo, e esprema a romã sobre a tigela, deixando que o suco passe através dos seus dedos. Reserve.

2 PORÇÕES

200 g arroz integral para sushi (ou arroz integral comum)

sal marinho

dois punhados de feijão edamame debulhado (cerca de 120 g)

1 romã de bom tamanho

um fio de óleo de gergelim

dois punhados grandes de couve ou outra verdura da estação, sem os talos, folhas finamente rasgadas

4 folhas de alga nori cortadas em pedaços pequenos

2 colheres (sopa) de gergelim preto

1 maço pequeno de coentro fresco, folhas escolhidas e picadas

1 abacate cortado ao meio e fatiado

PARA O MOLHO

raspas e suco de 1 limão-siciliano

raspas e suco de ½ laranja

1 colher (sopa) de mel ou xarope de agave

2 colheres (sopa) de shoyu (molho de soja) ou tamari

1 colher (sopa) de vinagre de arroz japonês

TIGELA DE SUSHI COM COUVE E GERGELIM PRETO

Segure a outra metade da romã sobre uma tigela limpa, o lado do corte voltado para baixo. Bata na casca da romã com uma colher de pau para que as sementes da fruta caiam dentro da tigela, batendo mais forte, se as sementes resistirem a cair. Descarte a casca vazia da romã e retire as partes brancas que possam ter caído na tigela junto com as sementes.

Aqueça uma frigideira em fogo médio. Acrescente um bom fio de óleo de gergelim e refogue a couve ou outra verdura da estação por alguns minutos, então adicione a alga nori e cozinhe por mais 1 minuto. Retire do fogo, tampe e mantenha tudo aquecido.

Junte os ingredientes do molho à tigela com o suco de romã e misture bem.

Quando o arroz estiver cozido, escorra-o e espalhe sobre ele a maior parte do molho. Acrescente metade das sementes de gergelim preto e misture, para que o tempero recubra os grãos.

Sirva o arroz em duas tigelas individuais, adicione um pouco do edamame, das sementes de romã, da couve aquecida, do coentro picado, do abacate fatiado e mais sementes de gergelim preto e complete com o restante do molho.

Coma e sinta-se saudável e sereno.

Lentilha e beterraba com salsa verde

Um jantar simples, com muito conteúdo. Aqui, as beterrabas e as lentilhas são cozidas de modo simples, mas com todo o cuidado, como eu gosto. Finalizado com uma salsa verde, este prato se tornou um dos meus cinco jantares preferidos.

Cozinhar lentilhas assim é uma maravilha – os tomates, o alho e o louro se unem para criar uma tigela realmente supersaborosa. Se nunca provou algo assim, experimente – vai descobrir que são as melhores lentilhas que já comeu. Mas compre as lentilhas puy, que são muito mais ricas em sabor e mantêm o formato depois de cozidas.

Se não for época de beterrabas, complete as lentilhas com brócolis cozidos no vapor ou abóbora assada. Às vezes, resolvo usar coalhada ou queijo de cabra, ou mesmo um bom iogurte grego espesso.

....

Preaqueça o forno a 180 °C.

Coloque as beterrabas cortadas em quatro em uma assadeira com o vinagre, um bom fio de azeite e um pouco de água. A seguir, tempere com sal e pimenta-do-reino e misture para recobrir tudo por igual. Cubra com papel-alumínio e leve ao forno para assar por 1 hora, até as beterrabas estarem bem cozidas e os sucos na assadeira, cor-de-rosa.

Enquanto as beterrabas estão no forno, prepare a lentilha. Coloque-a em uma panela com o alho com casca, o tomate inteiro e as ervas. Acrescente caldo de legumes o suficiente para cobrir tudo, leve ao fogo médio até levantar fervura e deixe fervilhar por 20-25 minutos, até estar cozida e a água ter evaporado. Se parecerem muito secas, acrescente um pouco de água fervente, só o necessário.

A seguir, faça sua salsa verde. Em uma grande tábua, pique bem as alcaparras e os minipepinos, acrescente as ervas e pique tudo junto, até obter uma bela pasta verde. Transfira tudo para uma tigela e acrescente 3 colheres (sopa) de azeite e o suco do limão. Tempere com sal e pimenta-do-reino, provando sempre e equilibrando-a de acordo com seu paladar. Mais azeite? Mais sal? Mais limão?

4 PORÇÕES

PARA AS BETERRABAS
8 beterrabas médias, firmes, descascadas e cortadas em quatro (se quiser, use diversas variedades além da comum, como a amarela e a rajada)
4 colheres (sopa) de vinagre de vinho tinto
azeite de oliva extra virgem
sal marinho e pimenta-do-reino moída na hora

PARA AS LENTILHAS
400 g de lentilhas lavadas
4 dentes de alho com casca
1 tomate pequeno
1 folha de louro
alguns ramos de tomilho fresco
1 litro de caldo de legumes

PARA A SALSA VERDE
2 colheres (sopa) de alcaparras (35 g)
2 colheres (sopa) minipepinos em conserva (50 g)
um maço de hortelã
um maço de salsinha
um maço de manjericão
azeite de oliva extra virgem
suco de ½ limão-siciliano

LENTILHA E BETERRABA COM SALSA VERDE

Quando as lentilhas estiverem cozidas e a água tiver evaporado, retire o tomate e os dentes de alho e coloque-os em uma tigela para esfriar. Quando já puderem ser manuseados, retire a casca do alho, junte-o de volta à tigela com o tomate e, com um garfo, amasse tudo junto. Misture a pasta de alho e tomate à lentilha. Prove, tempere com sal e pimenta-do-reino, então finalize com um generoso fio de azeite e um borrifo de vinagre de vinho tinto.

Quando as beterrabas estiverem assadas, sirva a lentilha nos pratos, arranje por cima a beterraba assada e regue com seu suco cor de cereja. Para finalizar, adicione 1 colher da salsa verde. Se acaso sobrar salsa verde, ela se conserva bem em um vidro na geladeira por 2-3 dias.

Dicas para usar a salsa verde:
- Como marinada para legumes ou tofu.
- Espalhar sobre mozarela ou queijo feta assado.
- Como complemento para grãos ou feijão.
- Em lugar do pesto, para misturar ao macarrão.
- Uma colherada sobre uma sopa simples.
- Para comer com torradas.

Minipizzas de avelãs e cebola roxa

Estas minipizzas estão a meio caminho de uma pizza, mas são feitas de farinha de espelta, o que lhes dá um tom mais intenso, um sabor de nozes. Há avelãs misturadas à massa-base, também, que tostam à medida que assam, acentuando maravilhosamente o adocicado sabor amendoado.

A intensidade da base de espelta e avelãs contrasta com o recheio de queijo de cabra fresco e saudável, a cebola caramelizada e o verde nutritivo do espinafre refogado. Eu preparo estas delícias para uma multidão ou, com uma salada simples, crio um jantar imprevisto.

Pese todos os ingredientes secos da massa e junte-os em uma tigela. Adicione a água quente, aos pouquinhos, mexendo o tempo todo. Então acrescente o óleo da mesma maneira. Misture até agregar tudo em uma massa homogênea. Isso pode ser feito em uma batedeira (usando-se o gancho para massas) ou em um processador.

Trabalhe a massa até que esteja elástica e superflexível. Isso levará cerca de 15 minutos à mão ou 10 minutos, se usar um aparelho elétrico. Não pule essa etapa, pois isso é o que vai resultar em uma massa excelente.

Quando obtiver uma bola de massa lisa, homogênea, flexível, coloque-a de volta na tigela, cubra e deixe descansar em local aquecido por no mínimo 1 hora – ela deve dobrar de tamanho.

Depois de crescida, transfira a massa para uma superfície limpa e divida-a em oito partes iguais. Modele cada parte de massa em uma bola firme.

Espalhe o óleo vegetal em uma assadeira e role as peças de massa sobre ela, recobrindo-as com o óleo. Isso vai evitar que elas grudem umas nas outras ao crescer e dará à base da pizza uma crosta exuberante. Deixe a assadeira com as bases de pizza coberta, em local aquecido, para crescer por mais 30 minutos.

RENDE 8 MINIPIZZAS

PARA A MASSA

550 g de farinha de espelta light (ou farinha comum para pão)
1 colher (chá) de sal marinho (10 g)
1 colher (chá) de fermento químico em pó ou 1 sachê de 15 g
um bom punhado de avelãs tostadas e esmagadas
260 ml de água quente
50 ml de óleo vegetal, mais para besuntar

PARA A COBERTURA

3 cebolas roxas descascadas e fatiadas
azeite de oliva
400 g de espinafre
uma boa pitada de noz-moscada ralada na hora
1 dente de alho descascado
1 maço de manjerona fresca ou de orégano, folhas escolhidas
6 colheres (sopa) de óleo vegetal
250 g de queijo de cabra macio ou ricota
uma boa pitada de sal

Enquanto isso, ligue o forno no máximo – qualquer coisa acima de 240 °C está bom. Coloque uma pedra de pizza ou uma assadeira pesada no centro do forno para aquecê-la.

Agora vamos aos recheios. Frite as cebolas lentamente por cerca de 15 minutos em pequena quantidade de azeite até estarem doces e macias – então, acrescente o espinafre e a noz-moscada. Reserve. Pique finamente o alho com a manjerona e misture-os ao óleo.

Depois que as bolas de massa tiverem chegado aos 30 minutos de crescimento final, abra cada uma delas em círculo, cuidadosamente, remendando os pequenos buracos que as avelãs picadas poderão abrir. Cubra-as com o azeite de manjerona, coloque a mistura de espinafre e salpique com o queijo de cabra ou ricota. Asse-a sobre a pedra de pizza ou em assadeira superaquecida por 8-10 minutos. Aprecie as minipizzas assim que tiverem esfriado o suficiente.

Refogado de aspargos e castanhas-de-caju tostadas

Adoro este refogado, que como com frequência no jantar. É fresco, energético e muito saboroso. Um jantar bem rápido, que se prepara em 10 minutos. Sirva com arroz integral ou um pouco de macarrão – eu gosto do macarrão soba, mas arroz ou massa de ovos são bem-vindos.

O segredo deste refogado é certificar-se de que tudo está preparado e à mão antes de começar. Esta receita é para duas pessoas, mas é bom não atulhar a frigideira ao preparar o refogado – se quiser aumentar o número de porções, sugiro que trabalhe em etapas. No outono e no inverno preparo esta receita com brócolis roxos e couve ou outras verduras de inverno, e às vezes acrescento também um punhado de gergelim.

....

Aqueça a maior frigideira que tiver ou um wok e acrescente um fio de óleo de gergelim. Acrescente a cebolinha e o gengibre e frite por um 1-2 minutos, então adicione os aspargos e as ervilhas tortas ou vagens e mexa por alguns minutos, até cozinharem ligeiramente. Acrescente o espinafre ou a verdura escolhida e mexa até murchar.

A seguir, junte a pimenta calabresa, o xarope de bordo, o shoyu e o suco e as raspas de limão e cozinhe por mais 1-2 minutos.

Retire do fogo, junte as ervas e salpique as castanhas de caju. Sirva em seguida, com arroz ou macarrão.

2 PORÇÕES

óleo de gergelim

6 cebolinhas fatiadas

1 pedaço de 5 cm de gengibre fresco descascado e finamente picado

1 maço de aspargos, extremidades aparadas, talos cortados em pedaços de 2 cm

200 g de ervilhas tortas ou vagens cortadas ao meio

dois bons punhados de espinafre ou verdura da estação rasgados

uma pitada de pimenta calabresa

1 colher (sopa) de xarope de bordo

1 colher (sopa) de shoyu (molho de soja)

raspas da casca e suco de 1 limão

um maço pequeno de hortelã ou coentro, ou ambos, grosseiramente picados

um punhado grande de castanha-de-caju

Farro com alho-poró assado e molho romesco defumado

4-6 PORÇÕES, COM ALGUMA SOBRA DE ROMESCO

1 abóbora-cheirosa sem sementes e cortada em pedaços grandes
12 minialhos-porós inteiros lavados
azeite
1 limão-siciliano
200 g farro
alguns ramos de salsinha

PARA O ROMESCO

100 g de amêndoas branqueadas
50 g de avelãs
azeite de oliva
2 fatias de um pão branco amanhecido (cerca de 40 g) cortadas em pedaços grandes
2 dentes de alho descascados e finamente picados
1 colher (chá) de páprica doce defumada
1 vidro (220 g) de pimentão vermelho assado, escorrido (ver p. 87 para assá-los em casa)
6 colheres (sopa) de azeite de oliva extra virgem
2 colheres (sopa) de vinagre de xerez
1 pimenta dedo-de-moça pequena seca, esfarelada, ou uma pitada de pimenta calabresa
uma pitada generosa de pistilos de açafrão
1 colher (sopa) de purê de tomate
sal marinho e pimenta-do-reino moída na hora

Se dependesse de mim, eu usaria este molho catalão agridoce e defumado em pelo menos uma refeição por dia. Esta receita vai render o suficiente para este jantar mais um vidro de geleia extra, que você pode manter na geladeira por cerca de uma semana.

O farro é um dos meus grãos favoritos – ele possui uma textura mastigável, quase gomosa, que é muito agradável. O farro contém muito menos glúten do que a maioria dos grãos, por isso, se você tiver uma pequena sensibilidade ao glúten, não terá problemas com ele. Pode ser encontrado na maior parte das lojas de alimentos naturais e em grandes supermercados. Se não conseguir encontrá-lo, a cevada e o trigo-sarraceno são boas opções, assim como a quinoa, se preferir. Apenas ajuste os tempos de cozimento (ver pp. 184-185).

Use os melhores pimientos espanhóis em conserva que conseguir encontrar – os piquillo são os melhores. Se não conseguir comprar o minialho-poró, os do tipo comum são bons também. Apenas lave, apare e corte-os ao meio no sentido do comprimento, e depois em segmentos de 3 cm.

Preaqueça o forno a 200 °C.

Antes de mais nada, faça o molho romesco. Espalhe as oleaginosas em uma assadeira e toste-as ao forno por 10-15 minutos, até ficarem douradas. Enquanto assam, aqueça um pouco de azeite em uma panela e frite o pão até estar dourado por igual. Acrescente o alho e a páprica defumada, cozinhe por mais 1 minuto e retire a panela do fogo.

Deixe o forno ligado e transfira as oleaginosas e o pão torrado para o processador. Junte o pimentão e bata até obter uma mistura rústica – deve manter um pouco de textura.

Transfira tudo para uma tigela, adicione o azeite extra virgem, o vinagre de xerez, a pimenta dedo-de-moça esfarelada, o açafrão e o purê de tomate.

Tempere a gosto e misture bem, ajustando os sabores, se necessário. O molho romesco é o equilíbrio de sabores impactantes. Muito espesso? Acrescente um pouquinho de água. Muito doce? Adicione um pouco de vinagre. Muito picante? Junte um tantinho de azeite para suavizá-lo. Deixe descansar para amadurecer o sabor.

A seguir, coloque a abóbora em uma grande assadeira com o alho-poró. Regue com um pouco de azeite, rale o limão por cima de tudo e tempere. Leve para assar por 40 minutos, até a abóbora estar dourada e o alho-poró adocicado. Enquanto isso, cozinhe o farro em água fervente com sal por 35-40 minutos, até ficar macio, mas mantendo a textura gomosa.

Escorra o farro, misture-o com a abóbora e o alho-poró e algumas colheradas do romesco, e salpique a salsinha para finalizar.

Modos de usar o romesco:
- Espalhe sobre uma torrada e cubra com uma fina fatia de queijo de cabra, para um lanche rápido.
- Como um dip para mergulhar minicenouras e outros legumes.
- Como marinada para um churrasco de legumes.
- Sobre legumes assados, para realçar o sabor.
- Para temperar o macarrão ou legumes refogados.
- Para misturar ao arroz integral, finalizando com um ovo poché.
- Para acompanhar os ovos matinais.
- Com pão sírio e queijo feta para um almoço rápido e simples.
- Uma colherada sobre uma tigela de sopa.

Panquequinhas de hortaliças

Estas panquequinhas foram preparadas para mim durante uma viagem ao Piemonte. Uma pilha delas foi colocada no centro da mesa logo após um café da manhã composto de queijo local, pão e café, e ainda assim limpamos o prato.

Elas chegam da tábua de corte à mesa em meros 10 minutos, por isso, não raro compõem um jantar tardio com um feixe de salada de mostarda. É também uma boa entrada, se você tiver a casa cheia de convivas – as frituras se mantêm bem em forno baixo, portanto você pode prepará-las com certa antecedência.

Mudo as verduras, dependendo dos convidados, mas minhas combinações preferidas são a abobrinha, o espinafre e o manjericão, e os brócolis, uma verdura e o endro, mas quaisquer vegetais de cozimento rápido são viáveis. Uso qualquer queijo macio que possa encontrar com facilidade, que em geral é o queijo feta, mas procuro pelo robiola, um queijo de ovelha do Piemonte, que valoriza demais estas panquequinhas.

....

Coloque todos os legumes ralados, picados e rasgados em uma tigela. Esfarele todos os queijos, adicione o alho, as ervas, as raspas de limão e uma boa pitada de sal e pimenta-do-reino e misture. A seguir quebre os ovos dentro da mistura e mexa bem.

Leve ao fogo médio uma frigideira grande e adicione um generoso fio de azeite – você vai querer caprichar no azeite aqui.

Quando o azeite estiver quente, coloque com cuidado colheradas da mistura e achate-as, para formar pequenas panquecas de legumes. Frite por 2-3 minutos, então, com cuidado, vire-as e frite do outro lado por mais 2 minutos, até que o ovo esteja bem cozido.

Arranje-as em uma travessa e leve tudo ao forno baixo para mantê-las aquecidas até a hora de servir.

Sirva estas frituras acompanhadas de uma salada temperada com limão-siciliano, azeite e um toque de mostarda.

**4 PORÇÕES
(RENDE 12 UNIDADES)**

250 g de abobrinhas raladas, ou brócolis roxos finamente picados

dois punhados (cerca de 100 g) de espinafre ou outra verdura da estação rasgado

4 colheres (sopa) de queijo macio esfarelado (feta, robiola, queijo de cabra)

25 g de parmesão finamente ralado ou queijo pecorino (ver nota na p. 136)

½ dente de alho descascado e finamente picado

alguns ramos de endro ou manjericão fresco, grosseiramente picado

raspas da casca de 1 limão-siciliano

sal marinho e pimenta-do-reino moída na hora

5 ovos orgânicos ou caipiras

azeite de oliva

Curry de beterraba com queijo cottage condimentado

O restaurante indiano do meu bairro é incrível. Eles preparam uma comida vegetariana de Querala que é do outro mundo e que adoro. Os sabores de uma grande pimenta verde flutuam em sereno leite de coco. Uma decoração rosa e uma comida deliciosa que podem tornar ensolarado o dia mais chuvoso de Londres.

A parte de beterraba deste prato vem de uma viagem a Querala, onde eu tive a sorte de cozinhar com uma senhora adorável chamada Leelu. Esta é a minha versão da beterraba thoran que preparamos; um curry de beterraba e muito coco com folhas de curry, limão-siciliano e espinafre. Pode parecer que se está usando coco desidratado em excesso, mas acredite, é preciso uma grande quantidade para deixar transparecer a doçura que vem da terrosa beterraba.

Dei o meu tom a esta receita acrescentando ao final um pouco de queijo cottage condimentado – beterrabas e queijo cottage são uma combinação incrível. Se preferir, você pode usar iogurte de coco ou de soja em lugar do cottage.

....

Aqueça o óleo em uma panela grande sobre fogo médio, acrescente as folhas de curry, as sementes de mostarda e de cominho e frite até ficarem fragrantes. Cuidado: as sementes de mostarda costumam pular na panela.

Adicione o açafrão-da-terra, o curry em pó, as echalotas, as pimentas verdes, o alho e o gengibre e cozinhe até as echalotas estarem translúcidas. Junte o coco desidratado e o sal e cozinhe por alguns minutos mais, mexendo sempre. A seguir, esprema e acrescente o suco de 1 limão e misture tudo muito bem. Retire 1 colher (sopa) da mistura de especiarias e coloque em uma tigela para usar mais tarde.

Junte à panela as beterrabas raladas, as folhas e os talos. Adicione o leite de coco, aumente o fogo e mexa até que a mistura se torne de um magenta vivo. Deixe levantar fervura, então reduza o fogo, tampe e espere fervilhar por 35-45 minutos.

4-6 PORÇÕES

2 colheres (sopa) de óleo de coco ou de girassol

um bom punhado de folhas de curry (cerca de 20)

2 colheres (sopa) de sementes de mostarda

2 colheres (chá) de sementes de cominho

1 colher (chá) de açafrão-da-terra em pó

1 colher (sopa) de curry em pó

8 echalotas pequenas descascadas e finamente fatiadas

1-2 pimentas verdes finamente picadas

2 dentes de alho descascados e amassados

1 pedaço de 5 cm de gengibre fresco descascado e finamente picado

10 colheres (sopa) de coco desidratado sem açúcar

1 colher (chá) de sal marinho

suco de 2 limões-sicilianos

1 kg de beterraba com talos e folhas descascadas e raladas grosso, talos e folhas lavados e finamente picados

200 ml de leite de coco

1 pacote (260 g) de folhas novas de espinafre

pimenta-do-reino moída na hora

200 g de queijo cottage

1 maço pequeno de coentro fresco, folhas grosseiramente picadas

Quando a beterraba estiver macia, desligue o fogo e acrescente o espinafre. Misture bem ao curry para que murche, e adicione o suco de metade do segundo limão. Prove e acrescente mais sal e pimenta-do-reino, se necessário, e torne a tampar a panela.

Em outra tigela, misture o queijo cottage com a colher de tempero de coco reservada e junte o coentro. Adicione o suco da outra metade do limão e tempere a gosto.

Sirva sua beterraba com curry com 1 colher de queijo cottage e chapatis aquecidos. E um pouco de arroz integral cozido no vapor, se a fome o exigir.

Macarrão de panela com repolho crocante e tofu tostado

Para mim, este jantar é sucesso garantido, uma saudável, saborosa e substanciosa tigela de cores e sabores, exatamente o que as pessoas que conheço estão buscando. Outra refeição super-rápida, que vai da tábua de corte direto para a mesa em 15 minutos, se você for ágil; 20, se for do tipo tranquilo.

Uso tofu defumado nesta tigela de macarrão. Uso também em sanduíches, e o acrescento a ensopados e arroz integral. O sabor do gergelim defumado vai ganhar os que não gostam de tofu. Mas o que eu mais aprecio nele é que ele é estável e fácil de preparar. Não é fácil encontrar um bom tofu, o que desanima as pessoas, pois a maioria é difícil de cozinhar com sucesso. Este tofu é firme e fácil de fatiar e frita bem, ficando tostado em 1-2 minutos em uma frigideira antiaderente.

Sou 100% a favor de macarrão soba de trigo-sarraceno para esta receita. Contudo, ele pode ser bem caro, por isso uso o soba comum, que é uma mistura de trigo-sarraceno e farinha de trigo. Na verdade, o trigo-sarraceno não é um cereal, mas a semente de uma planta da família do ruibarbo. Pode ser usado inteiro em mingaus ou em lugar do cereal em sopas e saladas e, é claro, pode-se usar sua farinha em panquecas, bolos e, como é mais usado, para fazer blinis. Tem um saudável sabor amendoado, levemente maltado e delicioso. O trigo-sarraceno, como a quinoa, tem alto teor de proteínas.

....

Leve ao fogo uma panela com água. Quando ferver, despeje os brócolis e deixe fervilhar por alguns minutos, apenas para perder o sabor de cru. Não cozinhe mais do que isso, pois deve continuar crocante.

Retire os brócolis com uma escumadeira e mantenha a panela com água no fogo. Acrescente o macarrão e cozinhe-o por 6-8 minutos, até estar macio, mas ainda al dente. Escorra e passe sob água corrente, para esfriar e impedir que grude.

Coloque o repolho rasgado em uma tigela e adicione uma pitada de sal, 1 colher (sopa) de vinagre de arroz e 1 colher (sopa) de xarope de bordo. Amasse tudo com as mãos durante 1 minuto e reserve. Lave as mãos, que estarão roxas por causa do repolho.

2 PORÇÕES

1 maço de brotos de brócolis (cerca de 200 g), talos aparados, ou outra hortaliça

200 g de macarrão soba

¼ de um repolho roxo pequeno finamente rasgado

sal marinho

2 colheres (sopa) de vinagre de arroz integral

3 colheres (sopa) de xarope de bordo ou xarope de agave

azeite de oliva

1 bloco (200 g) de tofu defumado (uso o de amêndoas e óleo de gergelim) cortado em pedaços de 1 cm

1 colher (sopa) de gergelim

6 cebolinhas finamente picadas

1 colher (chá) de óleo de gergelim

1 colher (sopa) de shoyu (molho de soja) ou tamari

suco de 1 limão-siciliano

um punhado pequeno de gergelim tostado

1 maço pequeno de coentro fresco, grosseiramente picado

MACARRÃO DE PANELA COM REPOLHO CROCANTE E TOFU TOSTADO

Aqueça uma frigideira antiaderente e junte um fio de azeite. Quando estiver aquecido, acrescente o tofu e deixe fritar, virando-o até que esteja tostado de todos os lados. Junte o gergelim e mexa para recobrir o tofu, então retire-o da frigideira e reserve, levando a frigideira de volta ao fogo.

Acrescente mais azeite e as cebolinhas e frite por alguns minutos até ficarem macias. Adicione a colher (sopa) de vinagre restante e 2 colheres (sopa) de xarope de bordo com o óleo de gergelim, o shoyu e o suco de limão. Deixe no fogo por cerca de 30 segundos, até engrossar, formando um molho tépido e adocicado.

Despeje o macarrão escorrido na panela e misture bem para recobri-lo com o molho. Divida-o entre duas tigelas e complete cada uma delas com um punhado do repolho, metade do tofu e do brócolis, e salpique o gergelim e o coentro picado.

Um suave pilaf de arroz integral com oleaginosas e sementes tostadas

Este prato é uma receita genial para se ter debaixo da manga, pois é um jantar de despensa, feito com quase nada. Vario as especiarias acrescentando uma pitada de açafrão ou algumas vagens de cardamomo, mas não se mexe na pimenta-da-jamaica e na canela.

Abuso das oleaginosas aqui, pois elas transformam uma tigela de arroz em um verdadeiro jantar. No entanto, às vezes troco as oleaginosas por alcachofras em conserva ou cogumelos salteados ou ainda por damascos secos picados. O basmati integral libera sua energia em nosso organismo mais lentamente do que o arroz branco, pois isso é uma opção melhor para sentir-se pleno e satisfeito.

Minhas ervas preferidas para usar neste prato são o estragão, com gosto de anis, o endro, a cebolinha francesa e mesmo a hortelã, por seu sabor que refresca e suaviza, o que contrasta bem com o calor das especiarias e oleaginosas.

4-6 PORÇÕES

300 g de arroz basmati integral
50 g de pignoli
50 g de castanha-de-caju
50 g de sementes de abóbora
uma boa pelota de manteiga ou azeite de oliva
2 cebolas roxas descascadas e fatiadas
1 colher (chá) de pimenta-da-jamaica em pó
1 colher (chá) de canela em pó
1 colher (chá) de sementes de cominho
sal marinho
1 limão-siciliano cortado ao meio

PARA SERVIR
iogurte natural
1 pequeno maço de ervas frescas e macias (em geral hortelã e endro, mas salsinha, cebolinha francesa e estragão são boas opções)

Coloque o arroz de molho em água fria por cerca de 15 minutos. Enquanto isso, leve uma panela grande (que tenha tampa) ao fogo médio e toste as oleaginosas e as sementes sem nenhuma gordura até ficarem douradas. Retire-as da panela e reserve.

A seguir, acrescente à panela uma boa pelota de manteiga ou azeite de oliva e frite as cebolas, em fogo médio, por 10 minutos, até ficarem doces e macias. Junte as especiarias e cozinhe por mais 5 minutos, para que liberem seu aroma e óleos fragrantes.

Escorra o arroz, em seguida passe-o sob água corrente até a água sair limpa. Acrescente-o à panela e cozinhe por alguns minutos, mexendo sempre.

Junte uma boa pitada de sal (há muito arroz aqui, por isso, seja generoso com o sal), o limão cortado ao meio e água suficiente para cobrir o arroz (entre 450 e 500 ml devem bastar). Tampe a panela e siga este método: alto cozimento, baixo cozimento, sem cozimento. Deixe em fogo alto por 5 minutos, a seguir, reduza para fogo baixo e cozinhe por 15 minutos. Em seguida, desligue o fogo e não mexa o arroz por 10 minutos – nem mesmo retire a tampa da panela.

Então, abra a panela, retire as metades de limão e esprema seu suco sobre o arroz. Junte as oleaginosas e as sementes tostadas. Verifique o tempero – acrescente um pouco mais de sal e de suco de limão, se necessário.

Sirva em tigelas e finalize com o iogurte e as ervas picadas.

Para reforçar esta refeição:
- Adicione um ovo frito a cada porção e salpique com pimenta dedo-de-moça.
- Acrescente alguns damascos secos e uvas-passas ao arroz antes de cozinhá-lo.
- Adicione um pouco do bulbo de erva-doce finamente fatiado.
- Sirva o pilaf de arroz sobre hortaliças branqueadas.
- Misture um pouco de ervilha e mais hortelã.
- Finalize com couve salteada e um ovo poché.

Aloo de acelga e limão

Saag aloo é um prato indiano básico em restaurantes por todo o país, e parece ser sempre um acompanhamento, mas aqui ele brilha em todo o seu esplendor como prato principal. Em lugar do espinafre, uso a acelga (o espinafre também funciona, basta cozinhá-lo durante metade do tempo indicado), pois quero um caráter mais robusto.

Se quiser, aproveite as folhas e os talos de beterraba, cenoura, salsão e outros legumes para trazer o arco-íris para o prato. Todas essas cores significam um generoso presente em forma de vitaminas, minerais e antioxidantes.

Aqueça um fio de azeite em uma panela de fundo reforçado, e quando estiver bem quente, acrescente as sementes de mostarda. Afaste-se e deixe que elas estalem e pulem na panela. Em seguida, adicione as cebolas, o gengibre, o alho, a pimenta dedo-de-moça, as sementes de cominho e o açafrão-da-terra e cozinhe por 5 minutos em fogo médio, apenas até amolecer as cebolas.

A seguir, acrescente as batatas, os talos da acelga e uma boa pitada de sal. Junte 200 ml de água, tampe e cozinhe em fogo médio por 30-35 minutos, até as batatas estarem cozidas. Acrescente então as folhas de acelga e cozinhe por mais alguns minutos, apenas até murcharem e perderem a crueza. Tempere com bastante sal marinho e cubra com mais água, se o alimento começar a parecer seco.

Retire do fogo, rale sobre a mistura a casca do limão e esprema e adicione o suco. Sirva o aloo de acelga em tigelas e finalize com o coentro fresco e colheradas de chutney e iogurte. Sirva com pães quentes, para acompanhar.

4 PORÇÕES

azeite de oliva ou óleo de amendoim

2 colheres (chá) de sementes de mostarda preta

2 cebolas roxas descascadas e finamente fatiadas

1 pedaço de 5 cm de gengibre fresco descascado e finamente picado

2 dentes de alho descascados e fatiados

1 pimenta dedo-de-moça grosseiramente picada

1 colher (chá) de sementes de cominho

1 colher (chá) de açafrão-da-terra em pó

700 g de batatas lavadas e cortadas em cubos de cerca de 1 cm

1 pé de acelga (cerca de 300 g) de talos coloridos, folhas grosseiramente picadas, talos cortados em fatias de 1 cm, ou 1 maço de espinafre

sal marinho

1 limão-siciliano

PARA SERVIR

1 maço pequeno de coentro fresco picado

chutney de manga

iogurte natural

pães indianos aquecidos (chapatis ou roti)

Kitchari

Kitchari é um prato aiurvédico indiano feito com arroz e lentilhas e é elaborado para limpar e desintoxicar o organismo. Possui uma qualidade simples e nutritiva, com especiarias quentes e texturas suaves. Eis como eu o preparo, talvez com mais especiarias do que o prato tradicional e um toque de gengibre, coco e coentro.

Gosto de comê-lo com iogurte, ao qual acrescento um pouco de sal, coentro picado e suco de limão. É também um ótimo acompanhamento de curries, em lugar do arroz ou de pães.

....

Escolha bem as lentilhas para não restar nenhuma pedrinha que pode ter vindo no pacote. Coloque as lentilhas e o arroz de molho em água fria, por no mínimo 1 hora – mas, se puder deixar mais tempo, ótimo.

Coloque o coentro fresco, o gengibre e o coco em um processador com 1 xícara (250 ml) de água e bata. Se não tiver um processador, pique tudo bem picadinho e misture à água.

Terminada a demolha das lentilhas e do arroz, aqueça o ghee ou óleo em uma panela de fundo reforçado e adicione todas as especiarias. Misture e frite por um minuto ou dois, até liberarem seu maravilhoso aroma.

Escorra as lentilhas e acrescente-as à panela, em seguida, a mistura de coentro e 700 ml de água. Escorra o arroz e adicione-o também. Quando levantar fervura, reduza o fogo e deixe fervilhar por 30-35 minutos, até que o líquido tenha sido completamente absorvido e o arroz e as lentilhas estejam cozidos – deve-se obter aqui uma textura macia, quase um mingau. Durante o preparo, adicione um pouco mais de água, se precisar.

Sirva com iogurte temperado com coentro e, se estiver faminto, uma tigela de curry para acompanhar.

4-6 PORÇÕES

200 g de lentilhas amarelas

200 g de arroz integral basmati

1 maço pequeno de coentro fresco

1 pedaço de 5 cm de gengibre fresco descascado e grosseiramente picado

4 colheres (sopa) de coco desidratado sem açúcar

1 generosa colher (sopa) de ghee ou óleo vegetal

1 colher (sopa) de sementes de mostarda preta

1 colher (chá) de cada um, em pó: coentro, cominho e cardamomo (costumo moer as sementes na hora)

1 colher (chá) de cada um, em pó: açafrão-da-terra, cravo, pimenta-do--reino e canela

PRODUTOS DA ESTAÇÃO

HORTALIÇAS
alcachofra
alho-poró
almeirão
aspargo
berinjela
beterraba
brócolis
catalonha
cenoura
cogumelo
couve

FRUTAS
abacaxi
acerola
banana-nanica
banana-prata
caju
coco verde
jabuticaba
laranja-lima
laranja-pera
lima
mamão
manga
melancia
melão
mexerica
pêssego

couve-flor
endívia
erva-doce
ervilha
escarola
espinafre
fava
inhame
maxixe
mostarda
cará
nabo
pepino
pimentão
rabanete
tomate-caqui
tomate

ERVAS
cebolinha
coentro
hortelã
louro
orégano

PRIMAVERA

FRUTAS
abacate
abacaxi
ameixa
carambola
cereja
coco verde
damasco
figo
fruta-do-conde
goiaba
jaca
laranja-pera
lichia
maçã
mamão
manga
maracujá
melancia
melão
nectarina
pera

HORTALIÇAS
abóbora
abobrinha
alface
almeirão
beterraba
cenoura
cogumelo
couve
endívia
escarola
gengibre
milho verde
pepino
pimentão
quiabo
repolho
rúcula
salsão
tomate
vagem macarrão

ERVAS
cebolinha
erva-doce
hortelã
louro
salsinha

VERÃO

Comer alimentos da estação é parte de nossos hábitos alimentares. Eu me deixo guiar pelo que encontro nas bancas da feira e do supermercado. Se estou elaborando receitas, planejando um jantar ou mesmo fazendo compras no supermercado ou online, acho muito útil ter sempre em mente o que está no auge da estação. Assim obtenho produtos mais baratos e mais saborosos.

OUTONO

HORTALIÇAS
- abóbora
- abobrinha
- acelga
- alface
- alho-poró
- almeirão
- batata-doce
- berinjela
- beterraba
- cará
- catalonha
- cenoura
- chuchu
- escarola
- gengibre
- inhame
- jiló
- mandioca
- mandioquinha
- nabo
- pepino
- quiabo
- rabanete
- repolho
- rúcula
- tomate

FRUTAS
- abacate
- abacaxi
- ameixa
- banana-maçã
- banana-nanica
- caqui
- goiaba
- jaca
- kiwi
- limão
- maçã
- pera
- tangerina

ERVAS
- coentro
- erva-doce
- louro
- salsa

INVERNO

HORTALIÇAS
- cenoura
- cogumelo
- couve
- couve-flor
- ervilha
- escarola (ou chicória)
- espinafre
- fava
- inhame
- mandioca
- mandioquinha
- milho verde
- mostarda
- palmito
- pepino
- pimentão

FRUTAS
- carambola
- caju
- kiwi
- laranja-lima
- laranja-pera
- lima
- maçã
- morango
- tangerina

ERVAS
- coentro
- erva-doce

Berinjelas grelhadas com babaganuche da Emily

Emily Ezekiel é minha parceira culinária e, ao longo dos anos, colhemos morangos perfeitos, assamos tortas gigantes e fizemos bolos em baldes de praia com formato de castelo. Nossas viagens culinárias nos levaram das fazendas de Cotswold às plantações de especiarias do Caribe e a todos os lugares entre eles. Emily é muito querida e uma cozinheira muito boa e séria, e esta é uma de suas melhores receitas.

Aqui as berinjelas são usadas de duas formas, algumas para fazer um rápido babaganuche defumado, outras são tostadas e misturadas com batatas-doces.

Aqueça o seu grill para valer nesta receita, pois para cozinhar as berinjelas é preciso um forte calor. Certifique-se de que elas estejam tostadas por fora e cozidas por dentro, porque não há nada pior do que berinjelas mal cozidas.

....

Preaqueça o forno a 200 °C e, enquanto ele aquece, prepare o babaganuche. Costumo usar a boca maior do fogão a gás, mas, se seu fogão não for a gás, pode usar uma frigideira de ferro bem aquecida.

Perfure a casca das berinjelas e então coloque-as diretamente sobre a chama. Use uma pinça para virá-las a cada 1 ou 2 minutos, certificando-se de que a casca fique chamuscada e preta de todos os lados por igual. Quando ambas as berinjelas estiverem macias por dentro (cerca de 10 minutos depois), retire-as do fogo e deixe descansar para esfriar.

Coloque as batatas-doces em uma assadeira grande. Regue com o azeite e o suco do limão e salpique sobre elas as sementes de cominho e de coentro. Tempere com sal e pimenta-do-reino. Em seguida, misture bem para que tudo fique recoberto pelo tempero e leve para assar por 15 minutos.

Depois que as berinjelas para o babaganuche estiverem frias o suficiente para ser manuseadas, corte-as ao meio no sentido do comprimento e retire a polpa, descartando a casca. Coloque a polpa em uma tigela com os demais ingredientes do babaganuche, tempere com sal e pimenta-do-reino, e misture bem com um garfo, amassando os pedaços de berinjela que encontrar.

4-6 PORÇÕES

PARA O MOLHO
DO BABAGANUCHE

2 berinjelas

1 limão-siciliano em conserva sem as sementes e muito finamente picado

1 colher (chá) de páprica defumada

¼ de xícara (60 ml) de iogurte natural ou iogurte de soja sem açúcar

1 colher (sopa) de tahine

suco de ½ limão-siciliano

sal marinho e pimenta-do-reino moída na hora

PARA A SALADA

5 batatas-doces, cada uma cortada em oito, no sentido do comprimento

azeite de oliva

suco de ½ limão-siciliano

1 colher (chá) de sementes de cominho socadas no pilão

1 colher (chá) de sementes de coentro socadas no pilão

2 berinjelas sem as extremidades e cortadas em discos de 1 cm

azeite de oliva extra virgem

4 alfaces-romanas pequenas cortadas em quatro

100 g de amêndoas em lâmina tostadas

sementes de 1 romã

um maço de hortelã, folhas grosseiramente picadas

um maço grande de salsinha, folhas grosseiramente picadas

1 pimenta dedo-de-moça finamente picada

A seguir, leve uma frigideira de ferro ao fogo alto até estar bem quente e grelhe os discos de berinjela até ficarem marcados de ambos os lados e bem cozidos. Será preciso fazer isso em etapas. Depois de grelhar as berinjelas, coloque-as em uma assadeira com um pouco mais de azeite de oliva extra virgem. Deixe o grill ligado.

Quando as batatas-doces já estiverem no forno há 15 minutos, leve também a assadeira com as berinjelas ao forno e asse ambas por mais 15 minutos.

Coloque a alface cortada em quatro sobre a frigideira e toste-a de todos os lados até estar lindamente marcada. Coloque-a sobre uma tábua grande ou em uma travessa.

Retire as batatas-doces e as berinjelas do forno. Elas devem estar crocantes por fora e bem cozidas por dentro. Se não estiverem, deixe-as no forno por mais alguns minutos.

Para servir, arranje as batatas-doces e as berinjelas sobre a alface tostada. Espalhe sobre elas as amêndoas tostadas, as sementes de romã, as ervas picadas e a pimenta dedo-de-moça e finalize com um belo fio de azeite de oliva extra virgem e suco de limão. Sirva com uma grande tigela de babaganuche e pães sírios aquecidos.

Este babaganuche pode ser usado de um milhão de modos diferentes – aqui estão alguns:

- Com batatas-doces assadas.
- Como acompanhamento de uma salada de grãos.
- Como dip para legumes crus.
- Espalhado sobre torradas de azeite com alho.

Legumes assados com alho-poró, estragão e quinoa

Isto é o que minha irmã, Laura, costuma preparar aos domingos quando faz muito calor ou simplesmente estamos a fim de algo mais leve. É um prato que possui todos os sabores do típico domingo inglês – mandioquinhas caramelizadas, beterrabas adocicadas, abóboras brilhantes e agrião picante. Com a família ao redor da mesa, comemos em grandes tigelas e com uma taça de vinho tinto nas mãos. Mas é bom também no sofá, lendo o jornal.

O estragão divide as opiniões – adoro seus traços de alcaçuz e manjericão e um leve fundo de limão, mas se você não é fã do estragão, substitua-o por salsinha ou hortelã, ambas deliciosas.

Prepare primeiro os legumes. Preaqueça o forno a 220 °C, então espalhe as mandioquinhas, as beterrabas e a abóbora em duas assadeiras. Regue com azeite de oliva, tempere bem com sal e pimenta-do-reino, e leve ao forno por 40-45 minutos, até estarem douradas, doces e tostadas. Abra o forno a cada 15 minutos, mais ou menos, para virar os legumes.

Enquanto isso acontece, frite o alho-poró em fogo baixo com um pouquinho de azeite de oliva até ficar doce e macio. Isso deve levar cerca de 20 minutos.

A seguir, cozinhe a quinoa. Primeiro, lave a quinoa em água fria, como faria com o arroz. Coloque-a em uma panela com o dobro de água e uma boa pitada de sal. Quando levantar fervura, reduza para fogo médio e deixe fervilhar por 10-12 minutos, até os grãos estarem macios.

No processador, junte o estragão com o suco e as raspas do limão, o azeite e uma pitada de sal e pimenta-do-reino. Bata até obter uma polpa verde, acrescentando mais azeite se estiver muito espessa (se não tiver um processador, faça isso em um pilão).

Para servir, coloque o alho-poró e os legumes assados em uma tigela, adicione a quinoa e o agrião e misture bem, a seguir regue com o azeite verde de estragão e coloque-a no centro da mesa para que cada um se sirva à vontade.

4 PORÇÕES

2 mandioquinhas médias descascadas e cortadas em palitos

2 beterrabas médias lavadas, descascadas e cortadas em meias-luas

½ abóbora-cheirosa descascada, sem sementes e cortada em pedaços grandes

azeite de oliva ou óleo vegetal

sal marinho e pimenta-do-reino moída na hora

2 alhos-porós lavados, limpos e finamente fatiados

150 g de quinoa

1 pequeno maço de estragão fresco, folhas escolhidas

raspas da casca e suco de ½ limão-siciliano

2 colheres (sopa) de azeite de oliva

dois grandes punhados de agrião

Tacos de feijão-preto com pimenta chipotle e limão

4 PORÇÕES

PARA O FEIJÃO
2 dentes de alho, descascados e finamente picados
azeite de oliva
1 colher (chá) de canela em pó
1 colher (chá) de cominho em pó
1 colher (chá) de pasta de chipotle ou 1 pimenta dedo-de-moça, finamente picada
2 latas (400 g) de feijão-preto
sal marinho e pimenta-do-reino moída na hora

PARA A SALSA
20 tomates-cereja
½ pimenta dedo-de-moça sem sementes e finamente picada
alguns ramos de coentro fresco, folhas escolhidas
suco de ½ limão
azeite de oliva extra virgem

PARA O GUACAMOLE
1 abacate
suco de ½ limão

PARA A SALADA CROCANTE
1 maçã pequena
suco de ½ limão
algumas folhas de repolho branco ou alface little gem
4 rabanetes fatiados
alguns ramos de coentro fresco

PARA SERVIR
6-8 tortilhas de milho ou de trigo
um punhado de queijo manchego ralado
opcional: iogurte natural, de soja ou de leite de coco

Ainda estou para descobrir alguém que não goste destes tacos, e na minha opinião é porque eles são um sucesso em termos de sabor, textura e bem-estar. Esta receita é provavelmente o que eu mais preparo para o jantar – é rápido e saboroso, e a maioria dos ingredientes estão na minha despensa ou podem ser facilmente encontrados na mercearia da esquina.

Na verdade, é o John que geralmente faz estes tacos para mim – ele os conheceu em uma viagem que fez à Nicarágua para surfar. Lá eles servem estes tacos com o molho rápido de pimenta da página 342, o que os torna ainda mais especiais. Mas, se estiver sem tempo, são deliciosos assim mesmo.

Pode parecer que há inúmeros ingredientes e muito trabalho, mas é tudo muito rápido, e a única verdadeira cocção está em aquecer suavemente o feijão. Se estou com vontade de comer algo particularmente saudável, troco as tortilhas pelas folhas resistentes do repolho, por exemplo, embrulhando tudo nelas. Às vezes, também espalho as sementes de uma romã sobre a salada, para ficar mais crocante.

O feijão-preto tem um segredo que eu adoro: ele possui uma rara combinação de proteína e fibra. Uma xícara de feijão-preto pode conter tanta proteína como uma porção de 100 g de frango e tem três vezes mais fibras do que os brócolis. O feijão-preto também possui antioxidantes encontrados em outros alimentos de cor roxa intensa e escura, como mirtilos e uvas.

Aqueça uma frigideira em fogo médio, acrescente o alho e um pingo de azeite e cozinhe por um 1-2 minutos, até que as bordas do alho comecem a dourar. Adicione a canela, o cominho e a pimenta chipotle em pasta ou a pimenta dedo-de-moça e mexa por mais um minuto para tostar delicadamente as especiarias. Adicione o feijão com o seu líquido. Quando ferver, reduza para fogo baixo e deixe cozinhar por 10-15 minutos, até que o líquido tenha engrossado, mas os grãos ainda estejam inteiros. Se precisar, adicione um pouco de água quente para diluir. Tempere com sal e pimenta-do-reino e mantenha aquecido.

TACOS DE FEIJÃO-PRETO COM PIMENTA CHIPOTLE E LIMÃO

Enquanto o feijão está cozinhando, cuide de outras tarefas para fazer a salsa: pique os tomates grosseiramente sobre uma tábua de corte. Junte a pimenta dedo-de-moça e o coentro, tempere com sal e pimenta-do-reino e pique tudo junto. Transfira para uma tigela, adicione o suco de limão e um pouco de azeite e misture bem. Reserve.

Para fazer o guacamole, descasque o abacate, retire o caroço e amasse a polpa em uma tigela com um pouco de sal, pimenta-do-reino e suco de limão. Você pode usar um amassador de batatas, se desejar.

A seguir, prepare a salada. Pique a maçã em pedaços pequenos e coloque-os em uma tigela. Esprema sobre eles o suco do limão, adicione o repolho rasgado ou a alface, os rabanetes e o coentro. Tempere com sal e pimenta-do-reino e regue com um pouco de azeite.

Quando estiver tudo pronto, aqueça as tortilhas. Eu faço isso mantendo-as com pinças sobre a chama do fogão – é super-rápido e confere à tortilha um delicioso gosto de tostado – mas também pode ser feito no forno.

Coloque o feijão, a salada, o guacamole e a salsa em tigelas separadas sobre a mesa, juntamente com as tortilhas e o queijo ralado e deixe que cada um monte o seu taco. Não se esqueça do molho de pimenta, e às vezes um pouco de iogurte é bem-vindo também.

Gado gado

Alguns anos atrás, quando fomos para a Indonésia, fiquei admirada com a forma como os indonésios cuidam dos vegetarianos, com vibrantes, frescos e habilmente temperados pratos de tempeh e tofu presentes em todo cardápio. Eu não conseguia deixar de comer esse gado gado em praticamente todas as refeições.

O preparo do molho satay leva algum tempo, mas você vai ver que as camadas de sabor que ele apresenta com certeza valem a pena. Minha primeira tentativa de fazer este molho foi totalmente contra meus instintos de culinária prática. Ferver os amendoins em água? Era só usar um bom vidro de pasta de amendoim, certo? Errado. Eu sou a favor de atalhos, mas às vezes vale a pena fazer as coisas como se deve. Esta receita rende mais molho do que você vai precisar, mas é tão irresistível que você vai misturá-lo a tudo, e vai durar bem na geladeira por 1 semana ou mais. Use-o para besuntar sanduíches; diluído com um pouco de suco de limão, para temperar saladas; e comê-lo sobre verduras cozidas no vapor e com uma tigela de arroz. É bom também na salada morna de couve e tomates assados, da página 102.

Sambal oelek é uma pasta de pimenta vermelha da Indonésia – uma espécie de molho de pimenta-malagueta doce defumada. Pode ser achada em lojas de produtos asiáticos e bons supermercados, mas se não conseguir encontrá-la, substitua pela pasta de chipotle.

Compro echalotas fritas na casa de produtos asiáticos do meu bairro e tenho sempre um vidro delas para finalizar um prato de macarrão ou arroz. Se não conseguir encontrá-las, frite um pouco, você mesmo – basta descascar e fatiar finamente 2 cebolas e fritar em um pouco de azeite quente até ficarem crocantes.

Antes de tudo, faça o molho satay. Coloque o alho, as echalotas, o capim-limão, o galangal (ou o gengibre), a pasta de pimenta e o óleo em um processador e bata até obter uma pasta espessa. Coloque em uma panela e, lentamente, refogue em fogo baixo por 20 minutos, mexendo sempre, e tomando cuidado para não dourar demais.

---

4 PORÇÕES

PARA O MOLHO SATAY
4 dentes de alho descascados
6 echalotas pequenas descascadas
1 talo de capim-limão amassado e picado
1 pedaço de 5 cm de galangal (gengibre tailandês) ou gengibre
2½ colheres (sopa) de pasta de pimenta sambal oelek
4 colheres (sopa) de óleo vegetal
200 g amendoins tostados, socados em pilão
2 colheres (sopa) de açúcar mascavo ou açúcar de coco (ver p. 275)
½ colher (sopa) de sal marinho
½ colher (sopa) de páprica
1 colher (sopa) de pasta de tamarindo
200 ml de leite de coco

PARA A SALADA
10 batatas pequenas
1 colher (chá) de açafrão-da-terra em pó
100 g de tofu firme fatiado
sal marinho e pimenta-do-reino moída na hora
azeite de oliva
100 g de vagens aparadas
100 g de ervilhas-tortas
200 g de talos macios de brócolis
70 g de brotos de feijão
3 colheres (sopa) de folhas frescas de coentro
opcional: um punhado de echalotas fritas crocantes

Enquanto isso, coloque o amendoim triturado em uma panela com 200 ml de água e cozinhe por 10-15 minutos, até obter uma mistura bastante espessa.

Depois de a mistura de capim-limão ter cozinhado por 20 minutos, adicione à panela o açúcar, o sal, a páprica e o tamarindo e cozinhe por mais alguns minutos. A seguir, acrescente a pasta de amendoim e o leite de coco, misture bem, e está pronto o seu molho satay.

Para fazer a salada, leve ao fogo para ferver uma panela grande com água e sal. Acrescente as batatas e o açafrão-da-terra e deixe cozinhar até ficarem macias (o que deve levar 10-15 minutos). Enquanto isso, tempere o tofu com sal e pimenta-do-reino e frite em um pouco de azeite até ficar crocante. Retire do fogo e mantenha-o aquecido.

Pouco antes de as batatas estarem cozidas, adicione as vagens, as ervilhas-tortas e os brócolis, cozinhe por mais alguns minutos e depois escorra tudo.

Delicadamente espalhe as batatas e legumes em um prato, quebrando um pouco as batatas com as costas de uma colher para que possam absorver melhor os sabores. Cubra com os brotos de feijão e o tofu e acrescente uma generosa colherada do molho satay (você não vai usar todo o molho). Finalmente, salpique sobre a salada as folhas de coentro e as echalotas crocantes, se desejar.

O que mais fazer com molho satay:
- Misture-o ao macarrão cozido.
- Espalhe-o sobre um sanduíche de tofu.
- Use como tempero para uma salada de tomate.
- Use como uma marinada de tempeh grelhado ou tofu.
- Dilua-o com um pouco de suco de limão e tempere uma salada.
- Adicione uma colher sobre hortaliças verdes quentes.

PESTOS

Pastas de ervas e pestos feitos com oleaginosas, queijo, ervas, azeite e uma infinidade de outros ingredientes podem não estar em seu repertório diário, mas são uma das formas mais simples e menos trabalhosas de dar a um prato um incremento de sabor. Tudo que você precisa é de um mixer ou um pilão.

Comece com um simples óleo aromatizado com ervas. Bata um maço de ervas com algumas colheres (sopa) de azeite e guarde na geladeira ou no freezer, em forminhas de gelo, para acrescentar a sopas e ensopados, decorar saladas e regar legumes assados ou um ovo poché. É um bom modo de aproveitar um maço de ervas. Só não acrescente limão ou vinagre se quiser mantê-lo por mais tempo, pois eles vão escurecer as ervas.

Ou você pode experimentar com os sabores que indicamos aqui e fazer pestos de ervas. Experimente, pulse, amasse e pulverize o que imaginar. O bom é que estes pestos levam segundos para ficar prontos, mas aumentam em dez vezes o sabor da sua comida.

Pense nos pestos como uma família de sabores – reuni ingredientes que "parecem" italianos ou do Oriente Médio, por exemplo, para obter os mais deliciosos resultados.

1
COMECE COM UMA BASE DE OLEAGINOSAS
cerca de 50 g
↓
AMÊNDOAS
/
SEMENTES DE ABÓBORA
/
NOZES
/
PISTACHES
/
AVELÃS
/
PIGNOLI

2
ADICIONE UMA ERVA OU DUAS
um maço grande de
↓
HORTELÃ
/
MANJERICÃO
/
SALSINHA
/
ENDRO
/
COENTRO
/
MANJERONA

3
**ACRESCENTE
UM TOQUE ÁCIDO**
cerca de 2 colheres (sopa)

↓

LIMÃO-TAITI
/
VINAGRE BALSÂMICO
/
LARANJA
/
VINAGRE DE ARROZ
/
LIMÃO-SICILIANO
/
VINAGRE
DE VINHO BRANCO

4
ADICIONE ALGUM ÓLEO
cerca de 4 colheres (sopa)

↓

ABACATE
/
AZEITE DE OLIVA
/
ÓLEO VEGETAL
/
LEITE DE COCO
/
ÓLEO DE NOZES

5
**ADICIONE
UM SABOR**

↓

PARMESÃO
/
PIMENTA
DEDO-DE-MOÇA
/
ALHO
/
SOJA
/
PIMENTA VERDE
/
PECORINO
/
MEL/AGAVE

Tortilha de batata-doce com salsa de amêndoa

Cebolas e batatas. Não existe combinação melhor. Adoro a tortilha que nossa amiga espanhola, Carolina, fazia para nós quando éramos pequenos. Aqui, uso batatas-doces e cebolas roxas para obter uma tortilha mais leve, mas as tradicionais cebolas brancas e batatas funcionam da mesma forma – à moda da Carolina.

Vai parecer que se usa uma quantidade excessiva de azeite, mas boa parte dele é escorrida depois da fritura, e realmente é o elemento-chave do seu sabor. Não desanime com o tempo que será gasto para fritar as cebolas e as batatas. Você pode deixar fritando enquanto prepara outra coisa, apenas lembre-se de marcar o tempo. Às vezes, acrescento um punhado de espinafre refogado às batatas e ovos para ter um pouco de verde.

Uma coisa incrível sobre a tortilha, para mim, é que ela fica ainda mais deliciosa no dia seguinte. Algo especial acontece com os sabores, que se misturam e se mesclam. Um pedaço frio desta tortilha embrulhado em papel-manteiga com dois tomates e um pouco de azeite para regar faria um fantástico almoço completo.

A tortilha é perfeita em si mesma, mas, quando a transformo em um jantar, gosto de fazer também o molho de amêndoas. Combinam bem – tomates, amêndoas, tortilha... é como se você estivesse sob o sol da Espanha com um copo de xerez gelado.

....

Em uma frigideira funda, aqueça 1 cm de azeite de oliva até uma temperatura média. Acrescente a cebola fatiada e frite até estarem doces e macias, para que toda a sua umidade tenha sido absorvida – isso levará cerca de 20-25 minutos.

A seguir, acrescente à frigideira as batatas em fatias e misture cuidadosamente, para recobri-las com as cebolas e o azeite de oliva. Tempere com sal e pimenta--do-reino e cozinhe por mais 10-15 minutos, até que as batatas estejam macias e douradas, virando-as delicadamente, de vez em quando, e tomando cuidado para não quebrá-las muito.

6 PORÇÕES

PARA A TORTILHA
azeite de oliva
500 g (cerca de 3 grandes) de cebolas roxas descascadas e muito finamente fatiadas
700 g (cerca de 2 médias) de batatas--doces descascadas e muito finamente fatiadas
sal marinho e pimenta-do-reino moída na hora
5 ovos médios orgânicos ou caipiras

PARA A SALSA DE AMÊNDOA
2 tomates de rama
½ pimenta dedo-de-moça
um punhado de amêndoas com pele tostadas
alguns ramos de coentro fresco
alguns ramos de salsinha
uma pitada de sal marinho
azeite de oliva extra virgem

Enquanto as batatas estão fritando, prepare a salsa. Pique os tomates em cubinhos, pique a pimenta em pedaços pequenos e as amêndoas, grosseiramente. Ponha tudo em uma tigela com as ervas picadas, uma pitada de sal e um pouco de azeite de oliva extra virgem. Misture, prove e ajuste o tempero, então reserve.

Quando as batatas e as cebolas estiverem macias e ligeiramente douradas, escorra o azeite, reservando-o para mais tarde, então despeje a mistura de batatas em uma tigela e deixe esfriar por 5 minutos.

A seguir, bata os ovos. Junte-os à mistura de batatas, tempere com sal e pimenta-do-reino e deixe descansar por mais 5 minutos.

Em uma panela, aqueça em fogo baixo umas 2 colheres (sopa) do azeite reservado (você pode usar o restante em outra oportunidade). Deixe a panela esquentar um pouco, então acrescente a mistura de batatas e amasse-a rapidamente com uma colher. Cozinhe, sempre em fogo baixo, por 3-4 minutos.

Apanhe uma travessa maior que sua frigideira. Retire a frigideira do fogo e cubra sua mão com um pano de prato. Coloque a travessa emborcada sobre a frigideira e vire-a, de modo que a tortilha aterrisse na travessa.

Delicadamente, deslize a tortilha de volta para a frigideira e frite o outro lado por 3-4 minutos. Teste com os dedos para verificar se está cozida – ela deverá estar firme nas bordas e flexível no centro.

Sirva em fatias grossas, cobertas com colheradas de salsa de amêndoa e salada de folhas.

jantares saudáveis e comida para um batalhão

Refeições sob medida para satisfação garantida. A comida vegetariana tem sido ridicularizada por seu estilo arroz-feijão-salada. Quando parei de comer carne, achei difícil encontrar pratos que satisfizessem a minha fome (e a do meu namorado e do irmão, dois sacos sem fundo) e meu desejo de chef por algo que tivesse muito sabor. Estes são os pratos que eu faço para um batalhão em um domingo, para incrementar a festa de amigos, para colocar no centro da minha mesa de Natal, ou para salvar uma noite chuvosa, o que só um bom filme e um prato saudável e delicioso consegue fazer. Comida saudável e adequada, que deixa feliz tanto seu estômago como seu paladar.

Um pote borbulhante de chili · tortas de crostas crocantes · altas pilhas de hambúrgueres coloridos · cassoulet de tomate · um rico bourguignon de beterraba · almôndegas de abobrinha douradas e crocantes · jantar de guarnições assadas · risoto perfeito · galette com abóbora · torta arco-íris de parar o comércio

Chili especial

Meu namorado, John, adora chili e desde que deixamos de comer carne estive tentando montar algo que pudesse atingir a intensidade de sabor que eu tanto amava na minha antiga dieta. Levei um longo tempo para conseguir, mas aqui está. Fortemente temperado com três tipos de pimenta (e uma boa colherada de cacau), um sabor impactante. A primeira vez em que fizemos esta receita, ficamos nos revezando junto à panela, depois do jantar, roubando mais uma colherada.

A maioria dos chilis vegetarianos, baseados em vários tipos de feijão, chegam a ser meio pesados, pouco substanciosos e não tão interessantes em termos de sabor. Este usa lentilhas, alguns feijões miúdos e grãos que lhe dão caráter e textura e parecem atingir um forte sabor muito mais rapidamente.

Este é o meu jantar de despensa favorito e que eu muitas vezes preparo para um batalhão. Sinta-se à vontade para misturar e combinar os grãos como quiser – esta é uma ótima maneira de usar os restinhos que ficam no fundo dos potes. Cevadinha, farro e amaranto também funcionam bem (mas evite o cuscuz, que cozinha muito rápido).

A quantidade de caldo necessária dependerá do tipo de grão utilizado, portanto, se for experimentar com diferentes grãos (o que eu recomendo vivamente), certifique-se de observar sempre os níveis do líquido e acrescentar mais, se necessário.

Costuma-se pensar que pimenta em pó é tudo a mesma coisa, mas não é. As pimentas podem variar tanto quanto uma garrafa de vinho em questão de sabor, de calor, de defumação e de doçura. Aonde quer que eu vá, procuro boas pimentas. Nesta receita, um chili feito à base de pimenta ancho ou chipotle em pó caem muito bem, mas você pode usar a que tiver em casa.

....

Antes de mais nada, desenfurne o maior caldeirão que tiver e leve-o ao fogo médio. Adicione uma dose de azeite e refogue a cebola, o alho, o gengibre e a pimenta verde por 10 minutos, até ficar tudo doce e macio.

8 A 10 PORÇÕES

PARA O CHILI

azeite de oliva

1 cebola descascada e finamente picada

4 dentes de alho descascados e finamente picados

1 pedaço de 5 cm de gengibre fresco descascado e finamente picado

1 pimenta verde ou pimenta dedo-de-moça finamente picada

1 colher (sopa) de pimenta calabresa

1 colher (chá) de sementes de cominho socadas

1 colher (sopa) de pasta de chipotle

3 latas (400 g) de tomates picados

300 g de lentilha puy

100 g de trigo-sarraceno

100 g de quinoa (aqui uso a vermelha, mas todas são bem-vindas)

1 lata (400 g) de feijão pequeno (branco, preto ou fradinho)

1-2 litros de caldo de legumes

1 colher (sopa) generosa de um bom cacau em pó

sal marinho e pimenta-do-reino moída na hora

PARA SERVIR

6 colheres (sopa) de azeite de oliva

2 pimentas verdes ou pimentas dedo-de-moça finamente picadas

1 maço pequeno de tomilho fresco

iogurte natural salgado

tortilhas de milho aquecidas

A seguir, adicione a pimenta calabresa e as sementes de cominho e misture tudo muito bem por 1-2 minutos. Em seguida, acrescente todos os outros ingredientes do chili, mexendo e misturando sempre. Junte 1 litro de caldo, para começar, e mantenha o restante à mão para adicionar, se necessário, caso o chili começar a parecer um pouco seco.

Deixe levantar fervura, em seguida reduza para fogo baixo e deixe fervilhar por 30-35 minutos, até que as lentilhas estejam cozidas e o chili, intenso e saboroso.

Prepare um azeite aromatizado com tomilho, misturando o azeite de oliva, as pimentas picadas, o tomilho e uma pitada de sal e pimenta-do-reino.

Prove o chili e acrescente um pouco mais de sal e pimenta-do-reino, se desejar. Sirva em tigelas individuais, finalizando com um pouco de iogurte, um fio de azeite de tomilho e algumas tortilhas de milho aquecidas para acompanhar.

GRÃOS

Os grãos são essenciais na minha culinária. Gosto de explorá-los ao máximo, para ampliar meu paladar e os horizontes nutricionais dos ingredientes.

Os grãos do trigo, que são usados na maioria dos carboidratos que comemos, são altamente processados, têm pouco valor nutricional e podem ser, para muitos de nós, de difícil digestão. Eles também possuem um alto índice glicêmico, o que os torna menos recomendáveis, se você está em busca de energia duradoura.

Então, quer seja sensível ao trigo, quer não, vai ser muito bom para você adicionar à sua dieta os grãos alternativos abaixo, naturalmente carregados de nutrientes.

QUINOA

O QUÊ? A quinoa é frequentemente classificada como cereal integral, mas na realidade é a semente de uma planta que é parente de vegetais verdes folhosos, como o espinafre e a acelga. É riquíssima em proteínas e fibras, com a vantagem adicional de que não contém glúten e quase nenhuma gordura. Os aminoácidos presentes na quinoa significam que é uma proteína completa e uma ótima escolha para aumentar sua ingestão de proteínas.

SABOR E USOS A quinoa tem ótimo sabor. É macia e cremosa, levemente crocante e bastante sutil, por isso é um substituto perfeito para o arroz, o macarrão ou o cuscuz. Ela funciona bem em mingaus doces, no café da manhã, bem como para tornar almoços e jantares mais saborosos. Você pode encontrá-la em flocos, que são uma alternativa excelente para a aveia em mingaus. Se já experimentou a quinoa e não gostou, é provável que tenha comido quinoa que estava com o prazo vencido ou que não tenha sido lavada antes de ser cozida – o sabor deve ser completamente neutro.

ONDE COMPRAR Hoje em dia é possível encontrar a quinoa amarela em praticamente qualquer supermercado. As versões vermelha e preta também são deliciosas e podem ser encontradas na maioria das lojas de alimentos naturais.

COMO COZINHAR Antes de mais nada, lave a quinoa: isso vai livrá-la de algum sabor amargo. Lave-a em uma peneira sob água corrente até a água sair limpa. Para cozinhar, tome 1 parte de quinoa para 2 partes de líquido (água ou caldo de legumes) e uma pitada de sal. Quando levantar fervura, reduza para fogo baixo e deixe fervilhar por cerca de 15 minutos, até que toda a água tenha sido absorvida. Quando estiver cozido, o grão da quinoa se tornará translúcido e o germe da semente irá separar-se em uma pequena espiral.

AMARANTO

O QUÊ? O amaranto é um pouco como a quinoa – é a semente de uma planta, semelhante a um cereal, que muitas vezes é confundido com um grão. Foi muito importante na cultura asteca. Ele contém uma grande quantidade de vitaminas em cada pequeno grão, pois é muito rico em proteínas e cálcio, e é ótimo para os que desejam uma dieta mais rica em vegetais. O amaranto também contém mais cálcio do que o leite, além de outros minerais, que permitem a absorção mais rápida do cálcio. Ele é naturalmente sem glúten.

SABOR E USOS O amaranto tem um suave sabor amendoado com um sutil e um pouco mais fresco sabor de gramínea. Substitui o arroz, o macarrão ou a quinoa. Pode ser usado em sopas e guisados ou no preparo de mingaus (ver p. 18).

ONDE COMPRAR Pode ser encontrado em todas as lojas de alimentos naturais e em alguns supermercados. Pode ser um pouco caro, mas, se comparado com outros alimentos que se teria de comprar para obter os mesmos benefícios nutricionais, é uma barganha. Você pode até comprar o amaranto em flocos, para ser comido como cereal ou preparar com ele uma deliciosa barra de cereais.

COMO COZINHAR O amaranto é particularmente versátil. Para preparar o mingau, ferva-o com três vezes a quantidade de água por 20-25 minutos, até ficar cremoso e com consistência de mingau. Para estufá-lo, coloque-o em uma panela sem gordura, leve ao fogo e agite constantemente até que os grãos estourem. Retire do fogo e use como petisco ou uma crocante cobertura para o café da manhã ou uma salada.

TEFF

O QUÊ? Apesar de denominações tão distintas, teff (*Eragrostis tef*) é outro nome do capim-limão (*Cymbopogon citratus*), que eu adoro. É originário da Etiópia, onde muitas vezes é usado para fazer pães de fermentação natural e em ensopados. É o menor dos grãos, do tamanho de uma semente de papoula, e seu nome significa literalmente "perdido". Para um grão tão minúsculo, ele proporciona uma enorme quantidade de nutrientes. É muito rico em proteínas e dizem que é a base alimentar dos fundistas etíopes. Possui alto teor de cálcio e vitamina C e não contém glúten.

GOSTO E USOS O teff branco ou marfim é o mais suave, enquanto o mais escuro, o marrom, tem gosto um tanto terroso, porém todas as variedades têm sabor leve e adocicado. Use a farinha para fazer bolos, panquecas e pães. O grão inteiro pode ser usado no mingau, em lugar da aveia, ou cozido e salpicado sobre saladas e sopas.

ONDE COMPRAR O teff é muitas vezes consumido como grão inteiro. Existe em grande variedade de cores, do roxo ao cinza, porém o marrom é o mais comum. Pode ser encontrado como farinha também.

COMO COZINHAR O teff é tão pequeno que cozinha rapidamente. Cozinhe-o com o volume de água equivalente ao do grão durante 5 minutos. Em seguida, tampe a panela e deixe cozinhar no vapor para polvilhá-lo em saladas ou sopas. Você pode cozinhar uma xícara de tef com 3 xícaras de água por 15 minutos ou mais para obter um tef cremoso, que pode ser utilizado em receitas que requerem mosto, ou pode ser adoçada e comida como papa.

TRIGO-SARRACENO

O QUÊ? O trigo-sarraceno é, na verdade, a semente de uma planta da família do ruibarbo. Tem sido, durante séculos, um alimento básico da dieta na Europa Oriental, Japão e China. Como o amaranto e a quinoa, é mais uma semente que um verdadeiro grão, mas é tratado como tal no âmbito da culinária. O trigo-sarraceno é altamente salutar. Possui um baixo índice glicêmico, o que significa que ele libera energia no organismo durante um longo período de tempo. É realmente rico em proteínas, por isso é um ótimo alimento para os vegetarianos. Seus aminoácidos excepcionais podem realmente aumentar a quantidade de proteína que absorvemos de outros alimentos, como feijão e leguminosas, que forem ingeridos no mesmo dia. O trigo-sarraceno é naturalmente sem glúten.

GOSTO E USOS O trigo-sarraceno possui um intenso e saboroso gosto amendoado. É usado para fazer macarrão soba (ver p. 157). Mas, como qualquer outro grão, pode ser usado em sopas, ensopados e saladas. Misturado com aveia compõe um mingau substancioso e rico em proteínas. Com sua farinha com sabor amendoado fazem-se também as mais deliciosas panquecas.

ONDE COMPRAR O trigo-sarraceno é normalmente encontrado torrado e seco. Está disponível em todas as boas lojas de alimentos naturais. O macarrão soba de trigo-sarraceno pode ser encontrado na maioria dos supermercados.

COMO COZINHAR Para cozinhar o trigo-sarraceno, coloque 1 parte de trigo para 2 partes de água em uma panela com um pouco de sal. Deixe ferver e cozinhar por 15-20 minutos, até ficar macio.

PAINÇO

O QUÊ? É um grão versátil que se originou na África, mas tem sido um alimento básico nos países do Leste Europeu, consumido como mingau; na Índia, é transformado em farinha para fazer pães chatos, chamados rotis. Depois da quinoa e do amaranto, o painço tem a mais completa gama de proteínas entre os grãos, o que o torna uma ótima opção para os vegetarianos. É naturalmente alcalino e não contém glúten. É rico em fibras e nutrientes, tais como magnésio e fósforo.

GOSTO E USOS O painço tem um suave sabor amendoado, semelhante ao da quinoa, mas é um pouco mais seco. Pode substituir o arroz ou qualquer outro grão. Faz um ótimo mingau matinal e pode ser transformado em farinha.

ONDE COMPRAR As sementes do painço são minúsculas e amarelas e em geral são vendidas descascadas, isto é, sem o envoltório exterior. Pode-se comprar painço em todas as boas lojas de alimentos naturais.

COMO COZINHAR Para cozinhar esse grão, coloque 1 parte de painço para 2½ partes de água fria em uma panela até levantar fervura. Em seguida, deixe fervilhar por 25-30 minutos. Pode também ser cozido com água ou leite, como mingau. Neste caso, mexa com frequência e cozinhe por 40 minutos até ficar cremoso.

ARMAZENANDO GRÃOS

Armazene seus grãos em frascos herméticos, longe da umidade e use-os dentro de dois meses, ou armazene-os no freezer por até 6 meses.

DICA DE CONGELAMENTO

Quaisquer sobras de grãos cozidos podem, depois de frias, ser armazenadas em um recipiente fechado, no freezer, por até 2 meses e, em seguida, ser adicionadas a sopas, guisados ou refogados, ainda congeladas, para um jantar realmente rápido.

BROTOS

Todos esses grãos podem ser germinados, o que aumenta exponencialmente o seu valor nutritivo. Para que brotem, mergulhe-os durante a noite em água fria. No dia seguinte, enxágue bem, coloque em um germinador ou em uma peneira sobre uma tigela e deixe em local fresco para germinar – isso vai levar um ou dois dias. Uma vez germinados, espirais começam a emergir de cada grão. Lave-os novamente e armazene entre folhas de papel-toalha na geladeira. Eles vão durar de 2 a 3 dias.

Um hambúrguer de peso

RENDE 8 HAMBÚRGUERES

azeite de oliva

6 cogumelos portobello grandes grosseiramente cortados em pedaços pequenos

alguns ramos de tomilho fresco, folhas escolhidas

sal marinho e pimenta-do-reino moída na hora

1 lata (400 g) de feijão-branco, haricot ou cannellini, bem escorrido

4 tâmaras medjool achatadas sem caroço

2 dentes de alho descascados e finamente picados

1 pequeno maço de salsinha finamente picada

2 colheres (sopa) de tahine

2 colheres (sopa) de shoyu (molho de soja) ou tamari

200 g de arroz integral cozido e resfriado (100 g do arroz cru)

50 g de farelos de pão ou aveia

raspas da casca de 1 limão-siciliano

PARA SERVIR

1-2 abacates descascados e fatiados

relish de tomate ou ketchup

pepino em conserva (ver adiante)

alguns punhados de folhas de espinafre

8 pães de hambúrguer sem sementes (eu uso os integrais)

Vivi um pequeno conflito comigo mesma por causa desta receita. Será que um hambúrguer vegetariano teria lugar em um livro moderno de comida vegetariana? Qualquer coisa sobre modernos hambúrgueres vegetarianos soa, no mínimo, insólito. Contudo, minha paixão por comê-los continua. Portanto, aqui estão eles.

Por favor, pode ter certeza de que não se trata, aqui, da massa feita de cogumelos e milho verde à milanesa que geralmente surge entre duas fatias de pão branco. Este hambúrguer é maravilhoso, nutritivo e muito saudável, que não pede desculpas a ninguém.

Andei experimentando uma série de receitas antes de criar esta: algumas cheias de ervas frescas e legumes ralados, outras incrementadas com o altamente nutritivo tofu, e eram muito boas, mas o que eu estava procurando em um hambúrguer era um sabor delicioso, apetitoso e complexo, e aqui está ele.

Usei arroz integral, nesta receita, mas qualquer grão cozido cai bem aqui – quinoa, cevadinha e farro são todos boas opções.

Gosto de preparar estes picles rápidos de pepino para finalizar este hambúrguer. Fatie finamente ¼ de pepino e coloque-o em uma tigela com uma pitada de sal, uma espremida de mel e uma boa colher (sopa) de vinagre de vinho branco. Amasse tudo junto e deixe descansar, enquanto prepara os hambúrgueres. Bons picles feitos em casa são melhores do que qualquer pepino em conserva hoje em dia.

....

Leve uma panela grande ao fogo médio e junte um fio de azeite. Quando estiver bem quente, acrescente os cogumelos e o tomilho e tempere com sal e pimenta-do-reino. Em fogo alto, frite os cogumelos até secarem e estarem ligeiramente dourados, então reserve e deixe esfriar.

UM HAMBÚRGUER DE PESO

A seguir, escorra o feijão-branco e coloque-o no processador com as tâmaras, o alho, a salsinha, o tahine e o shoyu. Pulse até obter uma mistura homogênea, então transfira para uma tigela e acrescente o arroz, o farelo de pão, as raspas do limão e os cogumelos já frios. Misture bem e leve à geladeira por cerca de 10 minutos para firmar.

Depois de frio, divida a mistura em oito porções e molde os oito hambúrgueres. Coloque-os em uma assadeira forrada com papel-manteiga e leve à geladeira até a hora de usar. (Isso pode ser feito de véspera – e os hambúrgueres estarão congelados, a essa altura.)

Preaqueça o forno a 230 °C e asse os hambúrgueres por 15 minutos, até estarem lindamente dourados. Se gosta de queijo em seu hambúrguer, coloque uma fatia por cima alguns minutos antes de retirá-los do forno.

Enquanto os hambúrgueres estão assando, prepare a cobertura. Eu vou de abacate, relish de tomate, os picles rápidos de pepino mencionados antes, mais algumas folhas de espinafre. Homus, cenoura ralada e brotos de cereais são outra apreciada opção, mas sinta-se à vontade para improvisar e fazer do seu jeito.

Quando os hambúrgueres estiverem dourados, toste o pão e monte os sanduíches.

Gosto de servi-los com batata-doce frita, da p. 242. Nada é melhor do que hambúrguer com fritas, e estes são tão saudáveis quanto saborosos.

Torta leve de abóbora--cheirosa e couve

Esta é uma quiche mais leve do que as usuais quiches e tortas carregadas de creme e queijo, mas ainda assim muito apetitosa, com uma crosta aromatizada com tomilho e limão-siciliano e um exuberante recheio cor de âmbar. A massa tem um pouco de manteiga, mas muito menos que as tradicionais – em todos os aspectos ela é quebradiça, saborosa e deliciosa.

Faço a massa com uma mistura de espelta e farinha de trigo comum para obter ao mesmo tempo uma crosta leve, quebradiça e crocante, mas de sabor intenso. Use a farinha de trigo-sarraceno em lugar da farinha de espelta, se desejar um sabor ainda mais intenso.

Se massas não são a sua praia (e acredite, não foi a minha pelas primeiras 20 tentativas), pense em investir em um processador – ele terá milhares de outros usos e tornará a massa da torta mais consistente e quebradiça. A melhor dica que aprendi sobre o preparo de massas doces é que mãos quentes são suas inimigas. As minhas massas sempre saem boas, de verdade, quando conto com a frieza do processador. Se estiver sem tempo, pode comprar a massa pronta em uma loja de sua confiança.

Para obter uma boa massa sem glúten, use 100 g de farinha de trigo sem glúten ou de farinha de trigo-sarraceno.

....

Você pode fazer a massa manualmente ou no processador. Comece misturando as farinhas, o sal e o tomilho e ligue o processador ou misture-os com uma colher de pau. A seguir, acrescente a manteiga e acione a tecla pulsar ou esfregue-a entre os dedos, com as farinhas, até obter uma consistência esfarelada. Adicione a água, colher por colher, pulsando ou misturando a cada adição, até a mistura formar uma massa homogênea. Forme com ela um círculo, embrulhe-a em papel-manteiga e leve à geladeira por cerca de 30 minutos. Preaqueça o forno a 210 °C e vá tomar uma xícara de chá.

6 PORÇÕES PARA UMA REFEIÇÃO PRINCIPAL, 8 COMO PARTE DE UM LANCHE

PARA A MASSA

125 g de farinha de trigo

125 g de farinha de espelta light ou farinha de trigo integral

1 colher (chá) de sal marinho

alguns ramos de tomilho fresco, folhas grosseiramente picadas

125 g de manteiga gelada, direto da geladeira

4-6 colheres (sopa) de água gelada

1 ovo ligeiramente batido

PARA O RECHEIO

azeite de oliva

1 cebola roxa descascada e finamente fatiada

1 abóbora-cheirosa (cerca de 850 g) descascada, sem sementes e ralada

200 g de couve sem os talos, folhas rasgadas

sal marinho e pimenta-do-reino moída na hora

3 ovos orgânicos ou caipiras

cerca de 400 ml de leite integral ou leite de amêndoas

noz-moscada para ralar

100 g de queijo gruyère

TORTA LEVE DE ABÓBORA-CHEIROSA E COUVE

Quando a massa tiver esfriado, abra-a com o rolo de massa sobre uma superfície enfarinhada, formando um círculo maior do que o de uma fôrma de torta desmontável de 24 cm de diâmetro, mantendo a espessura de 0,2 cm. Enrole o círculo de massa no rolo e coloque-o sobre a fôrma de torta. Com os dedos, empurre a massa contra as paredes da fôrma e as sobras à volta dela.
Leve-a de volta à geladeira por mais 10 minutos, se dispuser desse tempo.

Cubra a massa com papel-manteiga e preencha a cavidade com feijões de cerâmica, arroz ou feijões secos para não estufar. Não é preciso aparar as laterais – faço isso no final, assim você tem certeza de que a massa não vai encolher.
Asse-a por 15 minutos, então retire-a do forno, remova os feijões e o papel-manteiga, pincele com o ovo batido e leve de volta ao forno por mais 10 minutos. Ao final desse tempo, retire a massa do forno, deixando-o ligado.

Enquanto isso, prepare o recheio. Aqueça uma panela grande, adicione um fio de azeite, então acrescente a cebola e cozinhe-a por 10 minutos, até estar doce e macia. Junte a abóbora ralada, a couve rasgada, mais uma boa pitada de sal e pimenta-do-reino, e cozinhe por alguns minutos. Deixe descansar para esfriar.

Quebre os ovos em uma jarra medidora e bata bem. Acrescente leite até atingir a marca de 500 ml, então adicione uma boa pitada de sal e pimenta-do-reino, cerca de um quarto de uma noz-moscada ralada e o queijo ralado. Misture muito bem.

Quando a abóbora tiver esfriado, junte a mistura de ovos e leite e misture bem. Despeje tudo sobre a massa vazia pré-assada e nivele o recheio. Leve ao forno e asse por 35 minutos, até estar cozida.

Gosto de servir esta torta com alho-poró caramelizado e salada de batata (p. 104).

Lasanha de batata-doce, ricota e tomilho

Um reconfortante prato de inverno – batatas-doces assadas, cebolas caramelizadas, espinafre levemente refogado, verde brilhante, e um esperto molho cremoso que agrega tudo. O tipo de prato que só fica melhor se for feito com antecedência e deixado descansar por algumas horas antes de levá-lo de volta ao forno apenas para aquecer.

É mais frequente eu eliminar o macarrão desta receita e usar a batata-doce assada em fatias entremeando as camadas com tomates doces e espinafre. Mas, se eu me sinto particularmente faminta, se o dia está muito frio ou se tenho um bando de garotos vorazes para alimentar, acrescento um pouco mais de energia – umas duas camadas de lasanha. Fica à sua escolha.

Não há grande dispêndio de tempo em fazer um molho branco nesta receita – este não se leva mais de 2 minutos para bater e o sabor é do outro mundo!

Ideal para um batalhão, pois você consegue facilmente dobrar a receita e preparar dois pratos com antecedência.

....

Preaqueça o forno a 240 °C.

Coloque as batatas-doces em duas assadeiras, em camada única, salpique com sal e pimenta-do-reino, regue com azeite e leve para assar por 30 minutos, apenas até estarem cozidas e começando a dourar nas bordas.

Enquanto as batatas-doces cozinham, adiante o molho de tomate. Em fogo médio, frite o alho em fatias em um pouquinho de azeite, até começar a dourar nas bordas, então acrescente o alecrim e mexa por alguns segundos. Despeje rapidamente os tomates em conserva, amassando-os um pouco com as costas de uma colher de pau. Leve ao fogo, e, quando atingir a fervura, deixe fervilhar por cerca de 10 minutos, até que o molho se torne doce e mais espesso. Tempere bem com sal e pimenta-do-reino, e reserve.

6 PORÇÕES

PARA AS CAMADAS
DA LASANHA

4 batatas-doces médias escovadas e cortadas em rodelas de 1 cm

sal marinho e pimenta-do-reino moída na hora

azeite de oliva

4 dentes de alho descascados e finamente fatiados

alguns ramos de alecrim fresco, folhas escolhidas

2 latas (400 g) de tomates em pedaços

2 cebolas roxas descascadas e grosseiramente fatiadas

1 ramo pequeno de tomilho fresco

2 pacotes (200 g) de espinafre lavados

1 pote (200 g) de ricota

100 g de queijo parmesão ou pecorino (ver p. 136)

opcional: 8 folhas de lasanha crua

PARA O MOLHO DE
FEIJÃO-MANTEIGA

1 lata (400 g) de feijão-manteiga

raspas da casca e suco de 1 limão-siciliano

3 colheres (sopa) de azeite de oliva

Em fogo médio, cozinhe as cebolas em uma gota de azeite e com o tomilho, até estarem doces e macias, o que vai levar cerca de 10 minutos. Então acrescente o espinafre e deixe murchar (costumo colocar primeiro um terço do espinafre, deixar murchar e então juntar o restante, caso contrário será muita verdura para a panela). Quando as batatas-doces estiverem assadas, retire-as do forno e reduza para 220 °C.

É hora de preparar o molho de feijão-manteiga. Coloque o feijão com o líquido no liquidificador, junte o suco e as raspas de limão, o azeite de oliva e um pouco de sal e pimenta-do-reino e bata até obter um molho homogêneo e fino o suficiente para espalhar sobre a lasanha. Se estiver muito espesso, acrescente algumas colheres (sopa) de água e bata novamente.

Quando estiver tudo pronto, pode começar a montar as camadas em uma fôrma refratária. Coloque um pouco do molho de tomate no fundo, acrescente uma camada de espinafre e então distribua metade da ricota e rale uma grossa camada de queijo parmesão. A seguir, adicione uma camada de massa, se desejar, e cubra-a com algumas fatias de batata-doce. Acrescente metade do molho de feijão-manteiga e então repita todas as camadas, finalizando com a metade restante do molho e uma camada final de parmesão ralado. Regue com azeite de oliva e salpique com mais folhas de tomilho.

Leve para assar por 30 minutos, até o topo estar bem dourado. Sirva com uma salada verde crocante.

Cassoulet de tomate e coco

Esta deliciosa receita reúne muitos dos meus ingredientes favoritos. Tomates assados, a suave cremosidade do leite de coco e feijões-brancos macios, cobertos com uma crosta de pão levedado. Não se espante com o leite de coco aqui – ele acrescenta um suave toque de cremosidade e agrega todos os sabores (o que sobrar pode ser congelado e usado em um curry, um outro dia).

Se não for tempo de ótimos tomates frescos, use uma segunda lata de tomates. No inverno, troco o manjericão pelo tomilho também. Gosto de cozinhar meu feijão, mas às vezes uso um belo vidro de feijão espanhol cozido – pode ser em lata também, mas penso que aqueles em vidro são cozidos com mais cuidado.

Adoro pão levedado. Se nunca provou, trate de experimentar. É feito à base de um fermento inicial natural. Quando trabalhei em panificação, gostava que alguém o alimentasse a cada dois dias para mantê-lo vivo. Por causa desse fermento inicial, o pão levedado é mais facilmente digerido pelo nosso organismo. Portanto, só se tem a ganhar.

....

Preaqueça o forno a 200 °C.

Antes de mais nada, aqueça uma panela refratária em fogo médio e acrescente um fio de azeite de oliva. Junte o alho-poró, o alho, a pimenta e o gengibre, uma pitada de sal e um pouco de pimenta-do-reino. Então, reduza o fogo e cozinhe por 10 minutos, até o alho-poró estar doce e macio. A seguir, adicione os tomates em conserva, o leite de coco e o feijão. Deixe fervilhar por alguns minutos e retire do fogo. Verifique o tempero e adicione um pouco mais de sal e pimenta-do-reino, se necessário.

Espalhe por cima os tomates frescos, seguidos do manjericão, e então pique as fatias de pão, preenchendo com elas os espaços deixados entre os tomates. O que se quer, aqui, é uma cobertura de tomates e pão em pedaços.

Regue tudo com azeite e leve ao forno por 30 minutos, até que os tomates estejam reduzidos e doces e o pão esteja crocante e dourado. Deixe descansar por alguns minutos antes de arranjá-los nos pratos com salada verde e limão-siciliano.

4-6 PORÇÕES

azeite de oliva

1 alho-poró lavado, aparado e grosseiramente fatiado

1 dente de alho descascado e finamente picado

1 pimenta dedo-de-moça sem sementes e finamente picada

1 pedaço de gengibre fresco de 1 cm de espessura, descascado e grosseiramente cortado

sal marinho e pimenta-do-reino moída na hora

1 lata (400 g) de tomates em pedaços

4 colheres (sopa) de leite de coco

1 lata (400 g) de feijão-branco cozido e escorrido

500 g de tomates de rama ou tomates-cereja cortados ao meio

1 maço de manjericão fresco

4 fatias de pão caseiro

Bourguignon de beterraba e louro

Com frequência, tenho de enfrentar o desafio de alimentar meus robustos amigos carnívoros com um jantar substancioso. Alguns acreditam que uma refeição sem carne não vale o prato em que é servida. Sempre gostei de desafios e adoro alimentar relutantes comedores de vegetais, especialmente elaborando algo que vai despertar pedidos de uma segunda e terceira rodadas.

Aqui está um prato para essa turma, que entrou no cardápio dos meus jantares de dia de semana, pois é superfácil – apenas 20 minutos de trabalho para colocar tudo na panela e então deixar que ele cozinhe por si. Este é um prato de inverno reforçado e vai muito bem com batatas amassadas e temperadas com azeite e com um bom copo de vinho tinto.

Mas eu o aprecio mesmo no tempo de calor. Troco a beterraba de roxo intenso pelas mais alegres beterrabas listradas (Chioggia) e uso cenouras em lugar da mandioquinha. E, para acompanhar, uma salada verde bem energética e um pouco de pão para recolher os sucos cor-de-rosa.

....

4-6 PORÇÕES

azeite de oliva

2 cebolas médias descascadas e grosseiramente picadas

4 dentes de alho descascados e grosseiramente picados

8 beterrabas pequenas a médias descascadas e cortadas em quatro

4 mandioquinhas descascadas e cortadas em pedaços

4 folhas de louro

alguns ramos bem galhados de tomilho fresco

1 xícara de um bom vinho tinto (Bordeaux, se tiver)

1 litro de um bom caldo de legumes

2 colheres (sopa) de purê de tomate

50 g de cevadinha

6 echalotas ou cebolas pequenas descascadas e cortadas ao meio

3 cogumelos portobello grandes grosseiramente fatiados

Leve ao fogo um caldeirão, acrescente um pouco de azeite e cozinhe as cebolas e o alho por 10 minutos, em fogo médio-alto, até estarem macios e perfumados.

Adicione as beterrabas e as mandioquinhas, mexa por alguns minutos e a seguir junte as ervas, o vinho, o caldo, o purê de tomates e a cevadinha e deixe fervilhar por cerca de 30 minutos, até as beterrabas estarem macias. Desligue o fogo e tampe o caldeirão.

Aqueça outro fio de azeite em uma frigideira grande e adicione as echalotas. Cozinhe-as por 10 minutos em fogo médio, até estarem macias e começando a dourar. Então, acrescente os cogumelos e cozinhe por mais alguns minutos, deixando que eles dourem de todos os lados por igual.

Junte as echalotas e os cogumelos ao ensopado e sirva com batatas amassadas e um pouco de salada verde apetitosa. Ah, e mais vinho tinto.

Galette de abóbora e pistache

Este é o meu cardápio de domingo para alimentar um batalhão. A galette está entre uma torta e uma pizza, mas esta galette é mais camarada em termos de tempo e bem menos trabalhosa do que uma massa de torta. Mas para isso você vai precisar de um processador.

Usando sempre esta crosta, vario o recheio o ano inteiro. Na primavera, uso o alho selvagem em lugar do espinafre, tosto alguns aspargos na chapa e com eles recheio a galette, em vez de usar a abóbora-cheirosa. No verão, um belo maço de manjericão toma o lugar de um quarto do espinafre e acrescento tomates assados em lugar da abóbora.

O melhor é que, embora tenha um sabor fantástico, é tudo incrivelmente saudável – nenhum laticínio, nenhum glúten ou açúcar!

....

Preaqueça o forno a 200 °C.

Coloque a abóbora em uma assadeira com um pouco de sal e pimenta-do-reino, regue com azeite e leve ao forno por 30 minutos, até estar dourada.

Enquanto a abóbora está assando, você prepara o restante da receita. Antes de mais nada, a crosta da galette: coloque as sementes de pistache, de girassol ou de abóbora em uma assadeira e toste-as no forno, ao mesmo tempo que a abóbora, por 5 minutos.

Retire do forno a assadeira com as sementes (a abóbora deve continuar a assar) e coloque-as em um processador com as castanhas portuguesas, o azeite, o xarope de bordo, as raspas de limão, o tomilho e uma boa pitada de sal e pimenta-do-reino. Bata até obter uma pasta fina, mas rústica, que se agrega quando você a aperta.

Se estiver esfarelando muito, adicione um pouquinho mais de azeite até que se torne uma peça sólida quando apertada na mão.

6 PORÇÕES

PARA A BASE DA GALETTE
100 g de pistache sem casca
100 g de sementes de girassol ou de abóbora
100 g de castanhas portuguesas a vácuo
2 colheres (sopa) de azeite de oliva
1 colher (sopa) de xarope de bordo
raspas da casca de 1 limão-siciliano
1 ramo pequeno de tomilho, apenas as folhas
sal marinho e pimenta-do-reino moída na hora

PARA A COBERTURA DE ESPINAFRE
75 g de castanhas-de-caju maceradas de véspera, se lembrar (ver por que na p. 340)
1 abacate maduro cortado ao meio e sem caroço
dois grandes punhados de espinafre
suco de ½ limão-siciliano

PARA FINALIZAR
½ abóbora-cheirosa pequena sem sementes e cortada em fatias de 0,5 cm
azeite de oliva
1 cebola roxa descascada e finamente fatiada
1 pimenta dedo-de-moça fatiada

GALETTE DE ABÓBORA E PISTACHE

Forre a superfície de trabalho com uma folha de papel-manteiga, então despeje aí a pasta de sementes e molde-a com as mãos em um círculo. Coloque outra folha de papel-manteiga por cima e, com o rolo de massas, abra-a em um círculo do tamanho de uma pizza, com 0,5 cm de espessura.

Coloque o círculo de massa em uma assadeira e retire o papel-manteiga que está sobre ela. Perfure-a com um garfo e coloque-a no forno, junto com a assadeira com as abóboras, por 15 a 20 minutos, até as bordas ficarem douradas. Retire do forno e deixe esfriar um pouco. Se a abóbora ficar pronta antes da massa da galette, retire-a do forno e reserve.

Enquanto isso, frite a cebola roxa em um pouquinho de azeite e uma pitada de sal até ficar doce e de um violeta intenso, começando a dourar (isso levará cerca de 10 minutos).

A seguir, coloque todos os ingredientes do recheio – a castanha-de-caju macerada, a polpa do abacate, o espinafre e o suco de limão – no liquidificador, com uma boa quantidade de sal e pimenta-do-reino e bata até obter uma pasta homogênea de um verde vivo.

Depois de a base da galette ter esfriado um pouco, acrescente o recheio de espinafre e espalhe sobre ele a cebola roxa, a abóbora e a pimenta dedo-de--moça. Às vezes, eu salpico um pouco de queijo feta também.

No verão, sirvo esta galette com uma tigela de salada crocante e batatas novas assadas e, no inverno, com legumes tuberosos e couve salteada com limão.

Linguiça de castanha-de-caju e castanha portuguesa

Estas linguiças são perfeitas para o café da manhã dos fins de semana ou arranjadas sobre um purê de legumes tuberosos e molho (ver pp. 249 e 343). É também uma ótima forma de se aderir a um churrasco onde impera a carne. Castanha-de-caju, tofu, ervas de inverno e um pouco de cheddar esfarelado se juntam para criar uma linguiça vegetariana realmente boa. Pode-se até mesmo deixar de lado o queijo e acrescentar uma cenoura ralada.

Esta é uma receita extremamente fácil e rende o suficiente para se congelar pelo menos a metade. Isso é bom, porque elas congelam muito bem e vão cozinhar melhor ainda, em fogo baixo, mesmo congeladas – só que vai demorar um pouco mais.

O tofu é uma mercadoria de difícil venda. Tem havido muita pressão negativa contra a soja, mas esse grão apresenta inúmeros benefícios à saúde, e eu acredito que um pouco de bom tofu é o caminho certo. Muita gente acaba perdendo a vontade de consumir soja, pois existe a ideia de que é difícil cozinhar com ela. Não é bem assim – você tem de escolher a soja certa para a receita certa. O leite de soja é bom para o preparo de pudins e cremes, mas é um desastre tentar fritar a soja macia, por mais que você seja um bom cozinheiro. A soja mais firme é boa para fritar e para dar liga a salgados e frituras. O produto mais firme, defumado, pode ser fatiado e colocado diretamente em sanduíches ou frito e adicionado a macarrão, arroz ou sopas.

Hoje em dia, a maioria das lojas está aderindo ao tofu, e supermercados e mercearias o estão incluindo em seus estoques. Procuro me certificar de comprar tofu orgânico de uma companhia conhecida. Costumo comprar da loja de produtos naturais do meu bairro. Informe-se sobre as opções disponíveis na sua região.

Antes de mais nada, coloque as castanhas-de-caju e a castanha portuguesa no processador e bata até obter uma mistura fina, de textura esfarelada. Em uma tigela grande, amasse o tofu, acrescente as oleaginosas e então junte todos os ingredientes, exceto o azeite, e misture tudo muito bem.

RENDE 16 UNIDADES

200 g de castanhas-de-caju sem sal maceradas de véspera, se houver tempo (ver p. 340)

200 g de castanha portuguesa cozida a vácuo

250 g de tofu (do tipo firme)

1 cebola roxa pequena descascada e ralada

1 pimenta dedo-de-moça sem sementes e grosseiramente picada

raspas da casca e suco de 1 limão-siciliano

150 g de farelo de pão (uso o integral)

alguns ramos de tomilho fresco, folhas grosseiramente picadas

100 g de queijo cheddar ralado

1 colher (sopa) de shoyu (molho de soja) ou tamari

1 ovo orgânico ou caipira batido (ou ver nota sobre chia na p. 42)

azeite de oliva para fritar

Umedeça as mãos, apanhe porções da mistura do tamanho de uma bola de golfe e molde-as em 16 linguiças, ou croquetes, ou em seu formato preferido. Arranje-as em uma assadeira forrada com papel-manteiga e coloque-as no freezer para firmar por cerca de 5 minutos.

Aqueça o azeite em uma frigideira, em fogo baixo, e frite as linguiças por 5-7 minutos, virando-as, até dourarem por igual. Podem também ser assadas no forno a 220 °C por 12 minutos, ou preparadas como churrasco, grelhando-as por alguns minutos de cada lado.

Coma com um ovo poché no café da manhã, ou sobre o purê de sua preferência e uma salada, para o jantar. Outra opção é montar um belo sanduíche com a linguiça grelhada entre duas fatias de pão de grãos com um pouco de ketchup.

Torta filo de duas hortaliças

Esta torta é uma adaptação livre da spanakopita grega, porém é mais rápida e mais fácil de fazer. Esta receita foi uma das primeiras que realmente satisfizeram o apetite insaciável de meu namorado, John, depois que deixamos de comer carne.

Com alguns truques inteligentes, você pode ter este prato na mesa em meia hora.

Uso couve e acelga aqui, em lugar de apenas espinafre, pois eles ficam um pouco mais robustos na torta e aprecio seu frescor cítrico em contraste com o queijo feta. Contudo, o espinafre sozinho dá conta do recado. Uma boa prática é variar a verdura de acordo com a época do ano.

Gosto de usar queijo de ovelha, pois a maior parte das pessoas prefere seu sabor ao do queijo de vaca. O feta é uma unanimidade – funciona bem com os alimentos que eu cozinho e sempre tenho um pacote na geladeira, para esfarelar sobre cenouras assadas ou sobre uma salada de abacate. O leite de ovelha possui duas vezes mais cálcio que o de vaca, e o queijo feta é, na verdade, muito apropriado para pessoas que têm sensibilidade ao leite bovino, já que a maior parte da lactose está no soro, que não é consumido depois que o feta está formado.

Procure lojas de produtos gregos ou turcos para obter um bom queijo feta. A loja do meu bairro mantém um grande barril dentro da geladeira, do qual se pode chegar e tirar com uma concha lindas porções brancas e redondas de queijo, que são muito mais macias e cremosas do que o tipo que se compra já embalado.

....

Preaqueça o forno a 220 °C.

Leve uma frigideira refratária e antiaderente ao fogo médio e adicione um pouquinho de azeite, depois as cebolinhas e uma pitada de sal e frite por alguns minutos, até estarem macias.

4-6 PORÇÕES

azeite de oliva

um maço de cebolinhas (cerca de 8) aparadas e grosseiramente picadas

sal marinho e pimenta-do-reino moída na hora

250 g de folhas novas de repolho verde ou couve, sem os talos, folhas rasgadas

250 g de acelga ou espinafre, folhas rasgadas, talos da acelga picados

raspas da casca de ½ limão-siciliano

3 ovos orgânicos ou caipiras

200 g de queijo feta

1 pequeno maço de salsinha grosseiramente picado

1 pequeno maço de endro fresco grosseiramente picado

4 folhas grandes de massa filo ou 8 menores

1 colher (sopa) de sementes de papoula

TORTA FILO DE DUAS HORTALIÇAS

A seguir, junte alguns punhados da verdura e cozinhe até reduzirem um pouco. Continue a acrescentar a verdura, de modo que toda ela caiba na panela, então cozinhe apenas até murcharem. Adicione a acelga ou o espinafre e deixe que murche também. Espalhe sobre a verdura as raspas de limão e tempere com mais sal, se necessário, e uma pitada de pimenta-do-reino. Transfira para uma tigela e deixe esfriar um pouco.

Quebre os ovos em uma tigela, esfarele o queijo feta e adicione as ervas picadas. Quando as verduras estiverem frias, acrescente-as também. Limpe a frigideira com papel-toalha.

Forre a superfície de trabalho com uma folha de papel-manteiga, com cerca de 50 cm. Passe um pouquinho de azeite no papel e amasse-o, formando uma bola, para ficar todo recoberto com o azeite (o que impedirá que ele queime ao forno). Estique-o novamente.

Assente as duas folhas de massa filo sobre o papel, lado a lado – elas vão se sobrepor, mas não tem problema. Regue-as com um pouco mais de azeite. A seguir, erga o papel e coloque-o sobre a frigideira, com o excesso de massa pendendo uniformemente sobre as bordas.

Despeje a mistura de ovos e verduras no centro e espalhe-a com uma colher. Dobre para dentro as folhas de massa que estão nas bordas para cobrir o recheio. Não é preciso muito capricho aqui, pois a beleza está no movimento e na textura que resultará. Salpique as sementes de papoula e leve a frigideira ao forno por 20 minutos.

Gosto de acompanhar esta torta com uma salada de pepino, simplesmente temperado com endro e limão-siciliano, e algumas folhas verdes.

Torta rösti de cogumelos e mandioquinha

Uma torta simples, saudável e reconfortante que satisfaria o mais sofisticado e mais requintado paladar, mas leve o suficiente para não deixá-lo sonolento.

Fritar os cogumelos à parte garante que eles permaneçam crocantes e dourados enquanto a torta assa. A cobertura de mandioquinha é um pouco mais leve, com mais crocância e textura do que a usual cobertura de purê de batatas, mas às vezes, depois de uma longa caminhada, eu a cubro com um purê 50% de mandioquinha e 50% de batata e azeite – um jantar realmente substancioso, que servirá cerca de oito pessoas. Em geral, não uso o crème fraîche – você teria de levar o creme ao fogo por alguns minutos a mais para encorpá-lo.

....

Antes de mais nada, leve sua maior frigideira ao fogo alto (para refogar, costumo usar uma de ferro que vá também ao forno) e acrescente um bom fio de azeite.

Adicione os cogumelos apenas até cobrir o fundo da frigideira, tempere com sal e pimenta-do-reino, e salteie delicadamente até dourar e começar a ficar com as bordas crocantes. Transfira para uma tigela e continue a saltear o restante do cogumelo em porções, até dourar tudo.

Quando todos os cogumelos estiverem na tigela, leve a frigideira de volta ao fogo e adicione outro fio de azeite. Acrescente o alho, o tomilho, a cebola, a cenoura, tempere com uma boa pitada de sal e pimenta-do-reino e cozinhe em fogo médio por 10 minutos, até estarem macios e começando a dourar. Preaqueça o forno a 200 °C.

A seguir, adicione os cogumelos refogados e o vinho ou caldo de legumes, e deixe fervilhar até que todo o líquido tenha evaporado. Acrescente, então, o molho inglês, as mostardas, a salsinha, o crème fraîche, se decidiu usá-lo, e cozinhe por mais alguns minutos, até obter um molho bastante espesso. Prove e adicione mais sal e pimenta-do-reino, se necessário. Rale as mandioquinhas em uma tigela e tempere com sal e pimenta-do-reino.

Transfira a mistura de cogumelos para um prato refratário, se necessário, então acrescente as mandioquinhas por cima, deixando um pequeno vazio à volta da borda. Regue generosamente com azeite e asse por 40 minutos, até ficar dourada e crocante. Sirva com verduras claras – gosto de saltear acelga com um pouco de raspas de limão.

6 PORÇÕES

azeite de oliva

750 g de cogumelos (uso uma mistura de portobello, castanho e silvestres, quando os encontro) grosseiramente picados em pedaços grandes

sal marinho e pimenta-do-reino moída na hora

3 dentes de alho descascados e fatiados

1 maço pequeno de tomilho, folhas escolhidas

2 cebolas roxas descascadas e fatiadas

2 cenouras descascadas e finamente picadas

200 ml de vinho branco ou caldo de legumes

1 colher (sopa) de molho inglês

1 colher (sopa) de mostarda de Dijon

2 colheres (sopa) de mostarda integral

1 maço pequeno de salsinha grosseiramente picada

opcional: 2 a 4 colheres (sopa) de crème fraîche

4 mandioquinhas bem escovadas

Torta de batata-doce e lentilhas puy

Esta é uma torta quente, que satisfaz, é superfácil de preparar e vai alimentar um batalhão. Uma coroa de batatas-doces sobre uma camada de lentilhas lentamente cozidas com alho doce e especiarias autênticas. Há um toque indiano nessas lentilhas que eu adoro. Ela aquece os dias frios de inverno.

Pode ser feita com antecedência e aquecida na hora de servir. É basicamente um prato único, que eu sirvo com uma simples tigela de ervilhas ou algumas verduras de inverno.

Uso lentilhas puy, nesta receita. São conhecidas também como caviar de pobre e há algo muito sofisticado em seu sabor terroso, quase adocicado. Elas cozinham muito bem, sem perder a forma, ao contrário das lentilhas comuns e das vermelhas. Elas mandam bem no quesito nutrição, já que têm muito ácido fólico, que é ótimo para os ossos e o sistema nervoso e faz muito bem para as grávidas.

6 PORÇÕES

PARA A MISTURA DE LENTILHA
azeite de oliva
2 cenouras grosseiramente picadas
2 talos de salsão grosseiramente picados
2 cebolas roxas descascadas e grosseiramente picadas
2 dentes de alho descascados e grosseiramente picados
1 colher (chá) de sementes de cominho socadas
1 colher (chá) de canela em pó
½ colher (chá) de pimenta-da-jamaica
1 maço pequeno de tomilho fresco, folhas escolhidas
1 lata (400 g) de tomates
400 g de lentilhas puy
sal marinho e pimenta-do-reino moída na hora

PARA O PURÊ
5 batatas-doces médias escovadas e limpas
2 colheres (sopa) de azeite de oliva
4 cebolinhas finamente fatiadas
raspas da casca de ½ limão-siciliano

Preaqueça o forno a 220 °C.

A seguir, prepare o purê. Cozinhe as batatas em água fervente e sal por 15-20 minutos, até estarem bem cozidas. Eu cozinho com casca, mas pode descascá-las, se quiser.

Enquanto elas cozinham, comece a trabalhar as lentilhas. Aqueça uma panela grande de fundo reforçado (gosto de usar uma frigideira de ferro que possa também ir ao forno, e também para diminuir a louça a lavar). Leve-a ao fogo médio, acrescente um bom fio de azeite, junte a cenoura, o salsão, a cebola e o alho e deixe refogar por cerca de 10 minutos, até que tudo esteja um tanto macio.

A seguir, adicione todas as especiarias e as folhas de tomilho e cozinhe por mais alguns minutos. Acrescente os tomates e duas latas do tomate de água fria, juntamente com as lentilhas.

Deixe ferver tudo junto por 15 minutos, até que as lentilhas estejam cozidas e o molho esteja encorpado. Adicione um pouquinho de água, de vez em quando, se necessário, verifique o sabor e tempere com sal e pimenta-do-reino.

Quando as batatas estiverem cozidas, escorra e amasse-as com o azeite, a cebolinha, as raspas de limão e uma boa pitada de sal e pimenta-do-reino. Espalhe-as sobre a mistura de lentilhas, salpique um pouco mais de tomilho e leve ao forno por 25-30 minutos, até que a cobertura esteja dourada.

Tomates e cebolas assadas com um toque adocicado

Este é um prato que é mais que a soma de suas partes. Algo incrível acontece às cebolas e tomates quando são assados: os tomates se tornam suculentos, círculos agridoces de um vermelho queimado, e as minicebolas, antes firmes, derretem em uma doçura cremosa. Mas a verdadeira estrela do prato é o rico suco adocicado das cebolas e tomates que envolvem as batatas assadas e o feijão, assegurando que não se perca uma gota. Uma bela salada verde temperada com limão para acompanhar, e pronto.

Essa é uma ótima maneira de aproveitar ao máximo os últimos tomates da alta estação. Assando-os desse modo obtém-se o melhor dos tomates. No inverno, preparei esta receita com duas latas de tomates-cereja drenados e ficou ótima.

....

Preaqueça o forno a 210 °C.

Coloque as cebolas em uma tigela e cubra-as com água fervente. Use uma escumadeira para retirá-las da água e puxe a casca das cebolas, que a água quente já ajudou a soltar. Corte as cebolas maiores ao meio.

Despeje as cebolas descascadas em sua maior assadeira e acrescente os tomates e as batatas cortadas ao meio. Poderá ficar meio apertado, a princípio, mas tudo vai encolher um pouco ao cozinhar, por isso não se preocupe. Comprimir tudo em uma só assadeira é importante, para que os tomates impregnem as batatas com seus sucos. Tempere generosamente com sal e pimenta-do-reino e adicione um pouco de azeite. Sacuda para recobrir tudo e então leve ao forno por 1 hora, sacudindo-a a cada 15 minutos, mais ou menos.

Depois de 1 hora no forno, tudo estará com um aroma delicioso. As cebolas devem estar macias e levemente douradas em alguns pontos e os tomates, tostados e desmanchando-se. Retire a assadeira do forno e acrescente o feijão escorrido e o manjericão, então leve de volta ao forno por mais 15 minutos.

Transfira para pratos preaquecidos e não se esqueça de acrescentar uma colher dos sucos da assadeira.

4 PORÇÕES

500 g de minicebolas
750 g de tomates-cereja grandes
750 g de batatas novas lavadas e cortadas ao meio
sal marinho e pimenta-do-reino moída na hora
azeite de oliva
1 lata (400 g) de feijão cannellini escorrido
1 maço pequeno de manjericão fresco

Biryani de cogumelo e louro em uma panela só

Intensamente aromatizado com canela, louro, cravos e cardamomo, este biryani é um prato único e superfácil de fazer.

Gosto de comer este prato simplesmente com raita, chutney de manga e 1 ou 2 chapatis, mas ele é também um ótimo prato de arroz para um banquete de curries. Às vezes, eu o complemento com sementes de romã – algo nada tradicional, mas gosto da crocância, e o frescor dessas sementes é um contraste perfeito para as especiarias. As sobras, fritas até ficar crocantes, são deliciosas, ainda mais se finalizadas com um ovo frito e mais coentro picado.

....

Antes de mais nada, coloque os cogumelos em uma tigela, acrescente todos os outros ingredientes do seu preparo e uma boa pitada de sal. Deixe descansar por 1h30 a 2 horas.

A seguir, coloque o arroz de molho em água fria. Leve ao fogo médio uma panela grande com 1 colher (chá) de ghee ou óleo. Acrescente as cebolas e frite por 10 minutos, apenas até ficarem douradas. Adicione as folhas de louro, os cravos, o cardamomo, a canela e as sementes de cominho e frite por alguns minutos.

Bata as pimentas verdes, o coentro e os tomates no processador e cozinhe por 5 minutos, até que toda a umidade se tenha evaporado, então adicione os cogumelos e cozinhe em fogo alto por mais 5 minutos, até terem amaciado ligeiramente.

Leve uma chaleira com água ao fogo. Escorra o arroz, lave-o em água fria, adicione à panela e mexa para fritar um pouco – mexa com cuidado para não quebrar os grãos. A seguir, adicione a água fervente da chaleira, o suficiente para cobrir o arroz em 1 cm. Tampe e cozinhe tudo por 2 minutos, reduza o fogo e deixe cozinhar por 5 minutos, e nada de retirar a tampa para dar uma olhada. A seguir, desligue o fogo, deixando a panela tampada para descansar por 10 minutos.

Passados os 10 minutos, destampe a panela e afofe o arroz com um garfo, cuidadosamente. Rale a casca do limão sobre o arroz e esprema o suco.

6 PORÇÕES

PARA OS COGUMELOS

500 g de cogumelos grosseiramente picados (uso uma mistura do castanho e do portobello, com alguns selvagens, se os encontro)

2 dentes de alho descascados e grosseiramente picados

1 pedaço de 5 cm de gengibre fresco descascado e grosseiramente picado

½ colher (chá) de açafrão-da-terra em pó

½ colher (chá) de coentro em pó

½ colher (chá) de cominho em pó

2 colheres (sopa) de óleo (uso o vegetal)

½ maço de coentro fresco, folhas grosseiramente picadas

sal marinho e pimenta-do-reino moída na hora

PARA O BIRYANI

300 g de arroz basmati

ghee ou óleo para cozinhar

2 cebolas descascadas e finamente fatiadas

3 folhas de louro

5 cravos

5 bagas de cardamomo abertas

1 pau de canela

1 colher (chá) de sementes de cominho

1 a 2 pimentas verdes

½ maço de coentro fresco

2 tomates ou ½ lata de 400 g de tomates em pedaços

1 limão-siciliano

Ratatouille condimentado com açafrão

A ratatouille vem sendo jogada para escanteio desde seus dias de apogeu, e eu quero trazê-la de volta ao centro do palco, para os cardápios de todo o país – pois, quando bem feita, é imbatível. Minha mãe tem erguido a bandeira da ratatouille todas as semanas, desde que eu me lembre, e o que ela faz é econômico – esta é a receita dela, com a pequena adição de um pouco de colorido solar, o açafrão, que com um simples bocado me transporta de Hackney até Antibes, na França, em pleno verão.

Frito todos os legumes separadamente em azeite para obter mais sabor e para evitar que percam o formato. Então asso todos eles no forno – não é a receita original de Provence, mas acho que é mais prático. O bom da ratatouille é que ela fica cada vez melhor – preparo uma assadeira e, se puder, espero até o dia seguinte para saboreá-la, depois que os sabores se mesclaram e se intensificaram.

....

Preaqueça o forno a 200 °C.

Coloque os pimentões em uma assadeira, regue com um pouco de azeite e salpique-os com sal e pimenta-do-reino, e então leve a assadeira ao forno para assar por 25 minutos.

A seguir, aqueça um fio de azeite em uma frigideira grande e acrescente as cebolas e uma pitada de sal. Cozinhe por 10 minutos, até ficarem macias e douradas, então adicione o alho e o tomilho e cozinhe por mais alguns minutos.

Junte os tomates, o açafrão e o vinagre e cozinhe por alguns minutos mais, até que praticamente todo o líquido tenha evaporado. Despeje esse molho em uma assadeira ou travessa refratária.

Leve a frigideira de volta ao fogo com um pouco mais de azeite e frite as berinjelas aos poucos, até estarem douradas de ambos os lados, adicionando mais azeite, se necessário – as berinjelas tendem a encharcar um pouco. Quando estiverem fritas, arranje as fatias de berinjela sobre o molho de tomate e cebolas. Frite as abobrinhas do mesmo modo e acrescente-as ao prato também.

4 PORÇÕES

2 pimentões vermelhos sem sementes e cortados em oito

azeite de oliva para fritar

sal marinho e pimenta-do-reino moída na hora

2 cebolas descascadas e fatiadas

2 dentes de alho descascados e finamente fatiados

6 ramos de tomilho fresco, folhas escolhidas

6 tomates vermelhos maduros grosseiramente picados, ou 1 lata (400 g) de tomates de boa qualidade

uma boa pitada de açafrão

1 colher (sopa) de vinagre de vinho branco ou vinagre de xerez

2 berinjelas cortadas em fatias de 1 cm

3 abobrinhas cortadas em fatias de 1 cm

1 maço pequeno de manjericão fresco

Passados os 25 minutos indicados para assar os pimentões e eles estiverem com as bordas enegrecidas, adicione-os ao prato. Misture os pimentões, as berinjelas e as abobrinhas sobre o molho, tempere com um pouco mais de sal e pimenta-do-reino, e leve tudo de volta ao forno por 40 minutos para terminar de assar.

Depois de assados, mexa para misturar tudo, e a seguir rasgue e acrescente o manjericão, junte mais sal e pimenta-do-reino, se necessário, e regue com azeite.

Gosto de servir minha ratatouille com um ovo frito por cima e um bom pedaço de pão ou um pão sírio.

Black dhal

Black dhal é um dos meus pratos eternos favoritos. Fortemente condimentado, cremoso, quase defumado, para mim é um misto de Boston beans com molho barbecue e de um cremoso masala condimentado.

Há um restaurante perto de casa chamado Dishoom que prepara um Black dhal excelente, que é finalizado com um generoso toque de creme. Não há creme nesta receita – esmago as lentilhas, o que produz um dhal naturalmente cremoso, mas, se achar que merece um bônus, experimente adicionar um toque de creme ou de um iogurte espesso.

É realmente fácil de fazer em casa – embora exija umas 2 horas de cocção, bastam 10 minutos de preparo, e então é só tampar e mexer de vez em quando. A panela de pressão, velha amiga de minha mãe, funciona maravilhosamente bem para cozinhar cereais. Se tiver uma, use-a. Siga exatamente a mesma receita e, então, depois de adicionar as lentilhas e o feijão, leve a panela de pressão ao fogo por 20 minutos, para ficarem bem cozidos.

A lentilha preta pode ser encontrada em qualquer loja de produtos indianos ou supermercados de grande porte. Se puder, ajuda colocar as lentilhas e o feijão de molho em água fria, de véspera, mas, se esquecer, não se preocupe, só vão precisar de um tempo extra de cozimento.

....

Em uma tigela grande, coloque a lentilha e o feijão de molho em bastante água fria – de véspera é o ideal, mas algumas horas serão suficientes.

A seguir, aqueça um pouco de óleo ou ghee em uma panela grande e frite delicadamente as cebolas por 10-15 minutos, até ficarem doces e macias, ligeiramente douradas. Adicione as sementes de cominho, as sementes de cardamomo, o açafrão, a pimenta calabresa em flocos, as sementes de erva-doce, o alho, o gengibre e o purê de tomate e mexa por alguns minutos.

4-6 PORÇÕES

200 g de lentilhas pretas (também chamadas beluga)

100 g de feijão-roxinho seco

óleo de amendoim ou de coco ou ghee, para fritar

2 cebolas descascadas e finamente picadas

1 colher (chá) de sementes de cominho

2 vagens de cardamomo abertas

1 colher (chá) de açafrão em pó

½ colher (chá) de pimenta calabresa

1 colher (chá) de sementes de erva-doce

3 dentes de alho descascados e finamente picados

1 pedaço de 5 cm de gengibre fresco descascado e finamente picado

2 colheres (sopa) de purê de tomate

2 tomates finamente picados (ou ½ lata de 400 g) ou tomates em pedaços

1 maço pequeno de coentro fresco, folhas grosseiramente picadas

Escorra as lentilhas e o feijão e adicione-os à panela com os tomates picados e 2 litros de água fria. Deixe levantar fervura e reduza para fogo baixo para fervilhar suavemente. Tampe a panela e cozinhe por 2-2½ horas, até que as lentilhas e o feijão estejam cozidos e o líquido do cozimento esteja espesso, escuro e intensamente saboroso. Mexa o dhal de tempos em tempos enquanto cozinha, e cubra com um pouco de água quente da chaleira, se parecer muito seco.

Quando as lentilhas e o feijão estiverem cozidos, esmague a metade deles para formar uma pasta, usando o amassador de batatas diretamente na panela, e então misture tudo para obter um dhal supercremoso.

Sirva em tigelas individuais e finalize com um pouco de iogurte, se desejar, e coentro picado. Sirva quente, com naans ou chapatis macios e fofinhos.

Paella de alcachofra e erva-doce

Em pleno inverno, eu me pego fazendo esta paella, quando os grandes sabores do ensolarado açafrão macerado e a páprica defumada parecem anular o frio e às vezes os cinzentos dias londrinos. Gosto de servir este prato com uma salada de erva-doce finamente picada.

Este é um jantar de prato único muito rápido de preparar. A maior parte dos seus ingredientes é o que se tem normalmente na despensa, portanto é ótimo manter sempre um estoque de reserva, caso você não tenha a energia necessária para correr à mercearia.

O segredo para fazer esta paella é ser corajoso e resistir ao impulso de mexer o arroz depois da adição do caldo. O arroz vai assentar na panela e o caldo vai borbulhar, abrindo pequenos orifícios no arroz, assegurando um cozimento uniforme. Muito hábil! Bem sacado!

4 PORÇÕES

- azeite de oliva
- 2 cebolas (o tipo espanhol, doce, é melhor) descascadas e finamente picadas
- 2 pimentões verdes sem sementes e finamente picados
- 4 dentes de alho descascados e finamente picados
- ½ colher (chá) de sementes de erva-doce
- 1 colher (chá) de açafrão
- 1 litro de caldo de legumes
- 250 g de arroz para paella (arroz bomba, também chamado calasparra)
- 200 ml de xerez seco ou vinho branco
- 1 maço pequeno de salsinha, folhas grosseiramente picadas
- 1 colher (chá) de páprica defumada
- sal marinho e pimenta-do-reino moída na hora
- 1 vidro (300 g) de corações de alcachofra, cada um cortado em quatro
- dois grandes punhados de espinafre lavados
- 1 vidro (220 g) de pimentões piquillo
- 1 limão-siciliano

Leve ao fogo médio uma grande panela de saltear. Adicione um pouco de azeite, a seguir as cebolas e o pimentão, e deixe cozinhar por 10 minutos, até estarem macios e perfumados.

A seguir, adicione o alho, as sementes de erva-doce e frite por mais 5 minutos, até a cebola começar a dourar. Enquanto isso, misture os filetes de açafrão ao caldo de legumes e deixe em infusão.

Acrescente um pouquinho mais de azeite e aumente o fogo. Adicione o arroz e frite por alguns minutos, até estar totalmente recoberto com o azeite, então junte o xerez ou vinho e continue a cozinhar até que o álcool evapore. Junte metade da salsinha picada e a páprica defumada, tempere com sal e pimenta-do-reino e dê uma boa mexida.

A seguir, acrescente o caldo de legumes e reduza para fogo médio. Deixe a paella cozinhar sozinha – não tente mexê-la, pois ela vai assentar e o caldo vai formar pequenos canais através do arroz. Mexer o arroz fará com que ele não cozinhe uniformemente.

Cozinhe por 10 minutos, até que haja cerca de 1 cm de líquido fervilhando acima do arroz. Espalhe os pedaços de alcachofra sobre o arroz e empurre-os para baixo, para aquecê-los no caldo. Adicione uma camada de espinafre e empurre-o também no líquido. Cozinhe sem mexer por mais 5 minutos, então desligue e tampe, ou cubra com papel-alumínio e deixe descansar por 5 minutos.

Finalize misturando à paella os pimentões piquillo, o restante da salsinha e o suco de limão.

Sirva com uma bela salada e com um copo de xerez.

Macarrão e legumes

Esta é a minha versão do típico macarrão com queijo americano. Preparo um pesto cremoso com tomates-cereja, amêndoas tostadas e manjericão, inspirada no pesto siciliano alla trapanese, que envolve o macarrão e os pedaços de abóbora. Às vezes acrescento um pouco de queijo à mistura de tomates antes de misturá-la ao macarrão – 100 g de queijo manchego, pecorino ou parmesão caem bem – mas não é absolutamente necessário. Os brócolis picados acrescentam sabor e crocância.

Esta receita funciona particularmente bem com macarrão sem glúten, pois há uma boa quantidade de molho, o que assegura que a massa não ficará muito seca.

Preaqueça o forno a 200 °C e leve ao fogo uma panela grande com água e bastante sal.

Enquanto isso, coloque metade do manjericão, a aveia, os brócolis, um bom fio de azeite e temperos em um processador e pulse até obter um farelo miúdo. Vai ficar um pouco úmido, mas não tem problema. Transfira para uma tigela pequena e passe uma água na tigela do processador. Coloque os tomates-cereja e as amêndoas no processador já limpo, junte o restante do manjericão e 2 colheres (sopa) de azeite. Bata até obter uma pasta homogênea, então tempere com sal e pimenta-do-reino e bata mais um pouco.

Quando a água ferver, acrescente o macarrão e a abóbora fatiada e cozinhe pela metade do tempo indicado na embalagem do macarrão – ele tem de ficar semicozido. Escorra, reservando uma caneca da água do cozimento para usar mais tarde.

Leve o macarrão de volta para a panela, adicione a mistura de tomates e dê uma boa mexida. Junte aos pouquinhos a caneca de líquido do cozimento reservado, usando apenas o suficiente para obter a consistência de um creme ralo. Deve ficar mais para líquido, pois o macarrão o absorverá quando for para o forno.

Transfira tudo para uma grande assadeira ou caçarola refratária. Salpique o farelo de brócolis uniformemente sobre a massa e asse-a por 20-25 minutos, ou até a superfície estar crocante. Retire do forno e deixe descansar por 10 minutos antes de servir.

6 PORÇÕES

1 maço grande de manjericão fresco
50 g de aveia
200 g de brócolis (½ maço) grosseiramente picados
azeite de oliva
300 g de tomates-cereja
150 g de amêndoas branqueadas e tostadas
sal marinho e pimenta-do-reino moída na hora
300 g de macarrão (uso macarrão orgânico sem glúten, mas o macarrão comum e o integral também são indicados)
1 pedaço de 400 g de abóbora (cheirosa, delicata ou outra abóbora de inverno) sem sementes cortado em fatias finas

Risoto primavera de limão-siciliano e rúcula silvestre

O melhor das hortaliças de primavera se reúne nesta receita para nos dizer que chegou essa bela estação. Gosto de pensar que nessa época surge toda uma nova paleta de cores e sabores, e neles estão os nutrientes de que necessitamos para nos adaptar às mudanças de estação.

O problema com a maioria dos risotos é que eles são carregados de queijo e manteiga para garantir sua cremosidade, mas acho que se tornam muito gordurosos e às vezes enjoativos, e não algo que eu comeria qualquer dia da semana.

Este risoto é diferente – leva um purê rápido de rúcula silvestre ou espinafre e cebolas cozidas lentamente em lugar de manteiga ou queijo. A ideia veio de um delicioso risoto que comi em Daylesford, em Londres. E este é um risoto para comer a qualquer hora.

Às vezes uso cevadinha nesta receita – leva um pouco mais de tempo para cozinhar do que o arroz, mas a espera vale a pena. Você terá de aumentar o tempo de cozimento em 40 minutos e cobri-la com água, sempre que necessário.

....

Frite a cebola lentamente em um fio de azeite, em fogo baixo, até ficar macia, sem dourar muito. Acrescente uma concha de caldo quente, junte a rúcula silvestre ou o espinafre e deixe murchar, e então retire do fogo. Deixe esfriar ligeiramente e bata tudo no processador. Reserve para usar mais tarde.

A seguir, aqueça um pouco de azeite em uma panela grande e refogue o salsão, o alho-poró e o alho por 10 a 15 minutos, até que as verduras estejam doces e macias. Acrescente os talos de aspargos fatiados e cozinhe por 1 ou 2 minutos. A seguir, aumente o fogo, adicione o arroz e mexa bem por alguns minutos. Junte o vinho e deixe evaporar.

---

4 PORÇÕES

PARA O PURÊ DE ALHO SELVAGEM

1 cebola descascada e grosseiramente picada

azeite de oliva

1 concha de caldo de legumes quente (ver lista para o risoto, abaixo)

alguns punhados de rúcula silvestre ou espinafre

PARA O RISOTO

1 talo de salsão cortado em cubinhos

1 alho-poró lavado, aparado e cortado em cubinhos

2 dentes de alho descascados e grosseiramente picados

1 maço de aspargos, extremidades rijas cortadas, pontas inteiras, talos finamente fatiados

200 g de arroz para risoto

⅔ de xícara (180 ml) de vinho branco

1,5 litro de caldo de legumes quente

dois punhados grandes de ervilhas frescas debulhadas

dois punhados grandes de favas frescas debulhadas

PARA SERVIR

raspas da casca e suco de 1 limão-siciliano

uma boa ralada de queijo pecorino

um maço de hortelã, folhas grosseiramente picadas

alguns punhados de brotos de ervilha ou outra verdura de folhas novas

Quando o vinho tiver desaparecido, reduza para fogo médio-baixo e comece a adicionar o caldo, uma concha por vez, deixando que cada concha evapore à medida que mexe. Continue a adicionar o caldo até que o arroz esteja quase cozido – o que levará cerca de 25 minutos.

Quando o arroz estiver praticamente cozido, junte as pontas de aspargo, as ervilhas e as favas e cozinhe por mais 5 minutos, até estarem tenras.

Retire o risoto do fogo e acrescente o purê de rúcula silvestre e o suco do limão, mexendo vigorosamente para misturar tudo muito bem. Tampe e deixe o risoto descansar por alguns minutos.

Sirva com raspas de limão e queijo pecorino ralado, espalhe por cima a hortelã picada e um montinho de brotos de ervilha.

Almôndegas de abobrinha, hortelã e pistache

Estes bolinhos macios e saborosos estão em algum lugar do território do faláfel. Muito mais leves, mas não menos deliciosos. Podem facilmente ser servidos com espaguete e molho de tomate, ou então recheando um pão sírio com picles de beterraba, homus e algumas alcaparras para compor um almoço nutritivo.

Depois de enroladas, as almôndegas podem ser congeladas e fritas lentamente, ainda congeladas, em uma panela com um pouco de azeite. Podem também ser assadas, para se tornarem ainda mais leves.

Se não tiver à mão um processador, use o amassador de batatas para esmagar as lentilhas – e um pilão produzirá um superpesto.

....

Pulse as lentilhas alguma vezes no processador até obter uma mistura com certa textura. Transfira para uma tigela, rale sobre ela a abobrinha e acrescente todos os outros ingredientes da almôndega (apenas reserve metade da hortelã para usar mais tarde) e misture bem. Tempere com sal e pimenta-do-reino – esta mistura precisa ser bem temperada, pois tende a saturar no forno. Deixe descansar por cerca de 20 minutos. Enquanto isso, preaqueça o forno a 220 °C.

Divida a mistura em quatro e forme com cada porção seis pequenas bolas, obtendo 24 almôndegas. Coloque-as em uma assadeira e regue generosamente com azeite (se quiser ser bem rigoroso, pincele cada uma delas para que fiquem perfeitamente crocantes por fora). Asse-as em forno quente por 20 minutos, até ficarem com a crosta dourada.

Enquanto estão no forno, junte todos os ingredientes do pesto e o restante da hortelã no processador. Adicione 2 colheres (sopa) de água e bata até obter uma mistura rústica. Se preferir, acrescente um pouco mais de azeite ao pesto – aprecio seu frescor sem muito azeite. Prove e, se necessário, ajuste as quantidades de limão, sal, pimenta-do-reino e queijo pecorino, se decidiu usá-lo.

Retire as almôndegas do forno. Sirva com uma porção de quinoa e recobertas com 1 colher de pesto e salada verde para uma refeição mais completa.

4 PORÇÕES

PARA AS ALMÔNDEGAS

250 g lentilhas puy cozidas (cerca de 400 g depois de escorrida, se for usar lentilhas em conserva)
2 abobrinhas
100 g de farelos de pão (uso pão integral)
125 g de ricota
1 dente de alho descascado e finamente picado
raspas da casca de 1 limão-siciliano
40 g de queijo pecorino ou parmesão finamente ralado (ver nota sobre parmesão, na p. 136)
1 pimenta dedo-de-moça picada, ou uma pitada de pimenta calabresa em flocos
alguns ramos de salsinha, folhas grosseiramente picadas
1 maço de hortelã, folhas grosseiramente picadas
azeite de oliva

PARA O PESTO DE PISTACHE

um punhado de pistaches (40 g)
1 maço pequeno de manjericão fresco
4 colheres (sopa) de azeite de oliva
suco de ½ limão-siciliano
algumas colheres (sopa) de água
opcional: um punhado de queijo pecorino ralado
sal marinho e pimenta-do-reino moída na hora

Pizza em noite de semana

Esta não é uma pizza comum – a "massa" é feita de couve-flor, aveia e amêndoas moídas, o que resulta em uma base crocante, saudável e deliciosa para a mozarela, o tomate e a erva-doce que a recheiam.

Não vou fingir que é uma pizza normal e que você nunca mais vai desejar comer uma deliciosa marguerita de massa levedada – você vai, sim, porque elas são imbatíveis. Mas uma boa massa de pizza é muito trabalho para uma noite no meio da semana. Esta base é tão fácil de fazer e tão saudável que você vai poder saboreá-la com prazer sempre que quiser. Soa estranho, mas o sabor é genial. Experimente!

....

Preaqueça o forno a 220 °C e forre uma assadeira com papel-manteiga.

Bata a couve-flor no processador até obter uma textura fina, semelhante à do arroz. Transfira para uma tigela e adicione as amêndoas moídas, a aveia, o orégano, sal e pimenta-do-reino e misture com as mãos. Faça uma cova no centro e acrescente ali os ovos. Misture tudo, então forme uma grande bola com as mãos. Não se parecerá com uma massa comum de pizza, ela estará mais úmida e menos firme.

Unte o papel-manteiga com um pouco de azeite de oliva, coloque a massa no centro da assadeira e, com as mãos, espalhe e achate-a até a espessura de 0,5 cm, deixando-a um pouco mais espessa nas bordas. Asse por 20 minutos, apenas até corar. Enquanto isso, bata os tomates no processador com o manjericão, uma boa pitada de sal e pimenta-do-reino e um belo fio de azeite.

Quando a base estiver dourada, retire-a e aumente o forno para 240 °C. Espalhe o molho de tomate sobre a base, acrescente a mozarela, as folhas de salada e a erva-doce finamente fatiada. Regue com um pouco mais de azeite e leve-a de volta ao forno por mais 8 minutos para assar o recheio.

Depois de assada, finalize a pizza com o restante do manjericão, um pouco mais de azeite e um pouco de queijo pecorino ralado.

RENDE 1 PIZZA, 2-3 PORÇÕES

PARA A BASE DA PIZZA
1 couve-flor média cortada em pedaços grandes
100 g de amêndoas moídas
100 g de aveia
uma boa pitada de orégano seco
sal marinho e pimenta-do-reino moída na hora
2 ovos orgânicos ou caipiras batidos
azeite de oliva

PARA A COBERTURA
½ lata (400 g) de tomates picados
1 maço grande de manjericão fresco
1 bola (125 g) de mozarela orgânica
dois punhados grandes de salada de folhas (uso espinafre ou rúcula)
½ bulbo de erva-doce cortado em lâminas com um descascador de legumes
queijo pecorino, para gratinar

COMO FAZER UM INCRÍVEL ASSADO PARA O JANTAR

Jantares com assado têm tudo a ver com cronometragem e malabarismo no forno. Este é o meu jantar de domingo preferido. Escolhi as receitas que uso e as reuni em um gráfico cronometrado, fácil de usar, para que você saiba o que fazer e quando... há tempo até mesmo para uma xícara de chá.

ESTA QUANTIDADE SERVIRÁ 6 PESSOAS

VOCÊ VAI PRECISAR DESTAS RECEITAS:

ABÓBORA ASSADA, NA P. 250

VERDURAS DE PREPARO RÁPIDO, NA P. 246

PUDINS YORKSHIRE DE SEMENTES, NA P. 317

BETERRABA ASSADA, NA P. 250

E AQUI ESTÃO ALGUNS COMPLEMENTOS DE PREPARO RÁPIDO:

Molho rápido de raiz-forte:
Misture 6 colheres (sopa) de raiz-forte ralada (fresca ou em conserva) com 2 colheres (sopa) de azeite de oliva e uma boa pitada de sal e pimenta-do-reino. Acrescente um pouco de iogurte ou crème fraîche, se preferir.

Batatas assadas:
Descasque e corte ao meio 1 kg de batatas do tipo farinhoso. Branqueie-as por 12 minutos até estarem quase cozidas. Escorra e sacuda-as em um escorredor. Coloque-as em uma assadeira com 2 colheres (sopa) de azeite de oliva, sal e pimenta-do-reino, 6 dentes de alho socados e 2 ramos de alecrim. Asse por 1h30.

2 HORAS ANTES DO JANTAR

2h	prepare as batatas assadas
	prepare a abóbora assada
1h45	prepare a beterraba
	batatas assadas > forno
	beterraba > forno
	abóbora assada > forno
1h30	faça a massa dos yorkshires
	prepare os legumes
	faça o molho de raiz-forte
1h15	ponha a mesa e separe as travessas
	verifique os legumes no forno e vire-os

1 HORA ANTES DO JANTAR

45min	relaxe e tome uma xícara de chá
30min	retire a abóbora > mantenha-a aquecida
	retire a beterraba > mantenha-a aquecida
	retire a batata > mantenha-a aquecida
	aqueça os pratos
15min	aqueça a fôrma de yorkshire
	coloque os yorkshires no forno
	finalize os legumes
	retire os yorkshires do forno

REÚNA TODOS À MESA E SIRVA

Torta de alho-poró e hortaliças verdes

Este é o tipo de jantar saudável pelo qual passei anos esquadrinhando livros de culinária vegetarianos. Algo espetacular, que satisfaça ao mesmo tempo meu namorado saco sem fundo e minha irmã natureba. É saudável, cremoso, saboroso e muito britânico. Na primavera e no verão eu o preparo com alho--poró, aspargos e ervilhas; nos meses mais frios, uso cebolas roxas, brotos de brócolis e verduras.

A massa não poderia ser mais fácil. Gosto muito da farinha de espelta pelo sabor amendoado que confere à massa, mas a farinha de trigo também funciona bem aqui. Uso azeite de oliva nesta receita, pois gera uma crosta mais leve do que a manteiga. A cobertura é semelhante a um crumble salgado, por isso nada de abrir massa para recobrir a torta.

....

Preaqueça o forno a 210 °C.

Prepare a massa. Coloque a farinha, as ervas, as raspas do limão e o sal na tigela do processador. Pulse algumas vezes, então adicione o azeite e pulse novamente até obter uma mistura esfarelada. Junte cerca de 75 ml de água fria até formar uma bola de massa. (Se não tiver à mão um processador, faça a massa manualmente, é muito fácil.)

Você vai precisar de uma fôrma de torta de 22 cm ou uma fôrma desmontável. Transfira a massa da tigela do processador para uma superfície enfarinhada. Abra a massa até ultrapassar o tamanho da fôrma, enrole-a com cuidado no rolo de massa e coloque-a na fôrma. Pressione com cuidado, para que a massa se amolde à fôrma. Perfure-a com um garfo e asse-a vazia por 12 minutos (não é preciso preenchê-la com feijão seco).

Enquanto assa a crosta, prepare o recheio. Aqueça um fio de azeite em uma panela, então acrescente o alho-poró e deixe cozinhar lentamente, em fogo baixo, por cerca de 15 minutos, até ficar doce e macio. Acrescente o aspargo e as ervilhas, cozinhe por mais 5 minutos, até as ervilhas terem descongelado e o aspargo perdido a rigidez.

6 PORÇÕES

PARA A MASSA
200 g de farinha de espelta light ou de trigo integral
alguns ramos de tomilho fresco ou manjerona
raspas da casca de 1 limão-siciliano
uma pitada de sal
50 ml de azeite de oliva

PARA O RECHEIO
uma boa dose de azeite de oliva
3 alhos-porós grandes lavados, aparados e fatiados
2 maços de aspargos, extremidades rijas cortadas, pontas inteiras, talos finamente fatiados
200 g de ervilhas congeladas
1 colher (sopa) de farinha de espelta light ou trigo integral
400 ml de caldo de legumes
opcional: 3 colheres (sopa) de ricota
raspas de casca de ½ limão-siciliano
sal marinho e pimenta-do-reino moída na hora

PARA O CRUMBLE DE COBERTURA
dois punhados de aveia
um punhado de sementes de abóbora
raspas da casca da outra metade do limão-siciliano
uma boa pitada de sal
1 colher (sopa) azeite de oliva

A seguir, adicione 1 colher (sopa) de farinha e mexa bem por 1-2 minutos. A seguir, junte o caldo e deixe fervilhar até obter um molho encorpado. Retire do fogo, misture a ricota, se decidiu usá-la, e as raspas de limão, então prove e tempere com sal e pimenta-do-reino. Deixe esfriar, enquanto prepara a cobertura.

Coloque todos os ingredientes da cobertura em um processador até obter uma mistura esfarelada.

Retire a crosta do forno e deixe esfriar ligeiramente, mantendo o forno ligado. Recheie a torta e finalize com o crumble de aveia. Asse por 20 minutos em forno quente.

Sirva em fatias, com purê de batatas e legumes cozidos no vapor.

Torta arco-íris

Esta massa, condimentada com ervas, envolve cuidadosamente camadas aromatizadas de legumes, todos eles deliciosos, enquanto um crumble de queijo Lancashire ralado consolida o conjunto. Uma torta de parar o trânsito, cujo sabor é mais incrível que a aparência.

Esta torta requer um bocadinho de tempo e dedicação – é algo que costumo reservar para dias especiais e feriados e quase sempre é o centro da minha ceia de Natal. Pode parecer trabalhosa, mas tudo acontece ao mesmo tempo – enquanto assa, pode-se preparar o alho-poró e as hortaliças.

A massa é feita com um pouco de manteiga e um pouco de água gelada, para ficar leve e crocante. Em último caso, se estiver sem tempo, compre uma massa pronta de boa qualidade.

Quando faço esta torta para meus irmãos veganos, uso gordura vegetal ou óleo de coco em lugar da manteiga e omito o queijo. A massa leva fermento químico em pó, portanto não precisa de ovo. Você pode usar leite de soja para pincelar a torta.

.....

Prepare primeiro a massa. Peneire a farinha com o sal e o fermento químico em pó em uma tigela e adicione o tomilho picado. Corte a manteiga ou a gordura vegetal em pedacinhos e esfregue-os com os ingredientes secos até obter uma mistura esfarelada. Junte a água e trabalhe a massa até ficar homogênea, sem sová-la. Você pode fazer isso tudo no processador: pulse os ingredientes para obter a mistura esfarelada, junte a água e pulse até que tudo se agregue. Embrulhe a massa em filme de PVC e leve à geladeira enquanto prepara tudo o mais.

Agora prepare os legumes – tudo isso acontece ao mesmo tempo. Preaqueça o forno a 220 °C. Asse as batatas-doces por 1 hora, até ficarem macias. Enquanto isso, prepare as beterrabas e as mandioquinhas.

8-10 PORÇÕES

200 g de queijo Lancashire
1 ovo orgânico ou caipira batido ou leite de soja para pincelar

PARA A MASSA
600 g de farinha de trigo, mais o suficiente para abrir a massa
1 colher (chá) de sal marinho fino
½ colher (chá) de fermento químico em pó
1 maço pequeno de tomilho fresco, folhas muito finamente picadas
200 g de manteiga ou gordura vegetal
1 xícara de água gelada aproximadamente

PARA AS BATATAS-DOCES
3 batatas-doces escovadas e limpas
um pouco de manteiga ou azeite de oliva
uma boa pitada de noz-moscada ralada

PARA AS BETERRABAS
5 beterrabas médias descascadas e cortadas em cubos grandes
azeite de oliva
um pouco de vinagre de vinho tinto
2 ramos de manjericão ou orégano fresco
sal marinho e pimenta-do-reino moída na hora

CONTINUA →

TORTA ARCO-ÍRIS

PARA AS MANDIOQUINHAS

4 mandioquinhas descascadas e cortadas em palitos maiores

alguns ramos de sálvia fresca, folhas escolhidas

raspas de 1 laranja

1 colher (sopa) de mel

PARA OS ALHOS-PORÓS

25 g de manteiga ou azeite de oliva

2 alhos-porós de bom tamanho lavados, aparados e fatiados

3 ramos de tomilho fresco, folhas escolhidas

PARA AS VERDURAS

2 maços de verduras de inverno sem os talos, grosseiramente rasgadas

raspas da casca e suco de ½ limão-siciliano

1 pimenta dedo-de-moça finamente picada

Coloque as beterrabas em uma assadeira com um jato de azeite e o vinagre, acrescente o manjericão ou o orégano e tempere. Cubra com papel-alumínio e asse juntamente com as batatas-doces por 1 hora, retirando o papel-alumínio nos últimos 15 minutos.

Coloque as mandioquinhas em uma assadeira com a sálvia, as raspas de laranja, o mel e uma dose de azeite, misture para recobrir tudo e cubra com papel-alumínio. Asse com os outros legumes por cerca de 45 minutos, até ficarem dourados, retirando o papel-alumínio nos 5-10 minutos finais. Quando todos os legumes estiverem assados, retire-os do forno e reduza a temperatura para 200 °C.

Enquanto isso, cozinhe os alhos-porós. Aqueça a manteiga ou o azeite em uma frigideira grande, antiaderente. Acrescente os alhos-porós e o tomilho e cozinhe em fogo baixo por 20 minutos, até estarem macios e perfumados, e então reserve.

Adicione um pouco mais de azeite à panela e junte as verduras, cozinhe-as em fogo baixo por alguns minutos, apenas até murcharem. Tempere, então acrescente as raspas de limão e a pimenta dedo-de-moça. Reserve.

Quando as batatas esfriarem o suficiente para serem manuseadas, retire a casca e amasse-as com uma bolota de manteiga ou 1 colher (sopa) de azeite e uma boa pitada de noz-moscada ralada. Ajuste o tempero de todas as misturas de vegetais, se necessário.

Retire a massa da geladeira e deixe-a descansar por alguns minutos. A seguir, abra-a com o rolo de massa sobre uma superfície enfarinhada, até a espessura de 0,2 cm e use-a para forrar uma assadeira de 20 cm de diâmetro, desmontável, deixando o excesso de massa pender na laterais.

A seguir, comece a montar as camadas de recheio. Comece com o alho-poró, acrescente o queijo Lancashire ralado, em seguida a beterraba, as verduras e outra camada de queijo, depois a mandioquinha e finalmente o purê de batata-doce.

Finalize dobrando o excesso de massa para dentro, torcendo as bordas e pousando-as sobre a camada de batata-doce de modo aleatório – as bordas rústicas da massa vão tostar e ficar convidativas. A massa pode não recobrir toda a parte superior da torta, mas tudo bem se ficar aparecendo parte do colorido da batata-doce. Pincele com ovo batido ou um pouco de leite de soja.

Asse a torta na parte inferior do forno por 35-40 minutos, até ficar bem dourada. Deixe esfriar por 15-20 minutos, então retire da fôrma e leve-a ao centro da mesa. Sirva com bastante molho (ver p. 343).

verduras e legumes para acompanhar

Vermelho, amarelo, roxo, laranja e verde – legumes em todo o seu esplendor. Cada receita deste livro é repleta de vegetais, mas retomo aqui os meus preferidos, para acompanhar outros pratos. Seja uma pizza ou uma torta, ou mesmo coloridas tigelas de sopa, estas são as minhas formas preferidas de realçar as verduras. Do submundo dos legumes aos meus favoritos, não há preteridos.

Chicória grelhada com vinagre balsâmico · brócolis com xarope de bordo · fritas de batata-doce crocantes à perfeição · couve-flor dourada assada com açafrão · erva-doce superdoce de cozimento lento · rabanetes rosa-neon assados · purê brilhante · arco-íris de tuberosas

Rabanetes assados com mel

Os rabanetes estão entre os meus legumes favoritos. Adoro seu toque de rosa em uma salada ou simplesmente sua pungente crocância com um pouco de sal marinho. Mas assar os rabanetes gera uma transformação – sua pungência se ameniza, e eles ganham uma linda cor cereja. Gosto de assá-los com mel e um pouco de suco de limão-siciliano.

Os rabanetes são os heróis não reconhecidos da cozinha. Nos últimos anos, eles estão sendo redescobertos, aparecendo em pratos de restaurantes com boas manteigas e sal como entrada de refeições. Quase sempre tenho rabanetes na geladeira. As folhas também são comestíveis e contêm até mais vitaminas do que as raízes. Costumo salteá-las com espinafre, limão-siciliano e azeite de oliva ou adicioná-las a uma salada de folhas. Os meus preferidos são os rabanetes de duas cores, mas qualquer variedade será bem-vinda.

Não descarte as folhas, pois elas podem ser misturadas aos rabanetes assados para realçar seu sabor e fornecer um belo contraste com seu rosa-neon. Mas lembre-se de lavar bem as folhas antes.

....

Preaqueça o forno a 220 °C.

Corte as folhas dos rabanetes e lave bem os dois. Reserve as folhas para usar mais tarde. Corte aos rabanetes ao meio e espalhe-os em uma assadeira com uma boa pitada de sal e um pouco de azeite de oliva, então regue com o mel ou o xarope de agave e esprema por cima o limão-siciliano. Leve ao forno para assar por 15 minutos, até amaciarem e começarem a dourar.

Retire os rabanetes do forno, junte as folhas e misture-os, acrescentando um pouco mais de azeite. Então prove e, se necessário, junte mais sal e pimenta-do-reino.

Acompanha bem uma torta ou salada.

---

4 PORÇÕES

2 maços de rabanete com as folhas
uma boa pitada de sal marinho
azeite de oliva
1 colher (sopa) de mel ou xarope de agave
suco de 1 limão-siciliano

Couve-flor assada com louro e açafrão

Algo mágico acontece quando se assa uma couve-flor. Em geral apelo para as especiarias indianas quando penso em couve-flor, mas num belo dia de maio decidi usar o ensolarado açafrão. Meu pé de louro estava em plena floração e por isso esta suave e saborosa erva também encontrou seu caminho até meu forno.

Acrescentei um punhado de uvas-passas claras para dar um toque de doçura e algumas amêndoas para dar crocância. Misture as sobras deste prato e um pouco mais de azeite a uma massa – conchiglie (conchas) funcionam bem, e a massa ficará deliciosa.

Adoro a aparência da couve-flor – é um lindo vegetal, com seus buquês de um branco leitoso envoltos em folhas pálidas e minúsculas folhas verdes que se prendem ao seu redor, em um ato de total proteção. Mantenha essas folhinhas – elas são brilhantes, saborosas e tão bonitas. Se conseguir encontrar uma couve-flor colorida (roxa e laranja são as minhas favoritas), então você terá adicionado antioxidantes e flúor ao seu jantar. Preparo a couve-flor também com o molho à romanesca – seu verde-pálido cria um incrível contraste com o açafrão.

....

Preaqueça o forno a 200 °C.

Coloque o açafrão em uma tigela pequena, cubra-o com 2 colheres (chá) de água fervente e deixe em infusão. Em uma assadeira grande, jogue a couve-flor, a cebola, a pimenta calabresa e o louro, e tempere com sal e pimenta-do-reino. A seguir, despeje o açafrão e o líquido da infusão, adicione as uvas-passas e as amêndoas e misture tudo. Cubra com papel-alumínio e leve ao forno para assar por 20 minutos.

Retire o papel-alumínio e deixe no forno por 10-15 minutos, até que as pontas estejam tostadas e a couve-flor esteja macia. Acrescente a salsinha picada e sirva.

4 PORÇÕES

duas pitadas de pistilos de açafrão

1 couve-flor grande ou 2 pequenas (aprox. 1 kg) sem as folhas, cabeça aberta ao meio, buquês e talos grosseiramente picados

2 cebolas médias descascadas e finamente fatiadas

1 colher (sopa) de pimenta turca em flocos (ver p. 22) ou uma boa pitada de pimenta calabresa

3 folhas de louro

sal marinho e pimenta-do-reino moída na hora

um punhado de uvas-passas (uso as claras)

um punhado de amêndoas grosseiramente picadas

1 ramo de salsinha grosseiramente picado

Palitos crocantes de batata-doce com dip de pimenta chipotle

Sou louca por fritas de batata-doce, com toda a sua crocância. Para deixás-la realmente crocantes nesta receita, uso um pequeno truque que algumas pessoas utilizam ao fritar batatas. Pessoalmente, não aprecio fubá com batata assada, mas com a batata-doce é outra história. Alguma coisa no milho combina muito bem com ela.

Usar o fubá fará com que sua batata ao forno fique supercrocante, não apenas cozida. Para completar, gosto de combiná-las com este dip de chipotle, mas são maravilhosas também com uma salsa picante (p. 64) ou simplesmente com um pouco de ketchup e uma pitada de maionese.

A batata-doce contém grande teor do que chamamos estoque de proteína, o que significa que ela possui seus próprios antioxidantes, que podem realmente ajudar na autocura do organismo. São ainda ricas em betacaroteno e vitaminas, por isso, em geral, uso em lugar da batata comum. Portanto, tecnicamente falando, estas são as fritas mais saudáveis do planeta.

....

Preaqueça o forno a 220 °C.

Coloque os palitos de batata-doce no escorredor e lave-os em água corrente para retirar parte do amido. Enxugue com um pano de prato seco e espalhe-os em duas assadeiras.

Salpique fubá uniformemente sobre a batata-doce, adicione algumas pitadas de sal e pimenta-do-reino moída na hora. Regue com azeite e misture bem até recobrir tudo. Asse por 30-40 minutos, até o fubá estar crocante e as fritas ficarem bem douradas.

Misture todos os ingredientes do dip, e então prove e adicione um pouco de sal e pimenta-do-reino, se necessário.

Estas fritas acompanham praticamente qualquer prato.

4 PORÇÕES

PARA AS FRITAS

3 batatas-doces grandes ou 4 pequenas escovadas e cortadas em palitos longos com 1 cm de espessura

2 colheres (sopa) de farinha de milho ou fubá

sal marinho e pimenta-do-reino moída na hora

azeite de oliva

PARA O DIP DE CHIPOTLE

4 colheres (sopa) de iogurte grego espesso (ou iogurte de coco)

1 colher (sopa) de pasta de chipotle

um punhado de tomates secos grosseiramente picados

1 colher (sopa) de xarope de bordo

Chips de rabanete assado com páprica defumada

Sempre torço pelo time mais fraco. Nesta receita quis aproveitar ao máximo um dos menos celebrados heróis entre os vegetais. A cada visita que faço à mercearia, acabo com alguns rabanetes atarracados ou alguns nabos em minha cesta de compras. É como se tivesse pena deles, por já não receberem a atenção que merecem. Então procuro usá-los de modo interessante para lhes dar vida nova.

Esta foi uma dessas experiências que deram supercerto. Alguns ingredientes simples, mas improváveis, se uniram para criar algo muito além da minha expectativa. A doçura do rabanete assado, com suas intensas nuances de sabor, se completa com um chili picante. Ficam incríveis.

O bom destes chips é que sem aferventá-los você obtém bordas supercrocantes e centros macios. Gosto de comê-los com um wrap ou um sanduíche para um jantar rápido, um almoço de sábado, ou com ketchup e maionese numa noite em frente à lareira, assistindo a um belo filme.

Quase sempre faço este prato com batata-doce ou mesmo batata comum – porém, precisarão ser aferventadas por alguns minutos antes de ir ao forno.

....

Preaqueça o forno a 220 °C.

Coloque os chips de rabanete em uma peneira, lave-os sob água corrente e enxugue em papel-toalha (isso vai eliminar uma parte do amido, o que os ajuda a ficarem mais crocantes). Espalhe-os em uma assadeira e tempere com sal e pimenta-do-reino, então salpique a páprica defumada, regue com um fio de azeite e mexa bem para recobrir tudo com o tempero.

Asse por 25 minutos, até os chips estarem com as bordas douradas, mas macios por dentro. Os meus chips, como com ketchup e uma boa maionese, ou com o hambúrguer da página 186.

4 PORÇÕES

3 rabanetes médios ou 2 grandes, bem descascados e cortados no sentido do comprimento em fatias de 1 cm de espessura

uma boa pitada de sal marinho e pimenta-do-reino moída na hora

1 colher (chá) de páprica doce defumada

1-2 colheres (sopa) de azeite de oliva

LEGUMES DESVALORIZADOS
O QUE FAZER COM ESSAS COISAS ESTRANHAS

NABO

VAI BEM COM
tomilho, alecrim, louro, alho, salsinha, agrião, cenouras, alho-poró, queijo cheddar, batatas, queijos azuis.

EM UMA SALADA
Se deseja uma salada original, corte o mininabo em fatias finas e tempere com limão--siciliano e azeite.

EM UMA SOPA
Descasque e prepare uma sopa com ele, mais alho-poró, tomilho e louro, finalize com salsinha e gorgonzola.

ASSADO
Descasque e corte em pedaços iguais, asse com sal, pimenta-do-reino, azeite, alho e limão-siciliano por 45 minutos a 180 °C.

PICLES RÁPIDOS
Corte em fatias finas e deixe curtir com vinho branco, vinagre, sementes de erva--doce e um bom fio de mel.

DICA
Os nabos mais velhos precisam ser descascados, os mais novos podem ser comidos com casca e crus.

ACELGA

VAI BEM COM
feijão-branco, lentilha, massas, alho, tomilho, limão-siciliano, cominho, noz-moscada, vinagre, tahine, queijo parmesão.

SALTEADO RÁPIDO
Separe talos e folhas – salteie os talos com alho e azeite por 3 minutos, junte as folhas, tempere e sirva.

EM UMA SOPA
Adicione a qualquer sopa, mais para o final do cozimento, como faria com o espinafre – os talos precisam de mais tempo do que as folhas.

APENAS OS TALOS
Corte em pedaços de 8 cm de comprimento, branqueie por 4 minutos então tempere com 2 colheres (sopa) de tahine e suco de ½ limão-siciliano.

FRITURAS RÁPIDAS
Junte as folhas e talos branqueados com as sobras de purê e forme pequenos croquetes, fritando-os de ambos os lados – sirva com iogurte e limão-siciliano.

DICA
Os talos e as folhas precisam ser preparados separadamente, pois as folhas cozinham mais rapidamente.

COUVE-FLOR, ROMANESCO

VAI BEM COM
manteiga, mostarda, raiz--forte, alho, azeitonas verdes, salsinha, cominho, coentro, açafrão, kümmel, leite de coco, curry.

EM UMA SALADA
Branqueie a couve-flor, tempere com limão-siciliano, azeite, mostarda e alcaparras, finalize com salsinha e queijo de cabra.

EM UMA SOPA
Siga a receita de sopa da página 78, adicionando açafrão-da-terra e leite de coco em lugar de metade do caldo.

ASSADO
Ver receita na p. 240. As sobras podem ser misturadas a uma pasta.

CRUAS
Cortadas em fatias bem finas, temperadas com cominho tostado, pimenta dedo-de--moça e limão.

DICA
Selecione os caules claros – sem pontos marrons. Os buquês devem ser bem compactos.

COUVE-DE-BRUXELAS

VAI BEM COM
páprica defumada, zimbro, mostarda, batatas, tâmaras, vinagre, castanhas portuguesas, nozes.

PURÊ
Afervente-a, a seguir pique bem e misture com sal, pimenta-do-reino, noz--moscada e azeite ou manteiga.

ASSADAS
Asse-as cortadas ao meio ou em quatro, a 200 °C, por 20-30 minutos, com azeite, sal e pimenta-do-reino. Tempere com um vinagrete de ervas e mostarda.

CRUA
Limpe e corte em fatias finas, então tempere com azeite e sal.

SOBRAS
Fatie as sobras e salteie em azeite com batatas cozidas – tempere e esprema limão--siciliano por cima – sirva com picles e queijo cheddar.

DICA
Não cozinhe demais – é por isso que ela tem má fama. Elas devem estar apenas macias e de um verde vibrante.

AIPO-RÁBANO

VAI BEM COM
salsinha, tomilho, estragão, limão-siciliano, trufas, avelãs, sálvia, manteiga, agrião, maçãs, peras.

EM UMA SALADA
Corte em palitos finos e adicione maçã e couve rasgada. Acrescente limão-siciliano, azeite e mostarda. Tempere.

FRITADA
Use em lugar da batata em um rösti. Rale e use meio a meio com batatas e com cebolas.

PURÊ
Amasse com leite de coco ou leite comum e muita pimenta-do-reino moída na hora – adicione as folhas para finalizar.

NA SOPA
Ver receita de sopa de aipo-rábano na página 88, trocando as ervas para criar variações – veja lista acima.

DICA
Descasque bem e mantenha em água com limão, para evitar que escureça.

ALCACHOFRAS-DE-JERUSALÉM

VÃO BEM COM
manteiga, sementes, nozes, limão-siciliano, radicchio, cará, alcachofras, louro, tomilho, alecrim, salsinha.

EM UMA SALADA
Ver receita de salada com este ingrediente na página 108.

EM UMA SOPA
Siga a receita de sopa na página 78. Use louro para temperar e finalize com sementes de abóbora e croûtons.

ASSADO
Descasque, se necessário, e asse com alecrim, limão-siciliano, sal e pimenta-do-reino por 40-50 minutos até estarem macias.

PURÊ
Ferva por 20-30 minutos até estarem macias e amasse com estragão, limão-siciliano e um fio de vinagre e azeite ou manteiga.

DICA
Elas não cozinham uniformemente. Algumas ficarão duras, outras, macias – é da sua natureza – não se preocupe!

RABANETE

VAI BEM COM
pão, manteiga, sal, tomilho, vinagre, gergelim, pimenta dedo-de-moça, soja, sementes.

EM UMA SALADA
Misture fatias finas de rabanetes, nabos e cenouras e tempere com limão-siciliano, endro ou cebolinha.

EM UM PRATO DE PRIMAVERA
Acrescente alguns rabanetes cortados em quatro nos últimos minutos de cozimento de ervilhas, tempere com azeite e sirva com hortelã, sal e pimenta-do-reino.

EM UMA COLESLAW
Misture-os a uma coleslaw de repolho, maçã e cenoura, finalize com limão e coentro.

USE AS FOLHAS
Salteie as folhas com alho, sal e pimenta-do-reino e junte azeite de oliva para valorizar cada bocado.

DICA
Escolha os rabanetes menores. Eles serão mais adocicados.

NABO FRANCÊS

VAI BEM COM
noz-moscada, salsinha, páprica defumada, kümmel, louro, alecrim, maçãs, batatas, cenouras, nabos.

EM UMA SOPA
Use em lugar do aipo-rábano na receita de sopa da página 88. Troque a sálvia por alecrim.

CHIPS
Ver receita de chips de rabanete na p. 243 – na minha opinião, a melhor forma de saborear este legume.

ASSADO
Asse-o com sal, pimenta-do-reino, azeite e sementes de kümmel até estarem macias por dentro e douradas por fora. As sobras são boas para temperar uma massa.

AMASSADO
Cozinhe até ficarem macios, então amasse com salsinha e kümmel tostado.

ENSOPADO
Use em lugar da batata-doce no ensopado da página 85.

DICA
Descasque bem, pois a parte externa é dura e difícil de mastigar.

Verduras crocantes ao tahine agridoce

Esta é uma receita que muda com a passagem das estações. Quase sempre tenho um prato de verduras à mesa. Em geral, elas podem ser rapidamente branqueadas e simplesmente temperadas com raspas de limão, azeite de oliva, sal e pimenta-do-reino.

Nesta receita, as verduras são brilhantes, doces e salgadas. Oleaginosas e sementes conferem camadas de sabor e crocância, enquanto o tempero é uma feliz combinação do intenso tahine terroso, o vívido limão-siciliano e o doce sabor de madeira do bordo. É um prato excepcional, que satisfaz em todos os níveis. Costumo preparar duas porções das sementes, uma delas para mordiscar durante o dia, pois são deliciosas.

Abaixo, sugiro o uso de algumas verduras, mas sinta-se à vontade para improvisar. Gosto que as verduras conservem sua cor viva e sua crocância – para mim, cozinhá-las mais de um minuto acaba com essas características. Siga os tempos indicados abaixo para as diferentes verduras. Desse modo, perde-se menos de seus nutrientes na água do cozimento.

......

Preaqueça o forno a 200 °C.

Coloque as sementes e as oleaginosas em uma assadeira, espalhe sobre elas o xarope de bordo e tempere com uma boa pitada de sal e pimenta-do-reino. Misture bem, para recobrir tudo com o xarope, então leve ao forno e toste por 10 minutos. Retire do forno e deixe esfriar um pouco.

Enquanto as sementes e as oleaginosas tostam, prepare o tempero, misturando todos os ingredientes em uma tigela pequena ou um jarro, com uma boa pitada de sal e pimenta-do-reino.

A seguir, branqueie as verduras em um grande recipiente com água fervente. Verifique ao lado os tempos indicados para cada uma.

Quando estiverem branqueadas, escorra as verduras e coloque-as em uma tigela ou travessa. Espalhe sobre elas o tempero e misture para recobrir cada porção. Finalize com as sementes e oleaginosas tostadas e sirva em seguida.

4 PORÇÕES

PARA AS VERDURAS

4 colheres (sopa) de sementes de abóbora
4 colheres (sopa) de pistache
1 colher (sopa) de xarope de bordo
sal marinho e pimenta-do-reino moída na hora
500 g de verduras (ver lista abaixo)

PARA O TEMPERO DE TAHINE

2 colheres (sopa) de tahine
suco de 1 limão-siciliano
2 colheres (chá) de xarope de bordo
1 colher (sopa) de azeite de oliva extra virgem

VARIAÇÕES

· brócolis ninja (40 segundos) e couve (30 segundos)
· brócolis comum (40 segundos) e aspargos (60 segundos)
· vagens (40 segundos) e brócolis (40 segundos)

Meu assado favorito

Eis a minha forma preferida de comer tubérculos, e acompanham muito bem os assados em um jantar. São preparados todos na mesma assadeira, portanto, não há desperdício de tempo. No inverno, alguns ramos de tomilho ou alecrim picados substituem o maço de hortelã do verão.

....

Preaqueça o forno a 220 °C.

Descarte as extremidades da abóbora e então corte-a ao meio e retire as sementes. Corte-a em fatias grossas, no sentido do comprimento. Não é preciso retirar a casca para esta receita, pois ela fica deliciosa assada. Escove bem os outros tubérculos e corte as extremidades, também. Corte as beterrabas em quatro e as cenouras e mandioquinhas ao meio, no sentido do comprimento.

Coloque todos os legumes em uma grande assadeira com os dentes de alho (também não precisa descascá-los). Acrescente o tomilho, regue com o azeite e tempere bem. Misture os ingredientes, até estar tudo recoberto, então leve a assadeira ao forno por 50 minutos, até os legumes ficarem dourados.

Enquanto estão assando, prepare o tempero. Pique a hortelã e coloque-a em uma tigela com o restante dos ingredientes.

Quando os legumes estiverem assados, retire-os do forno e remova os dentes de alho da assadeira. Deixe o alho esfriar um pouco, então o esprema no tempero. Misture, e a seguir despeje o tempero sobre os legumes assados e mexa bem.

Sirva uma porção dos legumes assados acrescentando duas colheres de iogurte, um punhado de sementes de abóbora e pão torrado para saborear, se desejar.

Um leve salpico de feta esfarelado ou queijo de cabra funcionam muito bem aqui.

4 PORÇÕES

PARA OS LEGUMES

1 abóbora-cheirosa
4 beterrabas cruas
8 cenouras
2 mandioquinhas
8 dentes de alho
alguns ramos de tomilho fresco
azeite de oliva
sal marinho e pimenta-do-reino moída na hora

PARA O TEMPERO

1 maço pequeno de hortelã
1 colher (sopa) de vinagre de vinho tinto
2 colheres (sopa) de mel
½ pimenta dedo-de-moça finamente picada
4 colheres (sopa) azeite de oliva

PARA SERVIR

iogurte natural
um punhado de sementes de abóbora tostadas

Escarola grelhada com molho de balsâmico

Adoro este molho – funciona muito bem com saladas ou legumes mais robustos e é muito bem-vindo aqui para contrastar com o já notório amargor da escarola. O balsâmico adocicado, a acidez da laranja e a ardência da pimenta dedo-de-moça. Original, simples e delicioso.

4 PORÇÕES

1 ramo de alecrim fresco, folhas picadas

2 pimentas dedo-de-moça sem sementes e finamente picadas

2 colheres (sopa) de um bom vinagre balsâmico

suco de ½ laranja

2 colheres (sopa) de azeite de oliva extra virgem

sal marinho e pimenta-do-reino moída na hora

2 pés de escarola pequenos

Coloque o alecrim picado em uma tigela com as pimentas dedo-de-moça, o vinagre balsâmico, o suco de laranja, o azeite e sal e pimenta-do-reino. Misture bem.

Aqueça uma frigideira de ferro fundido até soltar fumaça de tão quente e grelhe a escarola de todos os lados por igual, até estarem queimados e apenas macios.

Acrescente o tempero e sirva imediatamente. Fica uma delícia com halloumi grelhado ou sobre uma grossa fatia de pão levedado tostado e coberto com queijo de cabra.

Meu incrível purê de tubérculos

Todo mundo gosta de purê. Este é colorido, brilhante e cheio de coisas boas e não me faz dormir no sofá, como o de batatas.

4 PORÇÕES

400 g de mandioquinhas ou nabos descascados

400 g de batatas-doces descascadas

2 cenouras descascadas

um bom fio de azeite de oliva

raspas da casca de 1 limão-siciliano

sal marinho e pimenta-do-reino moída na hora

Você já deve saber, mas vou dizer assim mesmo. Coloque os legumes em uma panela, cubra com água fervente e deixe ferver por 10-15 minutos, até ficarem macios por igual (verifique cada um com a ponta de uma faca). Retire do fogo, coloque-os no escorredor e deixe cozinhar no vapor por alguns minutos.

Coloque os legumes de volta na panela, e amasse-os com o azeite e as raspas de limão. Tempere com um pouquinho de sal e pimenta-do-reino. Gosto de usar uma espátula para misturar o purê – desse modo ele ficará lisinho e macio.

TUBÉRCULOS ASSADOS

Todos estes tubérculos assados podem ser misturados e combinados entre si e finalizados com qualquer dos temperos indicados... mas atenção aos diferentes tempos de cozimento... cortando em pedaços menores aqueles que levam mais tempo para assar!

BETERRABAS

PREPARO
Descasque e corte ao meio ou em quatro, dependendo do tamanho.

ASSAR
Com azeite, sal, pimenta-do-reino e um pouco de vinagre, cubra com papel-alumínio e asse por 1 hora e sem o papel por 30 minutos a 180 °C.

ASSAR COM
tomilho, manjerona ou orégano

ABÓBORAS

PREPARO
Corte ao meio e retire as sementes – corte em pedaços de 3 cm.

ASSAR
Coloque em uma assadeira com azeite, sal e pimenta-do-reino, cubra com papel-alumínio e asse por 1 hora, então retire o papel e asse por mais 20 minutos a 180 °C.

ASSAR COM
alecrim, canela, pimenta dedo-de-
-moça, coentro ou sálvia

MANDIOQUINHA

PREPARO
Descasque e corte ao meio ou em quatro. Mantenha na água até a hora de usar.

ASSAR
Branqueie por 5 minutos, então asse a 200 °C, por 45 minutos, com azeite, sal, pimenta-do-reino e um pouco de mel.

ASSAR COM
mel, tomilho, alecrim, cominho ou páprica defumada

BATATAS

PREPARO
Descasque e corte ao meio ou em quatro. Mantenha na água até a hora de usar.

ASSAR
Branqueie por 12 minutos até estarem quase cozidas. Passe-as pelo escorredor e asse com azeite, sal, pimenta-do-reino, por 1h20 a 200 °C.

ASSAR COM
páprica defumada, cominho, pimenta chipotle, tomilho ou limão

BATATA-DOCE

PREPARO
Escove e corte em gomos.

ASSAR
Tempere com sal e pimenta-do-reino e regue com azeite. Asse por 1 hora até ficarem douradas a 200 °C.

ASSAR COM
páprica defumada, cominho, pimenta chipotle, tomilho ou limão

CENOURAS

PREPARO
Descasque e corte ao meio no sentido do comprimento.

ASSAR
Asse com azeite, sal e pimenta-do-
-reino por 45 minutos, até as bordas ficarem douradas.

ASSAR COM
mel, tomilho, missô, laranja, cominho ou coentro

5 JEITOS DE TEMPERAR

PIMENTA E HORTELÃ
Pique um maço pequeno de hortelã e misture com 1 colher (sopa) de vinagre de vinho tinto, 2 colheres (sopa) de mel, ½ pimenta dedo-de-moça picada e 4 colheres (sopa) de azeite de oliva – tempere e sirva.

ESTRAGÃO E LIMÃO-SICILIANO
Bata um pequeno maço de estragão com uma pitada de sal e pimenta-do-reino, adicione o suco de um limão-siciliano e 4 colheres (sopa) de azeite de oliva. Tempere e regue.

COMINHO, TOMILHO, PÁPRICA
Toste 2 colheres (sopa) de sementes de cominho, adicione as folhas de um maço pequeno de tomilho, 1 colher (sopa) de páprica doce defumada e 4 colheres (sopa) de azeite de oliva, aqueça a mistura até o tomilho começar a tostar, então retire do fogo e use.

MEL, LARANJA, ALECRIM
Pique finamente alguns ramos de alecrim, junte 1 colher (sopa) de mel, o suco de 1 laranja e 4 colheres (sopa) de azeite de oliva, misture bem e tempere com sal e pimenta-do-reino. Salpique.

SOJA, MISSÔ, SEMENTES
Toste 2 colheres (sopa) de gergelim, misture em uma tigela com 1 colher (sopa) de missô, 1 colher (sopa) de óleo de soja e 3 colheres (sopa) de azeite de oliva. Regue.

Erva-superdoce lentamente cozida

Sou grande fã da erva-doce. Dependendo de como se prepara, ela pode ser dois vegetais completamente diferentes. Ainda crua, finamente cortada, é fresca e depurativa, com sabor de anis. Em fatias mais grossas e cozidas, torna-se muito doce, macia e reconfortante. Cozida lentamente, como nesta receita, fica uma delícia também para temperar um macarrão, e sobre uma torrada com queijo de cabra como entrada ou lanchinho.

Ela me faz pensar na Itália e é algo que eu preparava com frequência no Fifteen. Confesso que esta não é a receita mais revolucionária do mundo, mas, toda vez que a preparo, há uma avalanche de aprovações e sinais de positivo ao redor da mesa (mesmo daqueles que juram detestar a erva-doce).

....

Comece com os bulbos de erva-doce. Corte os ramos, reservando alguns para usar mais tarde. A seguir, retire a camada externa e a base do bulbo, mais rija, mas ainda mantendo todas as camadas unidas, então corte o bulbo, no sentido do comprimento, em fatias de 2 cm de espessura.

Aqueça o azeite em uma frigideira grande sobre fogo alto e adicione uma camada das fatias de erva-doce. Não encha demais a frigideira, deixe por alguns minutos até dourar de um dos lados. Com uma pinça, vire as fatias e cozinhe o outro lado por alguns minutos, até ficarem igualmente douradas, então retire-as da frigideira. Acrescente um pouco mais de azeite, se necessário, e repita o processo com o restante da erva-doce.

Depois de dourar toda a erva-doce e retirá-la da frigideira, reduza o fogo e adicione à frigideira as sementes de erva-doce, a pimenta dedo-de-moça e uma boa quantidade de sal e pimenta-do-reino. Junte o xarope de agave ou o açúcar e deixe fritar, mexendo a cada 1-2 minutos, acrescentando mais azeite, se necessário. A seguir, junte à frigideira a erva-doce dourada e cozinhe em fogo médio até caramelizar. Quando toda a erva-doce estiver caramelizada e macia (isso deve levar uns 5 minutos), desligue o fogo e junte o alho.

Coloque em uma travessa e finalize com o endro ou os ramos da erva-doce e raspas de limão.

4 PORÇÕES

4 bulbos pequenos de erva-doce

4 colheres (sopa) de azeite de oliva

1 colher (chá) sementes de erva-doce

uma boa pitada de pimenta calabresa ou ½ pimenta dedo-de-moça seca esfarelada

sal marinho e pimenta-do-reino moída na hora

1 colher (sopa) de xarope de agave ou açúcar mascavo

1 dente de alho descascado e finamente picado

1 maço pequeno de endro fresco ou folhas da erva-doce grosseiramente picadas

raspas da casca de 1 limão-siciliano

Batatas e abóboras assadas com sálvia

Este prato de batata e abóbora me lembra das minhas idas ao River Café, ainda uma chef jovem, quando a culinária era uma novidade e minha razão de viver... não que isso tenha mudado muito. Poupávamos nosso salário para pagar o almoço fixo em dia de semana, quando era mais barato, e pensávamos que era o máximo! Minha época preferida de ir ao River Café era no final do outono, quando as abóboras e os cogumelos silvestres invadiam o cardápio.

No verão uso um pé de radicchio em lugar da abóbora e, na primavera, um maço de aspargos. Gosto da erva-doce assim, como um jantar simples com algumas folhas temperadas com um balsâmico adocicado. Mas para torná-lo mais substancioso, asso um pouco de ricota no forno durante os últimos 20 minutos, com sal, pimenta-do-reino, pimenta dedo-de-moça e sementes de erva-doce socadas.

....

Preaqueça o forno a 200 °C.

Corte as batatas em fatias de 0,5 cm – faço isso com todo o cuidado usando uma mandolina ou, se estiver com pressa, usando o apetrecho de corte do processador. Coloque as fatias de batatas em uma tigela grande com água e deixe de molho por 10 minutos, para retirar parte do amido. Corte a abóbora em fatias da mesma espessura.

Escorra as batatas e enxugue-as em papel-toalha, arranje-as em uma assadeira grande com a abóbora, o alho, a sálvia e salpique generosamente com sal e pimenta-do-reino. Junte 2 colheres (sopa) de azeite de oliva e misture tudo. Pressione as camadas para achatá-las e acrescente o caldo quente, cubra com papel-alumínio e leve ao forno para assar por 40 minutos.

Retire o papel-alumínio, então leve a assadeira de volta ao forno e deixe assar por mais 25 minutos, até dourar e estar tudo macio e bem cozido.

Sirva com uma salada crocante ou vagens para um jantar leve, ou acompanhando uma torta ou quiche, para uma refeição mais substanciosa.

4 PORÇÕES COMO REFEIÇÃO, 6 COMO ACOMPANHAMENTO

1,5 kg de batatas

1 pedaço de 1 kg de abóbora comum ou 1 abóbora-cheirosa descascada e sem sementes

3 dentes de alho descascados e finamente fatiados

1 maço pequeno de sálvia fresca

sal marinho e pimenta-do-reino moída na hora

azeite de oliva

1 litro de caldo de legumes quente

MEUS VEGETAIS DO CORAÇÃO

BRÓCOLIS

VAI BEM COM manteiga, azeite de oliva, alho, limão-siciliano, mostarda, alcaparras, azeitonas, gengibre, soja, queijo feta, queijos azuis.

PREPARO Apare as extremidades e corte os talos maiores ao meio, no sentido do comprimento. Pique os talos mais grossos para um cozimento uniforme.

NA SOPA Siga a receita de sopa da página 78 utilizando brócolis e batatas – finalize com sementes de abóbora e, se desejar, queijo feta ou queijo azul esfarelado.

PARA UMA MASSA RÁPIDA Fatie os talos e salteie com alho em fatias, pimenta dedo-de-moça e azeite de oliva, acrescente os buquês e as folhas, então misture tudo ao orecchiette já cozido e finalize com raspas de limão-siciliano e de queijo pecorino.

JANTAR RÁPIDO COM GENGIBRE Cozinhe os brócolis no vapor até ficarem macios. Frite 2 dentes de alho com 1 pedaço de 5 cm de gengibre fatiado. Acrescente 1 pimenta dedo-de-moça picada, 2 colheres (sopa) de soja, 1 colher (sopa) de mel e o suco de 1 limão. Despeje sobre os brócolis e sirva com arroz integral.

DICA Não deixe cozinhar demais – fica mole e sem gosto – ferva por apenas 3 minutos.

ASPARGO

VAI BEM COM erva-doce, ovos, hortelã, batatas, ervilhas, favas, amendoim, limão-siciliano, estragão, queijo parmesão.

NA SALADA Ver página 116.

COM MACARRÃO Sirva os aspargos branqueados e fatiados com macarrão de ovos al dente e colheradas do molho satay rápido da página 173.

COM OVOS MOLES Branqueie os talos e sirva com ovo cozido mole e pão caseiro, manteiga e sal.

EM CROQUETE DE BATATA Substitua a abóbora da página 253.

VEGETAIS DE PRIMAVERA Branqueie e misture com ervilhas e favas branqueadas, hortelã picada, limão-siciliano, sal e pimenta-do-reino.

GRELHADO Aqueça uma chapa e grelhe de todos os lados por 2 minutos, junte suco de limão-siciliano e azeite de oliva e sirva com mozarela.

DICA Retire as extremidades, pois são muito rijas. Você pode usá-las para dar mais sabor a um caldo de legumes.

ERVILHA

VAI BEM COM hortelã, limão-siciliano, queijo feta, mozarela, paneer, alface, agrião, manjericão, aspargos, favas, estragão, salsinha.

PREPARO Se estiverem congeladas, bastam alguns minutos em água fervente, se forem frescas, é só debulhar. As doces e novinhas são boas cruas, as maiores precisam ser branqueadas por 2 minutos.

AMASSADAS NA TORRADA Amasse as ervilhas branqueadas ou as novas cruas com um punhado de manjericão e hortelã, raspas e suco de 1 limão-siciliano e um bom fio de azeite de oliva. Sirva acompanhando mozarela com pão tostado. Pode ser servido quente também.

SALTEADAS COM PANEER Corte o paneer em cubos e toste em uma panela sementes de cominho e de coentro. Soque-as e salpique sobre o paneer. Frite até dourar – adicione as ervilhas branqueadas e coentro e finalize com uma espremida de limão-siciliano.

SOPA SUPER-RÁPIDA Siga a receita de sopa na página 78, utilizando alho-poró e ervilhas. Adicione espinafre ou azedinha (se conseguir encontrar) ao final. Finalize com ervilhas cruas, ervas, azeite e croûtons rápidos.

DICA Compre ervilhas frescas e cozinhe-as em 1 ou 2 dias.

COUVE

VAI BEM COM alho, amêndoas, uvas-passas, limão-siciliano, vinagre, rabanete, farelo de pão, ovos pochés, batatas, pimenta dedo-de-moça, feijão-branco.

PREPARO As folhas novas podem ser rasgadas, com talos e tudo, mas as maiores e mais velhas devem ter o talo central removido, pois ele vai ficando rijo à medida que a planta envelhece.

FRITURA RÁPIDA Semelhante à famosa alga marinha chinesa crocante. Aqueça o azeite em uma panela – adicione a couve e salteie até ficar brilhante e crocante, esprema por cima o suco de um limão-siciliano para amaciá-la e coma com arroz ou um ovo poché, e um pouco de pimenta dedo-de-moça.

CRUA, NA SALADA A couve crua é ótima. Coloque-a em uma tigela com suco de ½ limão-siciliano e uma pitada de sal e amasse-a até ficar macia. Junte as amêndoas tostadas, as uvas-passas e o vinagre de vinho.

OVOS COZIDOS Forre uma assadeira com a couve – salpique por cima iogurte – acrescente raspas de limão-siciliano, quebre por cima 4 ovos, salpique pimenta dedo-de-moça picada e asse por 15 minutos em forno médio. Sirva com pão sírio.

DICA Evite usar as folhas amareladas – elas ficarão amargas.

ABOBRINHA

VAI BEM COM manjericão, limão-siciliano, alho, ovos, tomate, orégano, endro, hortelã, alcaparras, azeitonas, azeite de oliva, pinhão, pistache.

PREPARO As pequenas basta lavar, cortar as extremidades e picar. Das maiores remova as sementes, pois vão espumar e ficar amargas.

CRUAS COM CREME DE QUEIJO DE CABRA Use um cortador de legumes para cortá-la em fitas, tempere com óleo, limão-siciliano, pimenta dedo-de-moça e azeite de oliva e sirva com torradas e um queijo de cabra ou creme.

SALTEADO RÁPIDO Corte a abobrinha em fatias redondas e salteie-as com azeite de oliva até dourar as bordas, esprema por cima limão-siciliano, óleo e tempere. Finalize com hortelã ou endro picado e sirva com macarrão ou arroz integral para um jantar rápido.

FRITURAS RÁPIDAS Misture a abobrinha ralada com ricota e tempere. Adicione sementes de coentro socadas, raspas de limão-siciliano e um pouco de coentro e frite em azeite de oliva até dourar de ambos os lados – sirva salpicada com endro e outras ervas.

DICA Tente conseguir abobrinhas com flores – com as folhas tempere o macarrão ou recheie uma pizza.

CENOURA

VAI BEM COM coentro, sementes de cominho, sementes de mostarda, laranja, tomate, erva-doce, maçã, salsão, canela, coco, salsinha, amendoim.

NA SALADA Corte em fatias muito finas com um descascador de legumes e misture com sementes de cominho tostadas, uma espremidela de suco de laranja, azeite de oliva, sal e pimenta-do-reino.

FRITURA INDIANA RÁPIDA Rale 2 cenouras e salteie com repolho rasgado e um pouco de sementes de mostarda, uma pitada de açúcar mascavo e uma boa espremida de limão-siciliano, sal e pimenta-do-reino.

UMA SOPA Faça uma sopa de cenoura e tomate e acrescente uma lata de leite de coco. Veja a receita de sopa na página 78.

PURÊ DE CENOURA Ferva as cenouras até ficarem macias e amasse-as com um pouco de suco de laranja e azeite de oliva. Sirva em lugar do purê de batata.

DICA Compre cenouras roxas, brancas e amarelas, além da usual cor de laranja.

ALCACHOFRA

VAI BEM COM hortelã, limão-siciliano, batata, ervilhas, queijo parmesão, azeite de oliva, massas, pimenta dedo-de-moça, amêndoas, salsinha.

PREPARO Descasque as minialcachofras até atingir suas folhas claras e pálidas, corte-as ao meio e retire o feno com 1 colher (chá). Coloque-as em uma panela com água suficiente para cobri-las. Adicione dois dentes de alho e uma espremidela de limão-siciliano e cozinhe até os talos ficarem macios.

NA SALADA Fatie as alcachofras cruas em uma mandolina, tempere com limão-siciliano, azeite de oliva, sal e pimenta-do-reino e misture com um punhado de agrião e queijo parmesão ralado.

DIP DE ALCACHOFRA Bata um vidro de alcachofras com uma lata de feijão-manteiga, um pouco de suco de limão-siciliano, um pouquinho de azeite, salsinha, parmesão ralado, sal e pimenta-do-reino, até obter massa lisa.

VEGETAIS RÁPIDOS DE VERÃO Misture alcachofras cozidas com ervilhas, favas, suco de limão-siciliano, azeite e pimenta-do-reino.

BRUSCHETTA Empilhe alcachofra cozida sobre fatias torradas de pão, acrescente hortelã picada, azeite de oliva e queijo pecorino ou parmesão.

BERINJELA

VAI BEM COM pimenta-do-reino, pimenta dedo-de-moça, gengibre, alho, noz-moscada, queijos macios, tomate, romã, páprica defumada.

BABAGANUCHE Ver página 166.

JAPONESA Frite a berinjela em cubos por alguns minutos em óleo de amendoim, a seguir acrescente 1 colher (sopa) de: gengibre picado, molho de soja, pasta de missô e um pouco de água, tampe e deixe fervilhar por 30 minutos.

BRUSCHETTA Grelhe fatias finas de berinjela até ficarem cozidas e enegrecidas, misture-as com manjericão, tomates picados e coma com um bom pão e mozarela.

SALTEADA COM NOZ-MOSCADA Frite fatias de berinjela em azeite de oliva até ficarem douradas e bem cozidas, rale por cima a noz-moscada e acrescente sal. Coma em seguida.

DICA A maioria das berinjelas são cultivadas, portanto não precisam ser salgadas antes de cozinhar. Evite os pedaços com muitas sementes.

Abóbora assada com pimenta, dukkah e limão

Sem dúvida, meu jeito preferido de comer abóbora. A receita do dukkah rende mais do que o necessário para este prato, por isso guarde-o em um vidro para salpicar um pão sírio tostado com azeite de oliva ou praticamente qualquer legume assado.

Preaqueça o forno a 220 °C.

Coloque a abóbora em uma assadeira com uma boa pitada de sal e pimenta-do-reino e um fio de azeite de oliva, misture bem e leve ao forno para assar por 25-30 minutos.

Enquanto isso, prepare o dukkah. Junte em uma assadeira as avelãs, o gergelim, as sementes de coentro, de cominho e de erva-doce e a pimenta-do-reino em grão e leve para assar, juntamente com a abóbora, por 10 minutos. Quando as avelãs estiverem douradas e rescendendo maravilhosamente, retire as sementes do forno e deixe esfriar.

Depois de frias, junte a hortelã seca e o sal, e bata tudo em um processador ou em um pilão até obter uma pasta rústica.

Quando a abóbora estiver assada, transfira para uma travessa e salpique sobre ela o dukkah e a pimenta dedo-de-moça picada. Acrescente as raspas de um dos limões e o suco de ambos.

O que fazer com o dukkah:
- Salpique sobre a sopa com uma colherada de iogurte.
- Sobre o pão sírio quente com azeite de oliva.
- Asse com legumes tuberosos.
- Use para marinar legumes ou tofu antes de grelhar.
- Salpique sobre uma salada substanciosa.
- Salpique sobre o homus.

4 PORÇÕES

1 abóbora-cheirosa ou 2 abóboras pequenas cortadas ao meio, sem sementes e cortadas em pedaços de 1 cm de espessura
sal marinho e pimenta-do-reino moída na hora
azeite de oliva
1 pimenta dedo-de-moça picada
raspas da casca e suco de 2 limões

PARA O DUKKAH
um punhado de avelãs
3 colheres (sopa) de gergelim
4 colheres (sopa) de sementes de coentro
2 colheres (sopa) de sementes de cominho
1 colher (chá) de sementes de erva-doce
1 colher (sopa) de pimenta-do-reino em grãos
1 colher (chá) de hortelã seca
1 colher (chá) de sal marinho

doces finalizações

Adoro sobremesas. Do sorvete de gotas de chocolate e menta à torta cremosa de banana, eu sempre fui uma "menina da sobremesa". Enquanto meu prazer por doces crescia comigo, crescia também o desejo de fazer algo delicioso, nutritivo e de parar o trânsito. Estas sobremesas usam açúcar não refinado, mel, xarope de bordo, grãos e frutas, o que as torna mais leves e seu sabor ainda melhor.

Crosta doce de açúcar mascavo · stracciatella fresca de menta e chocolate· morango assado crocante · merengues de açúcar mascavo e centro macio· sorbet de laranja-saguínea · pedaços de chocolate amargo · peras cozidas caramelizadas · torta creme de chocolate e caramelo de banana · torta de coco · sorvete de coco e banana · torta de baunilha e granola

Petit gâteau de chocolate e melado

O chocolate derretido precisa ser exaustivamente batido. Se no cardápio de um restaurante há um destes bolinhos de chocolate supercremosos, me esforço por pedir outra coisa. Passei os primeiros anos de minha infância morando nas proximidades da fábrica de chocolate Cadbury, em Bournville. Já éramos parte da família Cadbury. Dos onze irmãos e irmãs de meu pai, pelo menos seis deles trabalharam na fábrica de chocolate.

Meus tios e tias vinham para casa com enormes sacolas da loja de chocolate carregadas de tabletes levemente deformados que não tinham passado pelo controle de qualidade. Gostava deles ainda mais por sua imperfeição. Na casa de minha avó, o jantar era simplesmente matar o tempo até a hora em que nos autorizavam a assaltar o balcão de madeira e liberar o estoque de chocolate. Sou declaradamente uma amante de chocolate e esses bolinhos figuram no alto da lista.

Preaqueça o forno a 200 °C.

Coloque a manteiga ou o óleo de coco em uma panela, em fogo médio, e deixe derreter. Retire a panela do fogo, acrescente o cacau, o sal, a baunilha e o melado ou xarope de bordo, então misture bem e deixe esfriar. Depois de frio, coloque a mistura em uma tigela.

Separe os ovos e reserve as claras. Adicione as gemas à mistura de chocolate já fria – ela vai engrossar ligeiramente.

Em uma tigela limpa, bata as claras em neve até obter picos macios, então junte-as delicadamente à mistura de chocolate (uma espátula é o ideal para isso). Não misture demais, para não perder a leveza das claras batidas.

Unte quatro forminhas refratárias ou ramequins com manteiga e divida a mistura entre elas. Coloque-as em uma assadeira e leve ao forno quente por exatamente 12 minutos.

Sirva com uma colherada de iogurte (gosto do iogurte de coco) e salpique uma fruta da estação.

RENDE 4 BOLINHOS

75 g de manteiga ou óleo de coco
4 colheres (sopa) de cacau em pó (gosto de usar o cacau cru em pó)
uma pitada de sal marinho
sementes de 1 vagem de baunilha
3 colheres (sopa) de melado ou xarope de bordo
3 ovos orgânicos ou caipiras em temperatura ambiente

Crocante de morango e sementes de papoula

Isto é uma espécie de crumble, do tipo superleve, de farinha de amêndoa, aveia crocante e sementes de papoula que se espalha sobre os morangos cozidos em geleia de limão-siciliano e baunilha. A versão americana do crumble inglês é um crocante, que eu adoro, pois tem um toque mais leve, de verão, do que o crumble amanteigado (embora ambos tenham seu espaço em minha cozinha).

Faço esta receita durante todo o ano e troco os morangos por pêssegos, ameixas ou pêras, ajustando a quantidade de açúcar à acidez da fruta durante o preparo.

Preaqueça o forno a 200 °C.

Coloque os morangos em um prato refratário com 3 colheres (sopa) de açúcar, as raspas de limão e as sementes de baunilha.

Misture a farinha de amêndoa, a aveia e as sementes de papoula em uma tigela e acrescente as raspas de laranja.

Corte a manteiga em pedaços pequenos e junte à tigela ou adicione o óleo de coco, então misture tudo com a ponta dos dedos, erguendo a mistura da tigela para que receba bastante ar e se torne uma cobertura crocante. Quando a mistura parecer farelo miúdo de pão e não houver mais pelotas de manteiga, estará pronta.

Aplique a mistura sobre os morangos e asse em forno quente por 25 minutos, até ficar dourada e os morangos tenham se reduzido e comecem a caramelizar nas bordas.

Gosto de servir esta receita com uma colherada de iogurte de coco, mas creme, sorvete ou pudim também são ótimas opções.

4 PORÇÕES

800 g de morangos cortados ao meio ou em quatro

100 g de açúcar mascavo claro, mais 3 colheres (sopa)

raspas da casca de 1 limão-siciliano

sementes de 1 vagem de baunilha

100 g de farinha de amêndoa

100 g de aveia

2 colheres (sopa) de sementes de papoula

raspas da casca de 1 laranja

100 g de manteiga sem sal gelada ou óleo de coco

Merengues de açúcar mascavo com maçãs e peras caramelizadas

Um suspiro de inverno. Adoro estes merengues – uso o açúcar mascavo, o que é pouco usual para o merengue, mas que dá um ótimo resultado. É claro que não formará picos como os feitos com o açúcar branco, mas, em compensação, eles terão uma consistência melhor e um sabor mais intenso de caramelo.

No verão, costumo servi-los com framboesas e iogurte grego adoçado com mel, às vezes misturado com um pouquinho de manjericão ou hortelã. Outras vezes acrescento chocolate derretido (50 g) ou salpico uma colherada de cacau entre os merengues para dar um toque de chocolate.

....

Preaqueça o forno a 150 °C e forre uma assadeira com papel-manteiga.

Coloque as claras em uma tigela superlimpa e bata com um mixer elétrico ou na batedeira, em velocidade média, até obter picos firmes. Aos poucos, adicione o açúcar, batendo agora em velocidade alta, até a mistura ficar espessa e brilhante. Estará no ponto quando você pegar a mistura entre os dedos e não sentir nenhum grão de açúcar. Junte 2 colheres (sopa) de mel e misture à mão, deixando algumas ondas pela mistura.

Coloque a mistura em oito montinhos, na assadeira, e asse por 1h30 a 2 horas (dependendo da textura que desejar para os seus merengues – menos tempo implica um centro mais puxa-puxa). Os merengues estarão prontos quando estiverem firmes e leves ao toque. Reserve e deixe esfriar.

Para caramelizar a fruta, coloque o açúcar em uma panela com o vinho e leve ao fogo médio. Quando começar a ferver, acrescente a fruta, a folha de louro, as especiarias e as raspas de limão. Reduza para fogo baixo e deixe fervilhar por 10 minutos, ou até ficar macia. Deixe esfriar completamente.

Junte as raspas de limão e o restante do mel ao iogurte. Sirva os merengues cobertos com o iogurte, a fruta e a calda da fruta.

8 PORÇÕES

4 claras de ovos orgânicos ou caipiras
200 g de açúcar mascavo claro
3 colheres (sopa) de mel
raspas da casca de 1 limão
250 ml de iogurte grego ou iogurte de coco

PARA AS MAÇÃS E PERAS CARAMELIZADAS

100 g de açúcar mascavo claro, não refinado
100 ml de vinho tinto
3 maçãs, como as fuji, descascadas, sem miolo e cortadas em 8 pedaços
3 peras William descascadas, sem miolo e cortadas em 8
1 folha de louro
1 pau de canela
1 anis-estrelado
casca de 1 limão, cortada em tirinhas com um cortador de legumes

Torta cremosa de banana, caramelo e coco

Banana. Caramelo. Creme de coco batido. Este prato é metade torta, metade bolo, mas eu diria que vale por dois, em se tratando de uma sobremesa como esta – é simplesmente espetacular.

Quando pergunto ao meu irmão o que ele quer de aniversário, todo ano recebo a mesma resposta – sua torta de banana e caramelo. Owen se tornou vegano antes que o restante da família despertasse para a importância da alimentação saudável.

Portanto, por natureza, esta é uma torta vegana, com todas as suas vantagens. O excesso de açúcar e chantili é substituído por uma crosta não assada, um caramelo de banana infalível e uma cobertura de coco batido que eu comeria com qualquer coisa. É disso que são feitos os sonhos. Uma torta de banana e caramelo que é tudo de bom.

Para a cobertura, você vai precisar do leite de coco integral; o que contém menos gordura não vai funcionar. Precisará transferi-lo da garrafa para uma tigela e levá-lo ao freezer por 1 hora ou mais antes do preparo – é o tempo de o leite de coco se separar e a gordura se concentrar na parte de cima, separada do soro. A gordura retirada com uma colher e batida em creme tem sabor entre o marshmallow e o chantili. Não descarte o soro que resta, pois pode ser usado em smoothies e sopas.

Ser não tiver tâmaras medjool, use outro tipo, sem caroço – use algumas a mais, e deixe-as de molho em água quente.

....

Antes de mais nada, certifique-se de que o leite de coco está no freezer.

A seguir, prepare a crosta. Coloque as amêndoas e as nozes no processador até obter uma mistura rústica. Acrescente as tâmaras, o mel, o gengibre e pulse mais algumas vezes, até misturar tudo muito bem.

6-8 PORÇÕES

PARA A CROSTA
75 g de amêndoas
75 g de nozes-pecãs
120 g de tâmaras medjool (6 grandes) sem caroço
1 colher (sopa) de mel ou xarope de agave
uma boa pitada de gengibre ralado

PARA O CARAMELO DE BANANA
12 colheres (sopa) açúcar demerara
3 bananas maduras bem amassadas

PARA O CREME DE COCO
2 vidros (400 ml) de leite de coco integral
1 colher (sopa) de mel ou xarope de agave
sementes de 1 vagem de baunilha

PARA FINALIZAR
2 bananas
suco de 1 limão

TORTA CREMOSA DE BANANA, CARAMELO E COCO

Coloque a mistura em uma fôrma de bolo desmontável, de 20 cm de diâmetro, e com os dedos pressione-a contra a base, fazendo também uma borda de cerca de 1 cm de altura à volta toda. Leve ao freezer para esfriar.

A seguir, prepare o caramelo de banana. Coloque o açúcar em uma panela com a banana amassada, leve ao fogo médio e deixe ferver até que o caramelo tenha engrossado e esteja de um dourado-escuro. Isso deve levar entre 3 e 5 minutos.

Descasque as bananas e corte-as em rodelas finas. Regue as rodelas com suco de limão e espalhe-as sobre a crosta da torta de modo uniforme.

Quando o caramelo estiver frio, despeje-o sobre as bananas, espalhe uniformemente e leve à geladeira para esfriar.

Com uma colher, retire a camada superior do leite de coco e coloque-a em outra tigela. Acrescente o mel e as sementes de baunilha e bata até encorpar, como creme chantili. Leve à geladeira por 20 minutos.

Na hora de servir, misture mais uma vez o creme, espalhe-o sobre o caramelo e com as costas de uma colher crie pequenas espirais no creme.

Se desejar, acrescente raspas de chocolate amargo ou, se quiser enfeitar, faça alguns rolinhos de chocolate com uma faca.

Torta de açúcar mascavo

O recheio de açúcar mascavo fica entre uma torta de melado e a de nozes-pecãs, e sob todos os aspectos é tão deliciosa quanto ambas.

Gosto de servi-la com frutas da estação e uma concha de iogurte, crème fraîche ou sorvete – nada muito doce.

Preaqueça o forno a 190 °C.

Para fazer a crosta da torta, bata a aveia em um processador, em alta velocidade, até obter uma farinha grossa. Coloque-a em uma tigela e junte a farinha de espelta e o sal.

Coloque a manteiga ou o óleo de coco e o mel em uma panela pequena e leve ao fogo baixo até derreter. Acrescente-a à farinha na tigela e misture com uma colher até incorporar tudo. Se preciso, use as mãos para amassar a mistura e torná-la compacta.

Pressione a massa na base de uma fôrma de bolo, de 20 cm de diâmetro, e a meia-altura nas laterais. Asse a crosta no forno por 10 minutos, ou até ficar ligeiramente dourada nas bordas, então retire do fogo e deixe esfriar.

Enquanto isso, prepare o recheio. Derreta a manteiga ou aqueça o óleo de coco em uma panela pequena, sobre fogo baixo, e acrescente as sementes da vagem de baunilha. Junte o açúcar e o mel em uma tigela média, adicione a manteiga derretida ou o óleo de coco aquecido, a seguir o amido de milho, o fermento químico em pó e o sal e bata bem.

Quando estiver bem batido, misture as nozes-pecãs. Coloque o recheio na crosta e leve ao forno por mais 20 minutos. À medida que a torta assa, o recheio vai borbulhar e caramelizar, o que cria um belo efeito (ficará firme ao esfriar).

Depois que a torta estiver fria, passe uma faca nas laterais para soltar a torta antes de desmontar a fôrma. Sirva com um pouco de chantili.

8 PORÇÕES

PARA A CROSTA

130 g de aveia em flocos
100 g de farinha de espelta
¼ de colher (chá) de sal marinho
3 colheres (sopa) de manteiga ou óleo de coco derretidos
4 colheres (sopa) de mel ou xarope de agave

PARA O RECHEIO

2 colheres (sopa) de manteiga sem sal ou óleo de coco
sementes de 1 vagem de baunilha
125 g de açúcar mascavo
2 colheres (sopa) de mel
1 colher (sopa) de amido de milho
uma pitada de fermento químico em pó
algumas pitadas de sal marinho
100 g de nozes-pecãs grosseiramente picadas

Torta de coco e cerejas

Esta torta tem a leveza e o frescor que são essenciais em um pudim de verão. A crosta de coco é coberta com um recheio de coco e salpicada com cerejas.

Você pode fazê-la o ano todo, substituindo as framboesas por frutas da estação. Morangos no verão, fatias de pera madura no outono e laranja sanguínea e água de flor de laranjeira no inverno.

....

Preaqueça o forno a 200 °C. Unte uma fôrma de bolo desmontável, de 23 cm de diâmetro, e forre-a com papel-manteiga.

Para fazer a crosta, misture a farinha e o açúcar em uma tigela grande. A seguir, junte a manteiga derretida ou o óleo de coco e combine até obter uma mistura esfarelada, como um crumble. Pressione a mistura na fôrma preparada, certificando-se de trabalhar bem à volta, e leve para assar por 10 minutos. Retire do forno e deixe esfriar completamente.

Enquanto assa a crosta, prepare o recheio. Bata as claras com o açúcar e a água de rosas até ficarem bem fofas, seja com um batedor elétrico ou manual. Quando formar picos firmes, junte o coco seco, com cuidado, para manter a mistura aerada.

Espalhe a maior parte das cerejas cortadas ao meio sobre a base da torta e aplique sobre elas o recheio, estendendo-o até as bordas da fôrma. Reserve ao menos algumas cerejas para enfeitar.

Leve para assar por 15 minutos, ou até os picos do recheio estarem bem dourados. Deixe a torta esfriar e enfeite-a espalhando o restante das cerejas e o pistache moído.

8-10 PORÇÕES

PARA A CROSTA DE TORTA

200 g farinha de trigo (uso uma mistura de farinha de coco e farinha de espelta em partes iguais, mas a de trigo também pode ser usada)

100 g de açúcar de confeiteiro

160 g de manteiga derretida ou leite de coco

PARA O RECHEIO

4 claras de ovos grandes orgânicos ou caipiras

70 g de açúcar de confeiteiro

2 colheres (chá) de água de rosas

140 g de coco ralado seco

300 g de cerejas frescas sem cabinho e sem caroço cortadas ao meio

50 g de pistache sem casca picado

Torta de baunilha e granola

Massa crocante, um recheio de baunilha simples e rápido de fazer, cobertura de granola de maple e frutas, oleaginosas e aveia tostadas.

À medida que preparava esta sobremesa, percebi que ela parece um café da manhã. Minhas refeições favoritas – café da manhã e sobremesa – estão reunidas aqui.

É ideal para quando se recebem convidados, pois podem ser feitas com antecedência e ficam firmes em temperatura ambiente, sem se desmanchar.

....

Em uma tigela, esfregue juntos a farinha, o açúcar e a manteiga ou óleo de coco até obter uma mistura esfarelada (se preferir, use o processador). Adicione 2-3 colheres (sopa) de água gelada e pulse ou trabalhe a mistura até formar uma bola. Embrulhe em filme de PVC e leve para gelar por 30 minutos.

Enquanto isso, prepare a granola de cobertura. Misture a aveia com as frutas e as oleaginosas picadas, o xarope e a canela, então espalhe tudo em uma assadeira e reserve. Preaqueça o forno a 190 °C.

Quando tiver passado o tempo suficiente para a massa gelar, retire-a da geladeira e deixe que amoleça um pouco. Abra-a, formando um círculo, e coloque-a em uma fôrma de torta redonda, de 20 cm de diâmetro e fundo removível. Estenda a massa com cuidado, de forma a recobrir toda a base e as laterais. Pressione a massa contra as bordas da fôrma e leve-a para esfriar por mais 20 minutos.

Quando a massa estiver bem resfriada, perfure toda a base com um garfo. Forre-a com papel-manteiga e preencha-a com feijões secos ou bolinhas de cerâmica próprias para assar. Leve-a ao forno juntamente com a assadeira que contém a granola de cobertura e deixe ambas por 15 minutos.

Ao final desse tempo, retire a massa vazia e a granola do forno. Retire as

6 PORÇÕES

125 g de farinha de espelta light
50 g de açúcar de confeiteiro
100 g de manteiga sem sal (gelada) ou óleo de coco
50 g de aveia em flocos
100 g de uvas-passas
50 g avelãs ou nozes-pecãs picadas
2 colheres (sopa) de xarope de bordo
½ colher (chá) de canela em pó
100 g de açúcar mascavo claro
4 ovos orgânicos ou caipiras batidos
sementes de 1 vagem de baunilha
250 ml de leite integral ou leite de coco
4 colheres (sopa) de amido de milho

bolinhas de cerâmica e leve apenas a fôrma com a massa de volta ao forno por mais 10 minutos.

Em uma tigela grande, junte o açúcar, os ovos e a baunilha e reserve. Em uma panela, coloque o leite e o amido de milho, leve ao fogo médio e deixe ferver, batendo sem parar. O leite engrossará bem depressa.

Quando a mistura de leite e amido estiver espessa, retire do fogo e adicione-a à tigela com o açúcar e os ovos, lentamente, batendo sempre.

Despeje essa mistura na massa de torta já assada e leve ao forno por 35 minutos, então espalhe por cima a granola e deixe assar por mais 5 minutos, até dourar.

Sirva com uma bola de sorvete e frutas vermelhas no verão, e maçãs ou peras cozidas no outono ou inverno.

FALANDO DE DOÇURA...

Consumir apenas o açúcar branco refinado é como comer pão branco todos os dias. Você perderia a intensidade de um pão de fermentação natural, o rico sabor de malte de um pão de centeio, as camadas amanteigadas de um croissant quentinho. Adoçantes naturais, como farinhas, especiarias, sais e gorduras, existem em diversas cores, sabores e dimensões. Embora todos esses produtos sejam um tipo de açúcar, eles são absorvidos mais lentamente pelo organismo, com o bônus de conterem muitos outros nutrientes que vêm com sua doçura.

Cozinhar com uma grande variedade de adoçantes naturais leva a culinária para um plano completamente novo. Combinando esses açúcares mais naturais com farinhas de cereais e oleaginosas, descobri que uma fatia de bolo satisfaz melhor, tem um sabor mais desenvolvido e próprio e é mais parecida com o tipo de comida que aprecio.

XAROPE DE AGAVE

De sabor puro e leve, o agave é um adoçante natural, feito a partir do suco dessa planta, que é usada também para produzir a tequila. Possui variedades escura e clara. Uso mais a clara, mas a escura é boa para preparados mais gordurosos e escuros e na verdade é mais rica em nutrientes. Gosto de usar o agave em coquetéis e temperos, mas também em bebidas quentes. É uma alternativa para o mel particularmente boa para os veganos. Pode ser encontrado em qualquer supermercado.

MEL

Adoro mel, e um vidro não dura mais que alguns dias lá em casa. Gosto do mel no chá, para cozinhar, em torradas, no iogurte – em tudo o que eu puder colocar um pouco de mel ficará bom. Do que eu mais gosto no mel é o fato de que cada um é muito diferente e reflete as características da planta e das flores que circundam as abelhas que o coletam. Tenho sempre alguns tipos de mel à mão: um mel firme para a torrada e para misturar às coberturas, um mel mais líquido para o chá e temperos e um mais escuro e espesso para comer com queijo. Compre mel cru, se conseguir achar – ele retém maior número de nutrientes e, como não foi aquecido, tem um sabor incrível. Uma regra geral é que quanto mais escuro o mel, maior a quantidade de antioxidantes. Procure não misturar o mel a água fervente. Gosto de usar o mel em bolos e coberturas (veja a cobertura de mel e manteiga na p. 287), em temperos e marinadas e para espalhar em uma bela fatia de pão tostada, o meu mais simples e preferido café da manhã.

XAROPE DE BORDO (MAPLE SYRUP)
Néctar cor de âmbar. Adoro maple syrup – tem sabor das idas, em criança, à lanchonete americana para comer pilhas enormes de panquecas envolvidas nesse xarope. Possui alto teor de nutrientes e minerais, como o zinco. É produzido a partir da seiva fervida do bordo.

Procure comprar o produto puro, pois há muitas marcas que contêm muito pouco bordo. Há diferentes graus de maple syrup, e o sabor e a cor dependem da estação em que a seiva é retirada, indicativo da sua força e intensidade; em geral, quanto maior o número, mais escuro o xarope e mais intenso o sabor. Gosto de usar o maple syrup em bolos, temperos e biscoitos e para adoçar compotas de frutas. Vai bem em especial com maçã, pera e frutas vermelhas.

AÇÚCARES NATURAIS E NÃO REFINADOS
Açúcar não refinado, para mim, é o açúcar que é tanto quanto possível não processado e retém muitos dos seus nutrientes e de seu caráter natural. Ainda é açúcar, é claro, mas é o menos tratado possível. Meus açúcares preferidos são o mascavo e o demerara, e às vezes uso também o açúcar não branqueado. O açúcar mascavo integral retém sua cor da cor natural da cana, enquanto os demais mascavos não passam de açúcar branco refinado em mistura com melaços de baixa qualidade. Pode-se usar o açúcar mascavo em lugar do branco na maioria das receitas, embora o forte sabor do melado escuro nem sempre caia bem (experimente os biscoitos de chocolate e mascavo, na p. 294).

MELADO DE CANA
O melado é coisa do outro mundo – espesso e negro como o alcatrão. É um adoçante rico e intenso. É produzido a partir de sucessivas fervuras de cana de açúcar, o que preserva muitos dos seus nutrientes. É particularmente rico em cálcio e ferro, que são difíceis de obter de fontes vegetais. Se encontrar, use o melado que provém da última fervura e é o mais rico em nutrientes. Funciona bem em preparos de cozimento longo, frutas de inverno e gengibre (experimente o bolo de maçã e melado na p. 287).

AÇÚCAR DE COCO
O açúcar de coco possui um sabor redondo, acaramelado e uma doçura suave. O açúcar de coco vem do coqueiro. A seiva da árvore é fervida e então desidratada, tem menor teor de frutose do que o açúcar tradicional e, portanto, possui baixo índice glicêmico. Por ser um adoçante seco, pode ser dosado em gramas, como se faria com o açúcar branco, na maioria das receitas.

Sorbet de morango e flor de sabugueiro

Faço este sorbet quando os morangos estão no auge da estação, assim fica com um forte sabor, que só se obtém de morangos supermaduros, no seu pico de doçura. Pode parecer demais espremer um limão inteiro no liquidificador, mas isso confere ao sorbet um frescor excepcional.

No verão faço uma versão deste sorbet com ameixas, substituindo o limão--siciliano por uma laranja e o xarope de flor de sabugueiro por xarope ou licor de ameixa. Isso também é insanamente delicioso. Uma máquina de sorvete é muito útil aqui – mas se não tiver uma, uma bacia plástica, um batedor forte e um pouco de paciência são suficientes.

Para meu xarope de flor de sabugueiro, dê uma olhada na receita da p. 325.

....

Coloque o limão-siciliano em um processador e bata até obter uma polpa lisa. Acrescente os morangos e bata até ficar um purê avermelhado, então junte o xarope.

Se tiver uma máquina de sorvete, despeje a mistura na tigela da máquina e bata até congelar. Transfira para um recipiente apropriado e leve para o freezer. Retire do freezer 15 minutos antes de servir, para que amacie um pouco.

Se não tiver uma máquina de sorvete, despeje a mistura em um grande recipiente próprio para freezer, leve ao congelador e deixe por cerca de uma hora e meia. Então retire e use um batedor para quebrar os cristais que começam a se formar. Faça isso a cada meia hora até estar quase congelado.

Consuma no espaço de duas semanas.

RENDE UM BOM POTE

1 limão-siciliano cortado em pedaços e sem sementes

1 kg de morangos doces de verão limpos

300 ml de xarope de flor de sabugueiro (ver p. 325)

Sorvete de banana assada e coco

Sempre invejava os jantares festivos dos meus pais. Tudo parecia tão delicioso e adulto. Costumava ajudar no preparo do jantar e então, tímida e sorrateiramente, subia com minha irmã quando os convidados começavam a chegar. Adorávamos o som das risos e da dança, que sempre aconteciam depois da sobremesa; soul e música pop mesclada com risadinhas. Uma das coisas mais adultas e fascinantes de que me lembro nesses jantares era a sobremesa. Musse de limão-siciliano, bolo de banana e sorvete caseiro, este último a coisa mais saborosa e mágica que já tinha comido até então.

Trata-se de um falso sorvete, que se pode facilmente fazer sem uma máquina de sorvete. Nada de açúcar, leite ou cremes complicados. As bananas assadas formam a base, cobertas com uma cremosa nuvem de leite de coco. Você só vai precisar de um processador ou um liquidificador. Preparo de véspera e não me esqueço de tirá-lo do freezer com antecedência para amolecer um pouco antes de servir.

....

Preaqueça o forno a 180 °C.

Corte as bananas em rodelas de 1-2 cm, acrescente mel e coloque-as em uma assadeira. Asse por 30-40 minutos, mexendo uma vez durante o cozimento, até que as bananas estejam douradas e bem assadas. Raspe as bananas e as sobras de xarope da assadeira e coloque tudo no liquidificador ou processador. Adicione o leite de coco, a baunilha, o suco do limão e o sal, e bata até obter uma massa lisa.

Leve a misture à geladeira até esfriar, então congele o sorvete na máquina de sorvete ou coloque-o em uma assadeira rasa, leve ao congelador e raspe com uma espátula a cada 20 minutos, mais ou menos, até que esteja quase completamente congelado.

Se preferir uma textura mais cremosa, semelhante a uma musse, sirva em seguida. Caso contrário, deixe no freezer entre 30 minutos e 1 hora, para firmar.

Sirva ao natural ou acrescente raspas de coco tostadas ou pistache picado.

RENDE UM POTE DE 500 ML

3 bananas médias maduras
um fio de mel
1 vidro de leite de coco
1 colher (chá) de extrato de baunilha ou as sementes de uma fava de baunilha
suco de ½ limão-siciliano
uma pitada de sal

Frozen yogurt de flocos e hortelã

Qualquer um que me conhece sabe da minha fascinação por gotas de chocolate mentoladas e por sorvete de baunilha, que felizmente é compartilhada com o John. Logo depois das gotas de chocolate e hortelã vem meu amor por frozen yogurt, uma paixão que nasceu na infância passada na Califórnia, onde frozen yogurt de chocolate anunciava um dia de sol.

Aqui minhas paixões estão reunidas. Você precisa experimentar! – é muito fácil, muito saudável (para um sorvete) e muito, muito bom. Usei apenas hortelã fresca nesta receita, pois gosto da sua doçura suave. Para obter um sabor mais clássico de hortelã, acrescente 1 colher (chá) de extrato natural de hortelã. Funciona bem com iogurte de coco também (embora fique um pouco mais caro). Se você não tem uma máquina de sorvete, veja instruções na p. 276.

Antes de mais nada, despeje o leite na panela e acrescente a maior parte das folhas de hortelã, reservando alguns raminhos. Leve ao fogo e, quando ferver, desligue imediatamente. Mexa bem, adicione o xarope de agave e deixe em infusão por no mínimo 30 minutos.

Após os 30 minutos, mais ou menos, o leite deverá ter esfriado e absorvido o sabor da hortelã. Coe o leite em uma jarra e descarte a hortelã – elas já cumpriram sua missão.

Coloque o leite em uma tigela grande e junte o iogurte, mexa bem, tampe a tigela e deixe descansar por 30 minutos na geladeira para que os sabores se mesclem. Prove a mistura e acrescente mais xarope de agave, se necessário, lembrando que, uma vez congelado, ele ficará menos doce.

Despeje na tigela da máquina de sorvete e bata por 30 minutos ou até estar bem congelado. Pique finamente as folhas restantes de hortelã e adicione-as à mistura, juntamente com o chocolate picado. Com uma concha, transfira para um recipiente próprio para freezer, tampe e deixe congelar por 1 hora antes de consumir. Se o sorvete congelado estiver muito duro, deixe o recipiente fora da geladeira por 10-15 minutos antes de servir.

RENDE UM BOM POTE

- 250 ml de leite integral ou leite de coco
- 1 maço grande de hortelã
- 250 ml de xarope de agave
- 2 potes de 500 ml de um bom iogurte grego ou iogurte de coco
- 50 g de chocolate amargo de qualidade, picado em pedaços pequenos

Sorbetto de laranja sanguínea e gotas de chocolate

Uma das coisas que mais gosto de fazer é sair para jantar fora por impulso. Sempre que John e eu temos uma noite para desfrutar juntos, começamos no Soho, com uma grande tigela de macarrão udon e um pouco de saquê e sempre terminamos no Gelupo, um lugar especial na Archer Street que faz os melhores sorvetes que já provei. Os poucos minutos que antecedem nossa entrada na sorveteria são cheios de ansiedade diante da escolha. Se estiver tranquilo, experimentamos uma porção de sabores – sorvetes de abacate ou ruibarbo, granita de amêndoa ou bergamota.

Apesar de provar vários, no final sempre escolho a mesma coisa: uma bela taça de sorbet de laranja sanguínea com uma camada de chocolate amargo para finalizar. É sempre uma delícia quando a colher rompe o chocolate e penetra na bola de laranja sanguínea.

Então, faço a mesma coisa lá em casa. É claro que não tem a *finesse* nem a técnica dos mestres da Gelupo, mas o sabor é muito especial. Costumo fazer este sorvete com tangerinas ou laranjas comuns quando não encontro laranjas sanguíneas à venda. Uso chocolate 70% nesta receita, o que funciona muito bem – não fique tentado a usar uma porcentagem maior, porque vai ficar duro demais no freezer.

....

Em uma tigela grande, misture o suco da laranja sanguínea com o xarope de agave.

Ligue a máquina de sorvete, despeje o suco de laranja e bata até obter uma bela massa de sorvete (minha máquina faz isso em 20 a 30 minutos). Se não tiver uma máquina de sorvete, veja instruções na p. 276.

Quando estiver pronto, use uma espátula para transferir o sorvete para um recipiente próprio para freezer. Acrescente o chocolate picado e leve ao freezer por mais alguns minutos antes de servir.

Para garantir sua qualidade, consuma este sorvete no espaço de algumas semanas.

RENDE CERCA DE 1 LITRO

1 litro de suco de laranja sanguínea, o que é aproximadamente o suco de 15 laranjas sanguíneas
200 ml de xarope de agave light
100 g de um bom chocolate amargo em barra picado

bolos, pães e algumas coisinhas mais

Nada como um prato recém-assado. Um bolo com uma cobertura generosa, um pão de sementes ainda quente, uma pilha de brownies caramelados. Qualquer um desses pratos saídos do forno e colocados no centro da mesa, com um grande bule de chá e mãos avançando de todas as direções em sonora apreciação, é o que me deixa mais feliz. Um bolo ou pão feito em casa é uma forma de fazer novos amigos, demonstrar aos antigos que você os ama e criar foco para uma grande comemoração. Estes bolos e pães não vão fazer você pirar com altos teores de açúcar, pois eles utilizam mel, xarope de bordo e açúcares naturais, além de todo tipo de farinhas e grãos interessantes, que são de digestão mais fácil.

Grossas fatias de pão de banana · bolo de duplo chocolate · cupcakes cobertos de maple · pão de maçã e melado · cobertura de mel · sanduíches de sorvete · brownies de caramelo salgado · bolo de pistache e flor de sabugueiro · quadrados de caramelo e tâmaras · pão de leite de coco · pães saídos do forno

Bolo de duplo chocolate

Este bolo tem tudo o que se pode querer de um bolo de chocolate. Rico, grande e bem redondo, um brownie por fora, um macio recheio de chocolate e ainda um glacê de chocolate para finalizar.

Mas espere, há um segredo aqui. Este bolo não é apenas realmente saboroso, mas é também saudável: nada de manteiga, açúcar refinado ou farinha branca, sem perder nada em sabor. Deixo que as pessoas deem algumas garfadas e então revelo quão bom ele é, na verdade.

Não que eu não coma uma fatia do bom e velho bolo, de vez em quando, mas adoro saber que é possível comer uma fatia de um bolo que seja tão nutritivo quanto delicioso. Uma das coisas que adoro na culinária, e particularmente nos preparos de forno, é que sempre existe a oportunidade de partir de algo que é clássico e fazer de modo que se adapte aos seus hábitos alimentares. E devo dizer que a primeira vez que provei uma fatia deste bolo fiquei muito orgulhosa.

Uso farinha de espelta light, nesta receita, pois prefiro um sabor mais característico, além de ser mais digestiva que a farinha branca – contudo, se não conseguir encontrá-la, a farinha de trigo também funciona. Da mesma forma, se não tiver o óleo de coco, use manteiga derretida. Contudo, o leite de coco light não funciona aqui.

....

Preaqueça o forno a 180 °C. Unte uma fôrma de bolo desmontável de 23 cm de diâmetro e forre a base com papel-manteiga. Coloque o leite de coco em uma travessa e leve para gelar.

Coloque o óleo de coco em uma panela pequena e deixe derreter em fogo baixo. Acrescente o xarope e o extrato de baunilha e misture bem.

Em uma tigela, junte a farinha de espelta e a de amêndoa, o chocolate, o fermento e o sal e misture bem. Amasse a banana e acrescente-a ao leite. Faça uma cova no centro dos ingredientes secos e, aos poucos, junte a mistura de óleo de coco derretido e o leite com banana. Misture bem.

RENDE UM BOLO GRANDE, DE DUAS CAMADAS

PARA O BOLO
125 g de óleo de coco
150 ml de xarope de bordo
2 colheres (chá) de extrato de baunilha
100 g de farinha de espelta branca
150 g de farinha de amêndoa
100 g de um bom chocolate em pó sem açúcar
2 colheres (chá) de fermento químico em pó
uma boa pitada de sal
1 banana madura
200 ml de leite (uso leite de amêndoa ou leite de coco pronto para beber – ver p. 39)

PARA A COBERTURA
2 vidros (400 ml) de leite de coco
3 colheres (sopa) de mel
3 colheres (sopa) de cacau em pó
1 colher (sopa) de essência de baunilha

PARA A COBERTURA DE CHOCOLATE
¼ de xícara de leite (uso leite de amêndoa ou leite de coco pronto para beber – ver p. 39)
100 g de chocolate amargo de boa qualidade picado em pedaços pequenos

PARA DECORAR
alguns punhados de frutas vermelhas (uso mirtilos e amoras, mas framboesas, morangos e groselhas brancas ou vermelhas dão um ótimo efeito)

BOLO DE DUPLO CHOCOLATE

Coloque a mistura na fôrma forrada e alise a superfície com as costas de uma colher. Leve para assar por 30-40 minutos, até estar firme ao toque e um palito inserido no centro sair limpo. Não se preocupe se o bolo rachar na superfície, pois será recoberto pelo chocolate.

Retire o bolo do forno e deixe esfriar ainda na fôrma, por 10 minutos. Retire o bolo da fôrma e transfira-o com cuidado para uma grade de metal e deixe esfriar completamente.

Depois de o leite de coco ter ficado na geladeira por 1 hora, retire a camada superior, espessa e cremosa e coloque em uma tigela, reservando o soro do leite (guarde-o para usar em smoothies). Acrescente o mel, o cacau em pó e a essência de baunilha, então use um mixer ou um batedor manual e um pouco de força nos cotovelos para bater vigorosamente, quebrando o creme de coco até obter uma massa lisa e macia. Leve em seguida à geladeira e deixe esfriar.

Para a cobertura de chocolate, despeje o leite em uma panela pequena, leve ao fogo baixo até começar a ferver e retire do fogo. Coloque o chocolate picado em uma tigela média e acrescente o leite fervente, mexendo até derreter e ficar brilhante.

Quando o bolo estiver frio, use uma faca de pão para cortá-lo horizontalmente em duas camadas. Retire a parte de cima e coloque-a de lado. Espalhe o recheio de chocolate e coco e recoloque a camada de cima. Transfira o bolo de volta para a grade de metal e coloque um prato por baixo.

Despeje o glacê sobre o bolo, deixando que escorra pelas laterais (o prato colocado sob a grade deve recolher o excesso). Empilhe as frutas no alto do bolo e leve-o à geladeira por 10 minutos, para esfriar e secar o glacê de chocolate.

Bolo de maçã e melado com cobertura de mel

Quando as maçãs começam a cair das árvores, parece ser a época do ano ideal para abusar um pouco da doçura pesada e reconfortante deste bolo. Pesada no bom sentido, com seu marrom escuro, cor de bronze e um delicioso sabor de quero mais. É perfeito para aqueles dias em que você precisa de um grande suéter e um suprimento interminável de chá.

Uso melado e açúcar mascavo para adoçar este bolo. O melado escuro é algo incrível. É um subproduto do processo de feitura do açúcar e concentra todos os nutrientes da cana, que se perdem com o refinamento do açúcar branco. O melado possui alto teor de ferro e cálcio, portanto é mesmo ideal para a dieta vegetariana. Costumo comprá-lo em lojas de produtos naturais e sempre que possível, procuro trazer o orgânico ou o tipo não sulfurado.

Procuro, também, usar açúcar de confeiteiro não refinado para a cobertura – ele tem sabor de caramelo e um belo tom queimado. Bolo caseiro que se preza merece uma cobertura apropriada.

Este bolo é particularmente úmido, por isso você pode substituir a farinha de espelta por uma que não contenha glúten.

....

Preaqueça o forno a 200 °C.

Peneire a farinha em uma tigela, junte a canela, a pimenta-da-jamaica, o fermento e o bicarbonato.

Em outra tigela, misture o melado, o açúcar ou xarope, os ovos e o azeite, até obter uma mistura intensa, escura e homogênea. Junte a ela a farinha temperada e mexa novamente, até misturar bem. A mistura ficará bem espessa. Rale e acrescente as maçãs e o gengibre e misture bem.

Unte e forre uma fôrma de pão de 450 g, despeje a massa e alise a superfície com as costas de uma colher.

10-12 PORÇÕES

PARA O BOLO
250 g de farinha de espelta light
1 colher (chá) de canela em pó
uma pitada de pimenta-da-jamaica
1 colher (chá) de fermento químico em pó
1 colher (chá) de bicarbonato de sódio
1 colher (sopa) de melado
150 g de açúcar mascavo claro ou 150 ml de xarope de bordo
2 ovos grandes orgânicos ou caipiras em temperatura ambiente (ou ver nota sobre chia, na p. 42)
150 ml de azeite de oliva
3 maçãs fuji
1 pedaço de 5 cm de gengibre fresco descascado e finamente ralado

PARA A COBERTURA
125 g de manteiga em temperatura ambiente
2 colheres (sopa) de mel
200 g de açúcar de confeiteiro dourado, não refinado
um punhado pequeno de amêndoas grosseiramente picadas

Asse por 45-50 minutos, até que um palito inserido no centro do bolo saia limpo. Verifique o cozimento de tempos em tempos, espiando pela porta do forno. Se parecer que está dourando muito depressa, cubra ligeiramente com papel-alumínio.

Quando estiver dourado, retire do forno e deixe esfriar na fôrma por 5 minutos antes de virá-lo sobre uma grade de metal para esfriar completamente.

Para fazer a cobertura, bata a manteiga, o mel e o açúcar de confeiteiro juntos em uma tigela até estar tudo bem cremoso e macio. Pode-se usar o mixer para isso, mas comece em baixa velocidade, ou você vai ficar coberto de açúcar. Se só tiver uma colher de pau, tudo bem – só vai demorar um pouco mais.

Espalhe uma grossa camada de cobertura sobre o bolo, salpique as amêndoas picadas e sirva com uma xícara de chá.

FARINHAS E MOAGEM

Embora adore um bom pão caseiro ou as delícias ímpares feitas com farinha de trigo branca, procuro sempre a variedade na minha culinária de forno e fogão. Na minha despensa, você vai encontrar potes dessas minhas preferências.

FARINHA DE ESPELTA
Adoro o sabor mais redondo, amendoado da farinha de espelta e é minha escolha em termos de grãos para a maior parte dos bolos e preparos de confeitaria. É um grão primordial consumido pelos romanos que está retornando à nossa cozinha. É um parente mais nutritivo do trigo, com maior teor de proteína e menos glúten do que a farinha de trigo (mas ainda contém uma boa quantidade de glúten, por isso não é recomendada para os que têm intolerância). Você vai achá-la em qualquer supermercado. Para assar, uso a farinha de espelta light.

FARINHA DE AVEIA
Adoro a cremosidade que a farinha de aveia confere a bolos e tortas e seu poder de sustento. Usar essa farinha significa que a energia de uma fatia de bolo será liberada em seu organismo mais lenta e suavemente. Costumo moer minha própria farinha (veja ao lado, é muito fácil), pois a aveia possui um teor de óleo maior que a maioria dos grãos, e assim perde seu frescor com muita rapidez. Compre-a no supermercado ou processe-a em casa, você mesmo.

FARINHA DE CASTANHA PORTUGUESA
A farinha de castanha tem um sabor amendoado, delicado e leve de caramelo. É conhecida na Itália como "farina dolce", farinha doce. É feita a partir de castanhas portuguesas desidratadas moídas. É ideal para bolos, em especial de chocolate – tente substituir metade da farinha comum pela de castanha na receita de bolo de chocolate da p. 284. A farinha de castanha é totalmente livre de glúten. Compre-a em boas casas de produtos naturais ou em rotisserias italianas.

FARINHA DE COCO
A farinha de coco é uma farinha suave, feita a partir do coco desidratado. Confere um sabor sutil de coco a bolos e tortas, o que eu adoro. É rica em proteína e em gorduras saudáveis. Obviamente, não é uma farinha baseada em grãos, portanto é completamente livre de glúten. A farinha de coco absorve mais líquidos do que as feitas a partir de grãos, por isso é difícil substituí-la. Em vez disso, procure receitas que pedem especificamente a farinha de coco, como o pão de coco, na p. 313, e a torta de coco e cerejas, na p. 270. Pode ser encontrada em qualquer loja de alimentos naturais bem sortida.

FARINHA DE TRIGO-SARRACENO
Gosto do sabor forte e amendoado do trigo-sarraceno em bolos e tortas. Na verdade não se trata de trigo, mas de um parente de duas das minhas verduras favoritas: o ruibarbo e a azedinha. Fica uma delícia em panquecas e blinis. Gosto dele também na confecção de pães, e às vezes substituo um terço da quantidade de farinha de espelta pelo trigo-sarraceno na receita de pão de sementes, na p. 314. Compre-o em uma loja de produtos naturais.

FARINHA DE CENTEIO
A farinha de centeio possui sabor intenso, quase maltado. Gosto de usá-la em bolos e biscoitos de chocolate, e especialmente nos brownies da p. 300. Em geral, misturo ¼ de farinha de centeio com ¾ da de espelta na receita de pão da p. 314. O centeio é rico em um tipo de fibra que ajuda a dar saciedade, o que eu acho particularmente bom quando me impede de me servir de mais um pedaço de brownie. Está disponível na maioria dos supermercados.

FARINHA DE OLEAGINOSAS
Eu cozinho utilizando uma série de oleaginosas. Gosto do modo como impedem que um bolo resseque, o fato de conterem gorduras saudáveis e nutrientes, permitindo que se reduza a quantidade de gorduras menos saudáveis, como a manteiga. Não compro farinhas de oleaginosas, pois considero que elas não têm muito sabor. Gosto de moer minha farinha em casa, no processador, a cada bolo que faço. Pistache, amêndoas, nozes-pecãs, macadâmias, avelãs, nozes e pinhão. Todas elas funcionam muito bem em bolos, panquecas e muffins.

UMA DICA SOBRE CONSERVAÇÃO
Não as guarde por muito tempo; compre em pequenas quantidades – o suficiente para o uso durante 1 mês, mais ou menos – e guarde-as, bem fechadas, em local fresco e seco.

As farinhas integrais, em especial, devem ser bem seladas e refrigeradas se não for usá-las em poucas semanas, pois seu óleo natural pode se transformar em uma cozinha mais quente.

ÀS VEZES PREPARO MINHA PRÓPRIA FARINHA
Tudo o que você precisa é de um processador comum e alguns minutos. É tão gratificante poder fazer um pote de algo que você pensou que teria de comprar em uma loja.

Pode-se fazer a própria farinha com praticamente qualquer grão, leguminosa ou oleaginosa. Os que funcionam melhor para mim e de que eu mais gosto são aveia, quinoa em flocos, lentilhas secas, grão-de-bico seco, arroz integral e qualquer tipo de oleaginosa.

Para fazer a própria farinha em casa, coloque cerca de 400 g dos grãos ou leguminosas secos na tigela do processador. É importante colocar uma quantidade razoável, caso contrário os grãos simplesmente "voam" dentro da tigela. No caso das oleaginosas, é possível processar pequenas quantidades. Coloque o processador na velocidade alta e bata até que a farinha tenha formado uma pequena parede ao redor da tigela e não chegue mais ao centro. Retire a farinha, passe-a por uma peneira média, para uma farinha com mais textura, ou uma peneira fina, para usar em bolos e molhos.

Gosto de fazer minha própria farinha porque sei que ela será verdadeiramente integral. A maioria das farinhas comerciais tem o gérmen do grão removido. E é o gérmen que armazena a maior parte dos nutrientes. O gérmen é retirado porque contém um óleo e, sem ele, a farinha se conserva por mais tempo. Os nutrientes presentes na farinha também se exaurem rapidamente após a moagem, portanto, a farinha recém-moída permitirá que seu organismo absorva o melhor do grão.

A farinha de amêndoa, por exemplo, será mais saborosa, como as amêndoas frescas, e terá um aroma e textura diferentes das embaladas. A farinha recém-moída terá um sabor mil vezes melhor do que a que ficou na prateleira por semanas.

É fácil fazer farinhas originais, pouco usuais em casa. Farinhas diferentes podem ser mais caras e difíceis de encontrar, portanto, fazer a própria farinha economiza tempo e dinheiro.

Você pode obter farinhas diferentes de lentilhas e feijões secos, que têm um sabor incrível e proteínas saudáveis também.

Cupcakes de cenoura e cardamomo com cobertura de xarope de bordo

Não conheço ninguém que não goste destes cupcakes. São uma unanimidade. Agradam igualmente a velhos e jovens, homens e mulheres, amantes de junk food e obcecados por saúde. Isso é o mais próximo de um cupcake que eu consigo chegar – cupcakes superamanteigados e doces não me atraem. Prefiro algo com caráter e intensidade. Se estou indo a uma festa ou à casa de amigos para o chá, são estes cupcakes que eu levo. Ficam úmidos e são carregados de coisas boas. Pode-se servir a qualquer hora do dia.

Estes não levam açúcar refinado, são adoçados com xarope e banana (embora não se sinta seu gosto). Podem ser feitos sem laticínios e sem glúten sem prejuízo de seu sabor. Minha versão preferida leva óleo de coco, em lugar da manteiga, e farinha de grão-de-bico, mas use manteiga e farinha de trigo ou de espelta, se desejar. Cream cheese de soja ou um iogurte bastante denso funciona na cobertura.

Às vezes troco a cenoura por abóbora-cheirosa ou mesmo nabo, portanto eles são uma forma excelente de usar as sobras de tubérculos.

....

Preaqueça o forno a 200 °C.

Forre uma fôrma de muffins com 12 forminhas de papel e reserve. Coloque a manteiga ou o óleo de coco e o xarope em uma panela com as especiarias e derreta em fogo baixo. Deixe esfriar.

Coloque a farinha de amêndoa, a farinha de espelta, as sementes de abóbora e o fermento químico em pó em uma tigela. Acrescente a cenoura ralada, a banana amassada e os ovos, então a despeje sobre a mistura de xarope já fria e misture bem. Com uma colher, preencha as forminhas de papel com a mistura. Leve para assar por 25 minutos, até a superfície estar dourada e um palito inserido no centro sair limpo.

Enquanto os cupcakes assam, prepare a cobertura. Coloque o cream cheese em uma tigela com o xarope e as especiarias e bata até obter uma massa leve e fofa. Costumo fazer isso com o mixer, mas com uma colher de pau se obtém o mesmo resultado. Depois que os cupcakes assados já tiverem esfriado, espalhe uma grossa camada de cobertura sobre cada um e finalize com raspas de limão.

RENDE 12 CUPCAKES

PARA OS CUPCAKES
80 g de manteiga ou óleo de coco
4 colheres (sopa) de xarope de bordo
sementes de 4 bagas de cardamomo finamente trituradas em um pilão
1 colher (chá) de canela em pó
½ colher (chá) de gengibre em pó
150 g de farinha de amêndoa
100 g de farinha de espelta light ou de grão-de-bico
50 g de sementes de abóbora
2 colheres (chá) de fermento químico em pó
2 cenouras médias raladas
1 banana descascada e amassada
3 ovos orgânicos ou caipiras batidos (ou ver nota sobre a chia, na p. 42)

PARA A COBERTURA
200 g de cream cheese
4 colheres (sopa) de xarope de bordo
uma pitada de canela em pó
uma pitada de gengibre em pó

PARA DECORAR
raspas da casca de 1 limão

Cookies de açúcar mascavo e gotas de chocolate (e sanduíches de sorvete)

Quando era criança, dizia sempre que quando crescesse teria um quarto da minha casa cheio de marshmallows – e ainda espero conseguir. Acredito que uma das alegrias da infância na San Francisco pós-hippies era alimentar a fascinação pelos doces americanos, como o bolo arco-íris de sorvete e barrinhas de chocolate Mars que tive no meu aniversário de 4 anos, as Pop-tarts, biscoitos precozidos que via nas vitrines de lojas e, é claro, o incrível sanduíche de sorvete.

Estes biscoitos são um pouco melhor do que aqueles da minha infância: açúcar mascavo, farinha de trigo integral e pasta de amendoim substituem a maior parte da manteiga (faço também uma versão com 200 g de pasta de amendoim e sem manteiga). Faça com eles um sanduíche recheado com um belo sorvete salpicado de baunilha, iogurte congelado ou, melhor ainda, o meu favorito, Booja-Booja (boojabooja.com) – um sorvete sem lactose, feito a partir de castanhas-de-caju. Use chocolate amargo ou ao leite, como preferir (uso um bom chocolate 70%).

Uso uma mistura de açúcar mascavo claro e mascavo escuro em partes iguais, mas pode optar por um ou outro. Utilizando o claro, você terá um biscoito com gotas de chocolate. O escuro vai conferir mais intensidade e sabor de malte.

....

Preaqueça o forno a 200 °C e forre duas assadeiras com papel-manteiga.

Antes de mais nada, bata a aveia em um processador até obter um pó fino. Coloque-o em uma tigela, misture a farinha de trigo, o fermento em pó e o chocolate picado.

Em outra tigela, junte a manteiga, a pasta de amendoim ou de amêndoa, os açúcares e o extrato de baunilha e bata até ficar bem mesclado e cremoso. Uso o mixer ou o processador para isso, mas uma colher de pau e um braço forte são suficientes.

RENDE CERCA DE 24 COOKIES

100 g de aveia

100 g de farinha de trigo integral ou de espelta

½ colher (chá) de fermento químico em pó

100 g chocolate grosseiramente picado em pedaços grandes

100 g de manteiga em temperatura ambiente

100 g de pasta lisa de amendoim ou amêndoa (na p. 340 ensino como fazer em casa)

150 g de açúcar mascavo claro

150 g de açúcar mascavo escuro

1 colher (chá) de extrato de baunilha

2 ovos orgânicos ou caipiras batidos

Junte os ovos à mistura de açúcar e manteiga, então adicione os ingredientes secos misturando bem com uma colher de pau até estar tudo homogêneo – a massa vai ficar bem firme.

Use uma colher para fazer montinhos de massa na assadeira forrada, deixando um espaço de 3 cm entre eles (coloco de 6-8 em uma assadeira de 30 × 20 cm). Asse-os por 8-10 minutos, até que se espalhem e fiquem ligeiramente dourados nas bordas.

Sirva-os quentes, diretamente da assadeira, ou deixe esfriar e monte sanduíches com seu sorvete preferido. Certifique-se de que o sorvete esteja ligeiramente macio para poder ser espalhado – então leve os sanduíches de volta ao freezer para firmar o sorvete, por 5 minutos, antes de servir. Se quiser mantê-los no freezer, embrulhe-os em papel-manteiga – eles vão durar algumas semanas.

Nota: Se não quiser assar os 24 biscoitos, faça um rolo com a massa, embrulhe-a em papel-manteiga e congele. Então é só cortar a massa congelada em fatias de 1 cm de espessura para ter biscoitos instantâneos, que só levarão alguns minutos a mais para assar.

Pão de banana e sementes com calda de limão-siciliano e gergelim

Em uma fria semana de inverno, não consegui "escapar" do pão de banana. Um filão embalado em papel craft e amarrado com barbante chegou de um padeiro amigo pelo correio; outro me enviou um e-mail pedindo a minha melhor receita de pão de banana; cheguei à casa de uma terceira amiga e senti o aroma de um pão no forno. Lá estavam os sinais: era chegada a semana do pão de banana e vi-me frente ao desafio de fazer o melhor pão de banana a meu alcance.

Este foi o resultado. Cheio de sementes, é uma combinação de todas as coisas boas de diferentes pães que já fiz. Pode confiar em mim quanto ao emprego ousado de sementes – elas fazem a diferença. Uso sempre a mesma mistura – 50 g de linhaça dourada, 50 g de sementes de papoula e 50 g de gergelim preto –, mas qualquer semente miúda vai bem aqui.

Este pão de banana é genial, pois leva um mínimo de açúcar para fazer algo que parece uma iguaria. Gosto de cortar a banana em pedaços grandes, para que sejam vistas aqui e ali na massa, mas, se preferir, amasse-a completamente. O pão fica bastante úmido por causa das bananas, por isso não se preocupe se ele parecer muito macio ao cortar – é isso que o torna tão delicioso. É também uma boa opção para usar uma farinha sem glúten.

As sementes nesta receita contêm uma longa lista de vitaminas e minerais, portanto oferecem incríveis benefícios à saúde. As pequenas sementes de linhaça são a mais rica fonte vegetal de ômega-3, o que ajuda nosso cérebro, as articulações e o sistema imunológico – além de regular o nível dos hormônios – e são ótima fonte de fibras. Portanto, coma este pão e saiba que está fazendo algo muito saudável.

....

Preaqueça o forno a 200 °C. Unte e enfarinhe uma fôrma de pão antiaderente de 450 g (se sua fôrma não for antiaderente, forre-a com o papel-manteiga).

RENDE 1 FILÃO DE BOM TAMANHO

PARA O PÃO
125 g de farinha de trigo (uso a não branqueada)

125 g de farinha de trigo integral ou de espelta

125 g de açúcar mascavo claro

150 g de sementes miúdas (como linhaça, gergelim, papoula, chia)

uma boa pitada de sal marinho

1 colher (chá) de fermento químico em pó

3 bananas médias maduras descascadas

raspas da casca e suco de 1 limão-siciliano

2 colheres (sopa) de azeite de oliva

2 colheres (sopa) de iogurte natural ou de soja sem açúcar ou iogurte de coco

2 ovos orgânicos ou caipiras batidos (ou ver nota sobre chia, na p. 42)

PARA A CALDA
1 colher (sopa) de tahine

3 colheres (sopa) de açúcar de confeiteiro dourado ou mel

suco de 1 limão-siciliano

PÃO DE BANANA E SEMENTES COM CALDA DE LIMÃO-SICILIANO E GERGELIM

Junte todos os ingredientes secos em uma tigela – as farinhas, o açúcar, as sementes, o sal e o fermento em pó – e misture bem.

Em outra tigela, amasse as bananas com um garfo (gosto de ver os pedaços), então acrescente o suco e as raspas do limão, o azeite de oliva, o iogurte e os ovos e misture bem.

Adicione os ingredientes molhados à tigela com os secos, tomando o cuidado de não mexer demais, apenas o suficiente para misturar tudo. Coloque a mistura na fôrma de pão e asse por 40-45 minutos, até que um palito inserido na massa saia limpo.

Enquanto está assando, prepare a calda. Em uma tigela, bata o tahine e o açúcar de confeiteiro até obter uma mistura homogênea, esprema por cima o suco do limão e misture bem.

Retire o pão do forno e deixe na fôrma até esfriar o suficiente para transferi-lo para uma grade de metal. Enquanto ainda está quente, coloque uma grande travessa sob a grade de metal, perfure o pão todo, despeje sobre ele o tahine com limão e deixe penetrar.

Ele já é delicioso assim, cortado em fatias finas, com uma xícara de café, mas às vezes gosto de espalhar sobre as fatias uma grossa camada de pasta de amendoim ou de amêndoas.

Brownies supercrus

Estes brownies têm gosto de quero-mais pecaminoso – quadrados de um chocolate intenso e caramelo mastigável. Mas, quando você observa mais de perto, percebe que tudo nele é incrivelmente bom para sua saúde. É tribom, na verdade. Eles são aromatizados com sal marinho e o inconfundível sabor de caramelo das tâmaras medjool, e se eu tivesse de levar uma refeição para uma ilha deserta, com certeza estaria em minha mochila.

Uma vantagem a mais é que estes brownies são completamente crus (isto é, se você usar mel e cacau crus). Mas qual a grande sacada do alimento cru, você pode perguntar? Alimentos crus são aqueles que não foram aquecidos acima dos 42 °C. A maioria dos alimentos em seu estado natural contém tudo de que precisamos para digeri-los. Quando aquecemos os alimentos, destruímos parte de suas enzimas digestivas, tornando-os de mais difícil digestão, o que explica por que muitas vezes ficamos letárgicos depois de comer. Como os alimentos crus são "vivos", eles mantêm alto o seu nível de energia. Portanto, acredito que incluir um pouco de comida crua em minha dieta é excelente, e que melhor maneira de fazer isso do que começar com um brownie?

....

Coloque as amêndoas em um processador e bata até obter um pó rústico. Acrescente as tâmaras, o mel, o cacau e o sal e bata novamente por cerca de 1 minuto, até que os ingredientes se agreguem em uma bola de massa. Transfira a mistura para uma tigela, acrescente as nozes-pecãs picadas e pressione para que penetrem na massa.

Forre uma fôrma quadrada de 20 cm x 20 cm com papel-manteiga e acrescente a mistura, pressionando-a com os dedos até obter uma camada uniforme. Cubra com filme de PVC e leve à geladeira por 15 minutos antes de cortá-lo. Costumo cortá-lo em 25 quadrados pequenos, pois são bastante ricos, mas corte-os maiores, se planeja servi-los como sobremesa. Polvilhe com cacau em pó. Eles duram por até 1 semana – se o tempo estiver quente, é melhor mantê-los na geladeira.

RENDE CERCA DE 20 MINIBROWNIES

100 g de amêndoas com pele

250 g de tâmaras medjool sem caroço (cerca de 12)

2 colheres (sopa) de mel (mel cru, se conseguir)

75 g de cacau em pó (o cru é o melhor), mais o suficiente para polvilhar

½ colher (chá) de sal

50 g de nozes-pecãs picadas

Brownies crocantes de caramelo salgado

Mostre-me alguém que não goste destes brownies e eu lhe darei uma fornada feita por mim: brownies de intenso sabor de chocolate e caramelo salgado. Preparo um caramelo rápido e supersimples que esfria rapidamente e que, picado e jogado sobre a massa, afunda na mistura de brownie. À medida que o brownie assa, o caramelo derrete e deixa pequenos focos de um caramelo quente e macio por todo o bolo, que fica com uma crosta perfeita. Parece delicioso, não? E posso garantir que é. A primeira vez que preparei esses brownies tive de fazer uma segunda receita na mesma tarde, pois foram devorados rapidamente (não só por mim). Todo mundo tem um ponto fraco. Este é o meu.

Tratei de manter estes brownies um pouco mais leves, usando aqui a farinha de centeio (ver nota na p. 290) e sugerindo a substituição da manteiga pelo óleo de coco – deixa um leve sabor de coco, que aprecio muito. Uso o açúcar demerara ou o mascavo claro para um efeito supercremoso, ou açúcar de coco (ver p. 275), que funciona também, embora não para o caramelo. Não vamos fingir, estes brownies são o que toda guloseima deveria ser.

RENDE 12 BROWNIES DE BOM TAMANHO

PARA O CARAMELO SALGADO

50 g de manteiga sem sal ou óleo de coco, mais um pouco para untar

100 g de açúcar demerara

uma generosa pitada de sal marinho em flocos, cerca de ¼ de colher (chá)

3 colheres (sopa) de leite (uso o de coco ou de amêndoa)

PARA OS BROWNIES

150 g de chocolate amargo (70%)

150 g de manteiga sem sal ou óleo de coco

250 g de açúcar demerara ou açúcar mascavo claro

3 ovos orgânicos ou caipiras

1 colher (chá) de extrato de baunilha natural ou as sementes de 1 fava de baunilha

100 g de farinha de centeio ou de espelta light ou de trigo

Faça primeiro o caramelo. Coloque uma folha de papel-manteiga em uma assadeira e pincele a parte superior com óleo. Leve ao fogo médio uma panela com o açúcar. Vigie atentamente, deixando que se aqueça e derreta até que quase todos os grãos de açúcar tenham sumido. Retire depressa a panela do fogo, acrescente a manteiga ou o óleo de coco e bata, fora do fogo, por cerca de 1 minuto. Acrescente o sal e o leite de coco e bata novamente. Leve de volta ao fogo por 2-3 minutos, bata vigorosamente até que a mistura escureça e engrosse, e todos os torrões de açúcar tenham derretido. Despeje-a na fôrma forrada e leve ao freezer por 30 minutos para firmar.

Preaqueça o forno a 180 °C e unte e forre uma fôrma pequena com papel-manteiga (a minha mede 20 x 20 cm, mas não precisa ser uma medida exata).

Enquanto o caramelo resfria, prepare a mistura do brownie. Coloque uma tigela refratária sobre uma panela com água fervilhando suavemente, mas cuidado para que a tigela não toque a água. Acrescente o chocolate e a manteiga ou óleo de coco, e deixe derreter, mexendo de vez em quando. Quando estiver tudo derretido, retire a tigela do fogo, junte o açúcar, depois os ovos, um a um, e finalmente a baunilha e a farinha.

Quando o caramelo tiver endurecido, retire-o do freezer. Pique um terço dele em pedaços pequenos e misture à massa do brownie. Pique o restante em pedaços de cerca de 1 cm.

Despeje a mistura de brownie na fôrma preparada e espalhe sobre a massa os pedaços restantes do caramelo salgado. Asse por 25 minutos, apenas até estar cozido – uma crosta terá se formado e o caramelo derretido criará focos cor de âmbar na base do bolo. Deixe esfriar por 20 minutos antes de cortar. Sei que será difícil resistir, mas o caramelo estará muito quente.

Eles podem ser guardados por até 4 dias em recipiente hermeticamente fechado. Mas duvido que durem mais do que uma tarde!

Rolinhos de figo Lady Grey

O chá Lady Grey é o meu preferido – tomo uma xícara todos os dias. Possui um caráter floral, realçado por uma leve nota de limão-siciliano. Earl Grey ou outro chá de sua preferência também podem ser utilizados.

Já os rolinhos de figo, adoro desde criança – enquanto meus amigos ansiavam por wafers cor-de-rosa ou biscoitos recheados, eu preferia uma iguaria mais adulta: os rolinhos de figo.

Todo mundo sabe que o figo é bom para a saúde, mas eu não sabia que era tanto. Eles são uma excelente fonte de cálcio, o que é uma ótima notícia para aqueles de nós que estão reduzindo a quantidade de laticínios em nossa dieta. Contêm muita fibra, o que ajuda a controlar o açúcar no sangue e baixa o colesterol e, na medicina chinesa, são apreciados por suas propriedades desintoxicantes.

....

Coloque a aveia no processador e bata até obter uma farinha grossa. Acrescente o açúcar, o fermento, o sal e a canela e misture bem. A seguir, adicione o xarope de bordo, o ovo e a manteiga ou óleo de coco. Pulse até que se forme uma bola de massa, enrole-a em papel-manteiga e leve à geladeira para resfriar um pouco.

Coloque o chá em infusão por no mínimo 20 minutos, então descarte os saquinhos da erva e coloque o chá em uma panela com os figos picados, as sementes e a fava de baunilha e o suco e raspas cítricas. Leve ao fogo baixo e deixe fervilhar até os figos estarem macios e todo o líquido ter desaparecido. Retire a fava da baunilha e bata tudo no processador até obter uma geleia de figo.

Preaqueça o forno a 200 °C.

Coloque a massa entre duas folhas de papel-manteiga e abra a massa em um retângulo comprido (deve ficar com cerca de 30 × 15 cm depois de aberta). Coloque a geleia no centro e dobre as duas laterais para o centro, envolvendo o recheio. Corte-o em rolinhos, coloque-os em uma folha de papel-manteiga e asse por 15-20 minutos, ou até estarem crocantes e dourados. Sirva com uma bela xícara de chá Lady Grey.

14 UNIDADES

125 g de aveia

50 g de açúcar mascavo ou açúcar de coco (ver p. 275)

½ colher (chá) de fermento químico em pó

uma pitada de sal marinho

1 colher (chá) de canela em pó

1 colher (sopa) de xarope de bordo

1 ovo orgânico ou caipira (ou ver nota sobre a chia, na p. 42)

70 g de manteiga ou de óleo de coco

150 ml de chá Lady Grey superforte (uso 4 saquinhos)

200 g figos secos sem os cabinhos e grosseiramente picados

sementes de 1 fava de baunilha, mais a fava

raspas da casca e suco de ½ laranja

raspas da casca e suco de ½ limão-siciliano

Bolo de pistache com xarope de flor de sabugueiro

Moro em Hackeny, na Grande Londres, que não é um lugar propriamente sofisticado, mas gosto assim mesmo. Uma vez por ano as flores de sabugueiro desabrocham por todo lado, em parques e pântanos, e ninguém parece sequer perceber sua presença. Então lá vou eu com minha escada de mão e apanho o máximo de flores que conseguir.

Faço licor, litros e mais litros (ver receita na p. 325), e sempre faço este bolo. Em lugar de farinha, uso fubá e pistache, o que lembra muito a baclava, um tipo de pastel com pasta de nozes trituradas. Para moer o pistache, você vai precisar de um processador, portanto, se não tiver um, substitua por farinha de amêndoa.

Uma amiga me disse que ia dar ao seu primeiro filho o nome deste bolo. Não sei se poderia receber um elogio maior que esse.

RENDE UM BOLO ALTO DE 20 CM

PARA O BOLO

125 g de manteiga em temperatura ambiente

125 g de iogurte grego

250 g de açúcar mascavo claro ou açúcar de coco (ver p. 275)

250 g de pistache

200 g de fubá

1 colher (chá) de fermento químico em pó

raspas da casca e suco de 1 limão-siciliano

3 ovos orgânicos ou caipiras

150 ml de xarope de flor de sabugueiro (ver p. 325)

PARA A COBERTURA DE FLOR DE SABUGUEIRO

100 g de iogurte grego espesso ou cream cheese

4 colheres (sopa) de açúcar de confeiteiro ou mel

1 colher (sopa) de xarope de flor de sabugueiro (ver p. 325)

um punhado de pistache grosseiramente picado

Preaqueça o forno a 200 °C. Forre e unte a base de uma fôrma desmontável de 20 cm de diâmetro.

Coloque a manteiga, o iogurte e o açúcar em uma tigela e bata bem, até obter uma massa cremosa, leve e fofa.

A seguir, moa completamente o pistache no processador – mas não bata demais, ou vai virar uma pasta. Adicione o pistache moído, o fubá, o fermento em pó e o suco e raspas do limão à mistura de manteiga e mexa bem. Adicione os ovos, um a um, e incorpore-os.

Despeje a massa na fôrma e asse por 45-50 minutos, até que um palito inserido no centro saia limpo. Retire o bolo do forno e deixe esfriar na fôrma. Com cuidado, faça alguns furos no bolo ainda quente e lentamente despeje o xarope de flor de sabugueiro, dando um tempo para que penetre. Deixe o bolo na fôrma até esfriar o suficiente para transferi-lo para uma grade de metal.

Para a cobertura, junte o iogurte, o açúcar de confeiteiro ou mel e o xarope de flor de sabugueiro até a mistura estar homogênea. Espalhe sobre o bolo já frio e salpique com pistache picado.

Blondies de caramelo com gotas de chocolate

Blondies são uma versão mais clara de brownies, feitos com creme, manteiga, açúcar e limão em lugar do chocolate. Este aqui – um bolo de densa crosta caramelada, salpicado de chocolate derretido – fica entre o biscoito com gotas de chocolate e o brownie. Leva-se menos de 5 minutos para preparar e levar ao forno e cerca de 30 segundos para degustar.

Se conseguir encontrá-lo, o chocolate com caramelo será a melhor opção, embora contenha um pouco mais de açúcar. Se preferir algo menos doce, opte pelo chocolate amargo 70%.

Em geral, faço a versão sem derivados do leite, usando iogurte de soja ou de coco e óleo de coco – fica mais leve, e gosto disso. Iogurte integral natural também é indicado.

....

Preaqueça o forno a 190 °C. Unte uma fôrma quadrada, forre com papel-manteiga e reserve.

Coloque a manteiga ou óleo de coco e o açúcar em uma tigela grande e misture bem, com um mixer ou manualmente. Acrescente as sementes da baunilha e o iogurte e bata até estar tudo bem homogêneo. Adicione o mel ou o xarope de agave e bata novamente.

Em outra tigela, junte a farinha, o fermento em pó e o sal e misture bem.

Acrescente os ingredientes secos aos líquidos e misture completamente até estar tudo lindamente mesclado. Aos poucos, adicione o leite e depois misture as gotas de chocolate.

Coloque a massa na fôrma e alise-a com as costas de uma colher ou espátula. Asse por 35-40 minutos, até a superfície estar firme e dourada.

Deixe esfriar completamente e então corte em quadrados pequenos. O iogurte presente na massa faz com que esses blondies se mantenham macios e frescos por 1 semana.

12 PORÇÕES

- 100 g de óleo de coco ou manteiga em temperatura ambiente
- 100 g de açúcar mascavo claro
- sementes de 1 fava de baunilha
- 100 g de iogurte de soja ou iogurte de coco natural
- 2 colheres (sopa) mel ou xarope de agave
- 250 g de farinha de trigo
- 2 colheres (chá) de fermento químico em pó
- uma grande pitada de sal marinho
- 90 ml de leite (de vaca, de coco, de amêndoa ou de soja)
- 150 g de chocolate amargo ou chocolate com pedaços de caramelo grosseiramente picado

Biscoitos Anzac

Gosto de sequilhos de coco. Gosto de biscoitos mastigáveis de aveia e uvas-passas. Gosto de biscoitos de aveia e coco – chamados de Anzac porque alimentavam os soldados do exército australiano e neozelandês (Australia New Zealand Army Corps) durante a Primeira e a Segunda Guerra Mundial.

Esta receita é o meu modo de ter os três ao mesmo tempo. Alguns podem chamar isso de gula, mas prefiro chamar de culinária inteligente. Estes biscoitos formam um delicioso puxa-puxa e podem ser preparados num instantinho. Levam pouco açúcar, por isso são um lanchinho saudável, e se quiser trocar o açúcar mascavo por açúcar de coco, vão ficar mais saudáveis ainda.

Faço tanto biscoitos grandes como pequenos e delicados, dependendo do meu humor – aqui apresento instruções e o tempo para ambos. Se não tiver óleo de coco, substitua por manteiga derretida.

....

Preaqueça o forno a 200 °C e forre duas assadeiras com papel-manteiga.

Pese todos os ingredientes secos e junte-os em uma tigela – a farinha, a aveia, o coco, as uvas-passas, o açúcar e o bicarbonato de sódio.

A seguir, derreta o óleo de coco em uma panela pequena, deixe esfriar um pouco, então adicione o xarope. Acrescente a mistura quente à tigela com os ingredientes secos e mexa bem – a massa ficará um pouco esfarelada, mas vai se agregar quando for manuseada.

Com uma colher ou com as mãos, forme bolas de massa. Para os biscoitos grandes, meça uma colher de sopa de massa, para os pequenos, uma generosa colher de chá. Coloque-as nas assadeiras forradas deixando espaço para que se espalhem ao assar.

Asse os biscoitos grandes por 12 minutos e os menores por 8-10 minutos, até estarem ligeiramente dourados, mas de cor uniforme. Deixe esfriar por cerca de 5 minutos na própria assadeira antes de transferi-los para uma grade de metal para esfriarem completamente.

RENDE CERCA DE 14 BISCOITOS GRANDES OU 24 PEQUENOS

125 g de farinha de espelta light ou farinha de coco

50 g de aveia

50 g de coco em flocos sem açúcar ou coco desidratado

100 g de uvas-passas

75 g de açúcar mascavo

¼ de colher (chá) de bicarbonato de sódio

125 g de óleo de coco

3 colheres (sopa) de xarope de bordo

Bolo de cardamomo com cobertura de limão

Este bolo com cobertura de limão é sem dúvida o meu preferido. Adoro o sabor marcante da casca de limão. Esta é a minha versão. Metade chá da tarde na casa da vovó e metade chá de menta no mercado árabe.

Uso farinha de amêndoa nesta receita, que mantém o bolo mais úmido e delicioso, além de ter mais a oferecer, nutricionalmente falando, do que a farinha de trigo. Em vez de tornar este bolo pesado com manteiga e açúcar, uso iogurte em lugar da manteiga – o que significa um bolo mais úmido e mais leve também. O mel se encarrega de adoçar. Pode-se usar limão-taiti em lugar do siciliano – nesse caso, use 1½ taiti para cada limão-siciliano da receita.

O mel é um açúcar totalmente natural. Gosto das variações de sabor que se consegue com o mel e o fato de você sentir de quais flores as abelhas captaram o néctar. Claro, é sempre um açúcar, mas não foi adulterado como o açúcar refinado. O mel de flor de laranjeira cai muito bem nesta receita, se conseguir encontrá-lo. No verão, misturo uma colherada em minha água quente, pela manhã – acredita-se que um pouco de mel das redondezas ajuda a prevenir alergias.

Antes de tudo, preaqueça o forno a 180 °C.

Em uma tigela, quebre e bata os ovos até espumarem um pouco. Junte o iogurte, o mel e o azeite de oliva. Em seguida, adicione as raspas de ambos os limões-sicilianos.

Em outra tigela, junte todos os ingredientes secos e misture-os bem. Com cuidado, acrescente a mistura seca à de iogurte e bata delicadamente.

Unte uma fôrma de bolo de 20 cm, desmontável, com azeite de oliva. A seguir, forre a base com papel-manteiga. Despeje a mistura do bolo e alise a superfície com as costas de uma colher. Leve ao forno por 30 minutos, até estar dourado na superfície. Faça o teste do palito – se ele sair limpo, está assado.

RENDE UM BOLO ALTO DE 20 CM DE DIÂMETRO

PARA O BOLO

3 ovos orgânicos ou caipiras (ou veja nota sobre chia, na p. 42)

100 g de iogurte grego ou iogurte de coco

150 ml de mel

150 ml de azeite de oliva, mais o necessário para untar

2 limões-sicilianos

200 g de farinha de amêndoa

200 g de farinha de espelta light

1 colher (chá) de fermento químico em pó

1 colher (sopa) de sementes de papoula

sementes de 4 bagas de cardamomo bem socadas em um pilão

PARA A CALDA

1 limão-siciliano

100 ml de mel

sementes de 8 bagas de cardamomo bem socadas em um pilão

Enquanto isso, prepare a calda para regar o bolo. Retire a casca do limão com um cortador de legumes. Esprema o suco em uma panela e adicione as cascas cortadas e o mel. Junte as sementes de cardamomo moídas. Leve ao fogo médio e deixe fervilhar por 15-20 minutos, até que a calda tenha engrossado um pouco e as cascas tenham se caramelizado. Você saberá se estão no ponto quando as tiras de casca estiverem translúcidas e brilhantes, e as bordas ligeiramente curvadas.

Retire o bolo do forno e deixe esfriar até poder retirá-lo da fôrma com segurança. Transfira para uma grade de metal e coloque uma travessa por baixo da grade para recolher o excesso de calda. Ainda quente, perfure todo o bolo com um palito e lentamente despeje a calda sobre o bolo, tomando o cuidado de chegar até as bordas.

Às vezes, sirvo este bolo com um pouco de iogurte.

Pão rústico de cenoura e pimenta-do-reino

Minha amiga Serinde faz este pão rapidamente depois do trabalho – ela é uma das pessoas mais ativas que conheço e estou certa de que é isso que a leva em frente. A princípio o pão de cenoura não chamou minha atenção, mas é mesmo ótimo.

Sementes de abóbora e cenouras são complementos básicos durante o ano inteiro. Mas na primavera aqueço suavemente iogurte e água com um punhado de alecrim, bato tudo junto e acrescento à massa. No outono, adiciono algumas beterrabas raladas e sementes de kümmel. O pão rústico é o primeiro passo para quem quer se aventurar no mundo dos pães, e esta receita é ideal para os padeiros principiantes ou para fazer com as crianças.

....

Preaqueça o forno a 220 °C.

Coloque as farinhas, as sementes de abóbora, o sal, o bicarbonato de sódio e a pimenta-do-reino em uma tigela e misture bem. Em uma caneca, misture o iogurte e 200 ml de água fria.

Acrescente as cenouras à mistura seca e, aos poucos, vá adicionando o iogurte. Misture tudo muito bem com um garfo, então mãos à obra para formar uma bola de massa.

Unte uma assadeira pesada com azeite de oliva – melhor ainda: se tiver uma em casa, use uma pedra de assar. Coloque seu círculo de massa na assadeira ou na pedra e polvilhe um pouco mais de farinha.

Faça alguns cortes na superfície do pão com uma faca e leve para assar em forno quente por 40 minutos, até crescer e dourar.

Retire do forno e bata na base do pão. Se ouvir um som oco, está perfeito. Coloque-o numa grade de metal para esfriar. Fica uma delícia quente, com manteiga ou com óleo de coco.

RENDE 1 PÃO DE BOM TAMANHO

175 g de farinha de trigo para pão
175 g de farinha de trigo integral ou de espelta
50 g de sementes de abóbora
1 colher (chá) de sal marinho
1 colher (chá) de bicarbonato de sódio
uma boa pitada de pimenta-do-reino moída na hora
200 ml de iogurte natural de sua escolha
2 cenouras descascadas e raladas
azeite de oliva

Pão de coco e baunilha

Este bolo valoriza um dos meus ingredientes preferidos, o coco. Na verdade, ele pode ser feito apenas com produtos derivados do coco, se você conseguir – caso contrário, há alternativas. Metade bolo, metade pão, fica delicioso tostado, depois de alguns dias.

O leite de coco, a farinha de coco, o açúcar de coco e o óleo de coco compõem este autêntico pão de coco, secundado pela doçura da baunilha e pelas amêndoas. Gosto de fazer este bolo aos domingos e tostá-lo para o café da manhã de toda a semana. Fica muito bom com manteiga de amêndoas, umas gotas de limão ou geleia de limão, siciliano ou taiti.

Muita gente evita o óleo e o leite de coco por acreditarem que possuem alto teor de gordura prejudicial. Ele realmente contém gordura, mas nosso organismo é capaz de dissolvê-la muito mais facilmente do que à gordura de outras fontes, vegetais ou animais. Além disso, nosso organismo precisa de um pouco de gordura e o leite de coco é uma das melhores formas de adquiri-la.

....

Preaqueça o forno a 180 °C e unte com manteiga uma fôrma de pão de 450 g (22 × 8 cm). Pegue uma folha de papel-manteiga do comprimento da fôrma e forre-a na base e nas laterais – as extremidades vão ultrapassar as bordas, mas não tem problema, o importante é ter o papel para ajudá-la a desenformar o pão.

Bata juntos, em um jarro, os ovos, o leite e as sementes de baunilha.

Em uma tigela, junte a farinha, o açúcar, o fermento em pó, o coco desidratado e a farinha de amêndoa e abra uma cova no centro. Aos poucos, adicione a mistura de ovos e, a seguir, o óleo derretido ou a manteiga, e misture até ficar homogêneo.

Despeje a massa na fôrma e asse-a por cerca de 50 minutos, até que um palito inserido no centro saia limpo. Deixe esfriar na própria fôrma por alguns minutos, então transfira-o para uma grade de metal para esfriar completamente.

RENDE 1 PÃO DE BOM TAMANHO

2 ovos orgânicos ou caipiras (ou veja nota sobre chia, na p. 42)

200 ml de leite de coco, ou outro leite de sua escolha (ver nota na p. 39)

sementes de 1 fava de baunilha

150 g de farinha de espelta ou de coco light

200 g de açúcar de coco (ver p. 275) ou açúcar mascavo light

½ colher (chá) de fermento químico em pó

50 g de coco ralado seco

50 g de farinha de amêndoa

50 g de óleo de coco ou manteiga derretido e frio

Pão de sementes nunca é demais!

Retirar do forno um pão feito por você é um momento muito especial. Incluí aqui esta receita porque se trata de um fantástico filão de pão, mas também porque, se você for como eu, precisa de vez em quando de uma gratificação garantida.

Esta é a minha receita infalível de pão. Metade farinha comum, metade integral, muitas sementes, incrivelmente substanciosa e muito, muito fácil. Aprendi muito sobre pães em dois anos trabalhando com meu amigo Tom Herbert. O que Tom não sabe sobre pães é porque não vale a pena saber, e com certeza absorvi parte do seu conhecimento.

Lembre-se desta regra de ouro da confecção de pães: não tenha receio da massa úmida. Como meu amigo Tom costuma dizer, "quanto mais úmida, melhor". Continue a trabalhar a massa e procure enfarinhar suas mãos e a superfície de trabalho o mínimo possível. Tenha confiança – ela vai dar ponto.

....

Pese 350 g de água morna (você deve conseguir introduzir o dedo sem estar muito quente). Tenho como regra que pesar é mais preciso do que usar uma jarra medidora. Então, coloque o fermento e o mel ou xarope na água.

A seguir, junte em uma tigela grande as farinhas, a aveia, as sementes e o sal. Misture bem. Acrescente a água e mexa, usando um garfo até ter um arremedo de massa. Cubra a tigela com um pano de prato limpo e deixe descansar alguns minutos para que o fermento comece a agir.

Depois de alguns minutos, retire a massa da tigela e coloque-a sobre uma superfície limpa. A massa estará úmida e disforme, que é como deveria estar – você pode acrescentar um tiquinho de farinha de vez em quando, enquanto trabalha a massa, mas cuidado para não pôr demais.

Trabalhe a massa até ficar lisa, coloque-a de volta na tigela, cubra com o pano de prato outra vez e mantenha-a em lugar aquecido (costumo colocar ao lado do forno, ligado no mínimo) por 1h ou 1h30. Quando você voltar à massa, ela deverá ter dobrado de tamanho. O tempo que isso vai demandar depende da umidade e do tipo de farinha que se usa.

RENDE 1 PÃO DE TAMANHO RAZOÁVEL

1 sachê (7 g) de fermento biológico seco
1 colher (sopa) de mel ou xarope de agave
200 g de farinha de trigo
200 g de farinha de trigo integral
50 g de aveia
25 g de sementes de linhaça
25 g de sementes de papoula
1 colher (chá) de sal marinho

PÃO DE SEMENTES NUNCA É DEMAIS!

Retire-a da tigela e trabalhe a massa por 30 segundos, então modele a massa em uma forma oval e coloque-a em uma assadeira untada com óleo. Cubra com o pano de prato mais uma vez e deixe crescer por mais 40 minutos, mais ou menos. Preaqueça o forno a 240 °C.

Depois de 40 minutos, faça cortes na superfície com uma faca e polvilhe com um pouco de farinha de trigo integral. Preencha outra assadeira até a metade de água e coloque-a na parte inferior do forno. Isso vai criar vapor e ajudará seu pão a ficar com uma bela crosta e textura.

Asse o pão por 30-35 minutos, até estar dourado por igual. Para verificar se seu pão está pronto, erga-o e dê umas batidas na base do pão. Se ouvir um som oco, como de um tambor, está na hora de retirar do forno. Coloque-o na grade de metal para esfriar para que a base também fique com uma crosta crocante.

Pudins Yorkshire de sementes

Se há uma coisa em que nós, britânicos, nos esmeramos, é no jantar de domingo. Meus jantares de domingo sempre foram e sempre serão focados em uma coisa – pudim Yorkshire. Venho de uma família muito grande – meu pai é o nono de doze filhos, e tenho um irmão, uma irmã e trinta primos. Portanto, os jantares na casa da minha avó eram um acontecimento memorável. A refeição acontecia em turnos e, como crianças, nós éramos sempre os primeiros, o que me enchia de alegria, pois era uma garantia de que um dos pudins de Yorkshire da minha mãe (que ainda acredito serem os melhores que já comi) seria nosso.

Assim, aos 6 anos de idade, nasceu a minha obsessão. Tentei todas as receitas de pudim de Yorkshire que existem. Até me aventurei do outro lado do oceano e explorei o mundo dos pudins americanos similares, feitos com claras de ovos batidas indefinidamente para lhes conferir um resultado mais leve e mais crocante. Mas quero que meus Yorkshire sejam um pouco mais consistentes – leves e crocantes por fora, e meio puxa-puxa por dentro. Acrescentei algumas sementes tostadas para agregar textura e sabor, o que se transformou de um simples acréscimo em elemento indispensável.

São cinco os mandamentos do pudim de Yorkshire. Não tenha receio do calor: preaqueça o forno no máximo, o calor é seu aliado aqui. Deixe a massa descansar por no mínimo 15 minutos. Esse é o segredo. Certifique-se de preaquecer o óleo no forno até fumegar. Esteja certo de aquecer a assadeira no fogão enquanto despeja a massa nas forminhas. Não abra a porta do forno antes do tempo indicado, ou seus pudins Yorkshire vão murchar e baixar.

RENDE 12 PUDINS YORKSHIRE

200 g de farinha de trigo não branqueada

2 colheres (sopa) de sementes de papoula tostadas

2 colheres (sopa) de gergelim

1 colher (chá) de sal marinho

uma boa pitada de pimenta-do-reino moída na hora

250 ml de leite, completados até 300 ml com água

4 ovos orgânicos ou caipiras

12 colheres (chá) de óleo de amendoim ou vegetal

Antes de tudo, preaqueça o forno no máximo. A seguir, misture a farinha, as sementes tostadas, o sal e a pimenta-do-reino em uma tigela. Coloque o leite com água em uma jarra.

Quebre os ovos na tigela com a farinha, acrescente um pouco da mistura de leite e bata até desfazer todos os grumos.

Continue a adicionar a mistura de leite aos poucos, batendo sempre, até obter uma massa homogênea, de consistência semelhante à do creme de leite. Deixe a massa descansar por no mínimo 15 minutos.

PUDINS YORKSHIRE DE SEMENTES

Quando estiver pronta, despeje-a na jarra. Coloque cerca de 1 colher (chá) de óleo em cada uma das 12 forminhas da assadeira de muffins e leve ao forno por alguns minutos, até que a gordura comece a fumegar.

Ligue duas bocas do fogão em fogo médio e coloque a jarra com a massa perto do fogão. Com cuidado e presteza, retire a fôrma quente de muffins do forno e feche a porta. Coloque a fôrma sobre as bocas acesas e rapidamente preencha a fôrma com a massa até 2 cm da borda.

Leve a fôrma preenchida de volta ao forno, feche a porta e regule o timer para 12 minutos. Resista à tentação de abrir o forno antes disso – eles COM CERTEZA vão murchar e baixar. Depois dos 12 minutos, observe pelo visor do forno, e se eles tiverem crescido como pequenas torres e estiverem dourados, retire-os. Caso contrário, não abra a porta do forno e deixe-os por mais alguns minutos, vigiando atentamente os pudins.

Gosto de servi-los com uma colherada de raiz-forte e beterrabas assadas em um jantar simples – ou para um serviço completo, veja as ideias de jantar com assado, na p. 228.

Coisas para adicionar aos Yorkshire para torná-los o prato principal (use toda a massa para fazer um grande pudim de Yorkshire e certifique-se de que qualquer coisa que você adicionar esteja igualmente quente, ou seus Yorkshire não vão crescer como devem)

- Junte 1 colher (sopa) de raiz-forte à massa e pedaços de beterraba cozida.
- Acrescente pequenos pedaços de abóbora assada e algumas folhas de sálvia.
- Esfarele 100 g de queijo Lancashire na massa e adicione um pouco de cebola roxa e de alecrim picado.

coisas para bebericar

Vale a pena erguer a taça para estes drinques. Quase sempre as bebidas são esquecidas, e então abre-se uma garrafa cheia de açúcar e pouca imaginação. Para mim, as bebidas oferecem toda sorte de oportunidades de acrescentar cor, sabor e energia. Mesmo que se limite a jogar algumas fatias de limão ou pepino em um jarro de água de torneira, ou bater uma melancia supergelada com uma espremidela de limão e mel, acrescentando água com gás para fazer uma *acqua fresca* caseira. Aromatizando suavemente um café da tarde com um estimulante cardamomo ou preparar um chocolate quente que faz sorrir por dentro, a bebida merece um pouco mais de carinho e atenção. Aqui está minha resposta para a bebida quente, a fria, a saudável, a alcoólica e as sempre bem-vindas limonadas de verão.

Limonada de lavanda e mel · refresco de sorbet de morango · limonada de amora · fazendo o licor de flor de sabugueiro · champanhe supernova caseira · frisante rosa de verão · licor Bellini · margaritas de laranja sanguínea

Limonadas sem fim

Gostaríamos que o verão nunca terminasse. Preparo estas limonadas durante todo o verão e também no outono, tentando esticar ao máximo a estação.

Tenho sempre uma garrafa no freezer para bebericar. Quando estou em Los Angeles, frequento um bar de limonada que tem ao menos dez sabores caseiros diferentes e viro uma criança numa loja de doces.

É tão fácil fazer uma limonada, e usando o xarope de agave fica ainda mais fácil, pois não se tem de preparar o xarope de açúcar. Se não conseguir encontrá-lo, leve 125 g de açúcar dissolvidos em 125 ml de água quente para ferver e pronto – apenas reduza um pouco a quantidade de água a acrescentar no final.

Quando dou uma festa, gosto de fazer vários sabores e encarreirar as limonadas coloridas em garrafas de vidro para que as pessoas escolham à vontade. São também uma boa base para um delicioso coquetel – basta acrescentar alguma bebida alcoólica, frutas e ramos de manjericão ou hortelã.

....

Fatie um limão-siciliano e coloque-o em uma panela com o suco dos outros 5 limões (cerca de 200 ml de suco). Acrescente o xarope de agave e deixe ferver. Misture bem, então desligue o fogo e deixe esfriar completamente. Adicione 1 litro de água com ou sem gás.

Acrescente cubos de gelo e outras fatias de limão.

Melancia
- Em lugar de 1 litro de água gelada, adicione 500 g de melancia sem sementes batida e 500 ml de água gelada.

Capim-limão e pimenta dedo-de-moça
- Coloque 2 folhas de capim-limão e uma pimenta dedo-de-moça no xarope de agave. Deixe em infusão até esfriar, então descarte o capim-limão e a pimenta. Complete com água gelada, da mesma maneira.

CADA RECEITA RENDE CERCA DE 1,5 LITRO

6 limões-sicilianos
½ xícara de xarope de agave
1 litro de água gelada (com ou sem gás)

LIMONADAS SEM FIM

Amora e limão-taiti
- Use limão-taiti em lugar do limão-siciliano – você pode precisar de mais limões para obter a mesma quantidade de suco. Em lugar de 1 litro de água gelada, use 250 g de amoras batidas com 750 ml de água.

Mirtilo e hortelã
- Em lugar de 1 litro de água gelada, acrescente 250 g de mirtilos batidos com alguns ramos de hortelã e 750 ml de água.

Mel e lavanda
- Use mel no lugar do xarope de agave. Acrescente alguns ramos de lavanda ao xarope e deixe em infusão até esfriar. Não se esqueça de coá-los antes de acrescentar o litro de água gelada.

Goji e gengibre
- Deixe 4 colheres (sopa) de frutas goji de molho em água por uma hora. Bata com 100 ml de água e 1 pedaço de uns 5 cm de gengibre fresco, e acrescente tudo à limonada com o litro de água gelada.

Chá de rooibos gelado
- Adicione 2 saquinhos de chá de rooibos ao xarope e deixe em infusão até esfriar. Descarte os saquinhos de chá antes de adicionar a água gelada.

Xarope de flor de sabugueiro

A pessoa que teve a ideia de imergir essas pequenas flores flutuantes em água quente açucarada estava mesmo inspirada!

Capriche nas quantidades desta receita e ela vai durar o ano todo. Experimente congelar este licor com água, meio a meio, nas forminhas de gelo e colocá-las, depois em um gim tônica. Para incrementar seu drinque, acrescente algumas das flores que tiver guardado.

....

Sacuda com cuidado as flores de sabugueiro para eliminar algum bichinho.

Coloque o açúcar em uma panela grande e acrescente 1,5 litro de água fervente e deixe fervilhar por alguns minutos, até todo o açúcar ter sido dissolvido, e então desligue o fogo.

Corte os limões-sicilianos em quatro e coloque-os em uma tigela grande ou em um balde esterilizado juntamente com as flores de sabugueiro. Despeje sobre eles a calda ainda quente, então cubra com um pano de prato limpo e deixe descansar e macerar em lugar fresco e sombreado por 24 horas.

No dia seguinte, coe seu licor, usando uma peneira forrada com musselina ou um pano de algodão fino novo. Coloque-o em garrafas esterilizadas (ver p. 334), sele bem as garrafas e estoque-as em local fresco até o momento de saboreá-lo.

O licor se conserva em lugar fresco por até 1 ano.

RENDE CERCA DE 2 LITROS

50 flores de sabugueiro
1,5 kg de açúcar demerara
2 limões-sicilianos

Xarope de pêssego

Conquiste amigos. Prepare Bellinis o ano todo – bem, quase.

Uso pêssegos brancos sempre que possível, pois adoro a cor rosa pálido que eles adquirem, mas os amarelos são também uma boa opção. Apenas certifique-se de que estejam maduros e doces.

RENDE CERCA DE 1 LITRO

1 kg de pêssegos cortados ao meio e sem caroço
250 g de açúcar de confeiteiro não refinado
suco de 1 limão-siciliano
sementes de 2 vagens de baunilha

Coloque os pêssegos descaroçados no liquidificador, com pele e tudo, e bata aos poucos até transformar a fruta em purê.

Coloque o purê em uma panela com o açúcar, o suco de limão e a baunilha e deixe ferver, em fogo baixo, por 20 minutos, até engrossar e parecer um creme. Coloque-o em garrafas esterilizadas (ver p. 334), tampe e mantenha em local fresco por no mínimo um mês, até fazer a festa.

Sorbet de morangos reidratante

Esta é a minha versão de uma bebida reidratante. Sal, adoçante natural e limão-siciliano é tudo o que meu organismo precisa depois de malhar ou surfar.

O sal e o mel realçam o limão, enquanto o morango junta todos os sabores em um gole só.

No inverno, prepare sem os morangos – ainda assim ficará muito bom, e nesse caso não é preciso o liquidificador, uso apenas um jarro.

RENDE 2 COPOS GRANDES (DOBRE PARA OBTER UM JARRO)

2 colheres (sopa) cheias do melhor mel
suco de 2-3 limões-sicilianos
uma boa pitada de sal marinho
um punhado de morangos maduros

Antes de mais nada, coloque a chaleira para ferver. No copo do liquidificador, junte o mel, o suco de limão, o sal e 50 ml de água fervente, então bata por 30 segundos, com cuidado, pois vai estar muito quente.

A seguir, adicione os morangos e bata, acrescente 500 ml de água gelada e bata novamente.

Despeje sobre cubos de gelo e sirva.

Champanhe de flor de sabugueiro

O fermento natural presente na flor de sabugueiro, se deixado agir por conta própria, vai borbulhar e frisar em um belo champanhe de flor de sabugueiro em poucas semanas. Um champanhe caseiro feito com a energia dessa flor, ao custo de um pacote de açúcar e alguns limões: quer coisa melhor?

A quantidade de fermento presente nas flores de sabugueiro vai depender de quando, em sua breve temporada, elas foram colhidas e quanto sol tomaram. Então, para ajudar, eu acrescento uma pitada de fermento biológico seco.

Garrafas de vidro reforçadas com tampa articulada ou garrafas com tampas plásticas de rosquear são as ideais – a efervescência produz CO_2, portanto garrafas fortes vão impedir que a rolha estoure antes do tempo. Para dicas sobre esterilização de garrafas e equipamentos, ver p. 334.

.....

Sacuda as flores de sabugueiro com cuidado para eliminar detritos e pequenos insetos e coloque-as em um balde. Use um cortador de legumes para cortar em tiras a casca dos limões e acrescente-as ao balde, juntamente com o suco dos limões, o açúcar e o vinagre. Junte 4 litros de água quente, mexa para dissolver todo o açúcar e então acrescente 4 litros de água fria.

Cubra a mistura com um pano de prato e deixe fermentar por 24 horas em local aquecido. Depois de 24 horas, verifique se teve início o processo de fermentação. Deve haver bolhas na superfície da mistura – se não começou ainda a borbulhar, acrescente uma pitadinha de fermento biológico e, de qualquer forma, deixe a mistura descansar por mais 48 horas, coberta com o pano de prato.

Ao final das 48 horas, coe todo o líquido através de uma peneira forrada com um pedaço de musselina para um jarro limpo. Despeje a bebida nas garrafas esterilizadas e fixe bem as tampas, para que as estimulantes bolhinhas não escapem. Deixe em local fresco por no mínimo 2 semanas antes de consumir. Estará ainda melhor se você esperar 1 mês, para que o sabor se desenvolva. As garrafas de champanhe se manterão por até um ano. Sirva a bebida gelada, em copos altos.

RENDE CERCA DE 8 LITROS

50 flores de sabugueiro
6 limões-sicilianos
1,1 kg de açúcar demerara
2 colheres (sopa) de vinagre de vinho branco
uma pitada de fermento biológico seco

VOCÊ VAI PRECISAR TAMBÉM DE:
um balde ou tigela grande bem limpo para a fermentação
um pedaço grande de musselina ou um pano de prato limpo ou do tipo multiúso
garrafas esterilizadas para armazenar 8 litros da champanhe

Rosado de verano

Passei muitos verões bebericando este superdrinque da estação nos verdes gramados de Barcelona. Os espanhóis chamam esse relaxante costume de beber nas calçadas de "botellón" – cada um traz sua garrafa, seus copos e gelo e... é simples assim.

Este drinque é feito em geral com vinho tinto, que lhe cai muito bem, e limonada pronta, e cheguei a vê-lo misturado até com cola. Esta versão rosa pálido é minha versão desta perfeita bebida de verão. Veja a foto na p. 321.

RENDE 1,5 LITRO

1 garrafa de um bom vinho rosé (nada muito sofisticado) gelado
750 ml de água com gás
150 ml de xarope de agave
1 limão-siciliano em fatias
1 limão-taiti em fatias

Junte tudo em um jarro com muito gelo e mexa bem. Saboreie-o ao ar livre, sob o sol, ou em uma quente noite de verão.

Margaritas de laranja sanguínea e agave

Este bem pode ser meu drinque preferido: o tom rosa forte, a acidez do limão e, para finalizar, um toque doce do agave. Gosto da margarita servida com gelo, mas, para uma versão semicongelada, bata tudo no liquidificador com muito gelo.

Laranjas comuns farão as vezes das sanguíneas, se não conseguir encontrá-las. É ideal para festas, pois pode ser preparado com antecedência e servido com gelo, se necessário – apenas dobre ou triplique a receita, conforme o caso. Acrescente miniguarda-chuvas de coquetel para dar um charme.

RENDE UMA JARRA COM 4 PORÇÕES

500 ml de suco de laranja sanguínea (cerca de 5 unidades)
suco de 2 limões
2 colheres (sopa) de xarope de agave
100 ml de licor de laranja (por ex. Cointreau)
150 ml de uma boa tequila
1 limão em fatias

Coloque o suco das laranjas sanguíneas e dos limões em uma jarra, adicione o xarope de agave e as bebidas e misture.

Preencha os copos com muito gelo e despeje sobre eles as margaritas. Enfeite com uma fatia de limão.

Chocolate quente das 4 da tarde

Foi o que me serviu de alento em um dos mais frios invernos de que tenho lembrança. Um chocolate quente que acalma, anima e revigora, tudo na mesma caneca.

Cheio de delícias, carregado de coisas boas é certeza de adoçar a boca e trazer de volta a alegria quando a modorra das 4 horas nos atinge.

....

Coloque o leite em uma panela com as flores de camomila ou o saquinho do chá e aqueça lentamente (se usar leite de oleaginosas, cuidado para não aquecer muito, amorne apenas). Quando estiver aquecido, retire do fogo e deixe descansar e macerar por alguns minutos.

Retire as flores ou o saquinho do chá e bata o leite com o cacau, a maca (se decidiu usá-la), o sal marinho e a canela.

Adoce com o mel, distribua pelas canecas e deleite-se!

2 PORÇÕES

500 ml do leite de sua escolha (uso leite de amêndoa)

1 colher (sopa) de flores de camomila ou 1 saquinho de chá de camomila

2 colheres (sopa) de cacau em pó (do cru, de preferência)

opcional: 1 colher (chá) de maca em pó (ver p. 25)

sal marinho

uma boa pitada de canela em pó

2 colheres (sopa) de mel

Café turco com cardamomo e mel

Adoro cardamomo e adoro café, então isto para mim é o paraíso. É um café para o lanche da tarde e merece uma fatia de bolo para acompanhar – que tal o de pistache e xarope de sabugueiro da página 304?

Esta é a minha versão meio falsificada. O verdadeiro café turco é fervido em um aparelhinho chamado ibrik, e o café é moído tão fino que se deposita no fundo da xícara. Faço minha versão usando um modelo de cafeteira chamado prensa francesa (french press).

....

Coloque o café e as bagas de cardamomo em uma cafeteira e cubra com 400 ml de água fervente. Deixe em infusão por 3 minutos, mexendo de vez em quando. Então prense e despeje nas xícaras, adoçando com mel ou açúcar mascavo, se necessário.

Sirva em xícaras pequenas, com uma fatia do bolo de pistache e xarope de sabugueiro.

RENDE 2 PORÇÕES DE CAFÉ

2 colheres (sopa) cheias de um bom café moído

6 bagas de cardamomo socadas

mel ou açúcar mascavo não refinado, para adoçar

geleia, chutney, caldo e outras coisas muito úteis

O que é bom vem em potes e garrafas. Em especial se o rótulo for escrito à mão. Compro a maioria das coisas deste capítulo em mercearias, mas, às vezes, quando tenho um pouco mais de tempo ou está chovendo e não me animo a sair de casa, gosto de preparar todo tipo de conservas. Nada como os pêssegos mais rosados do verão para coroar uma torrada com manteiga em um dia frio e cinzento. Estas receitas vão exigir atenção aos detalhes e um tiquinho de paciência, mas uma fileira de brilhantes vidros de geleia de morango com cor de cereja vale dez vezes todo o esforço.

Geleia de morangos · pétalas de rosas de verão · geleia rosada de damasco e baunilha cremosa · molho de pimenta dedo-de-moça defumada · pasta de amêndoas caseira · chutney picante de nectarina · molho de legumes assados · caldo de legumes claro e simples

Geleia que anuncia o verão

Adoro quando os doces moranguinhos começam a surgir e você tem certeza de que uma nova estação está às portas. O vivo tom rosa desta geleia é incrivelmente bonito. Lá em casa, ela marca presença sobre torradas amanteigadas de pão italiano no café da manhã, mas pode igualmente ser misturada a um iogurte ou para finalizar um arroz-doce.

Faço esta geleia na época dos morangos e das ameixas. Considerando o padrão usual de confecção de geleias, uso um mínimo de açúcar aqui, portanto, a textura é mais fluida do que a de uma geleia compacta, pois é assim que gosto. Mantém firme a cor vermelha e o frescor da fruta – se preferir uma geleia mais firme, adicione um pouco mais de açúcar e deixe cozinhar por mais tempo.

Para esta geleia o melhor é apanhar rosas de um jardim que você sabe que não utiliza pesticidas. A maioria das floriculturas vão lhe indicar onde encontrar flores que não foram espargidas com veneno.

Uma dica sobre esterilização de vidros. Em vez de ferver os vidros para esterilizá-los, coloque-os no forno enquanto trabalha. Aqueça o forno a 140 °C e deixe por no mínimo 10 minutos, mas podem ficar mais tempo. Proteja suas mãos com luvas térmicas, mas preencha os vidros aquecidos com a geleia ou chutney ainda quentes. Isso será suficiente para selar os vidros com segurança – e elimina a tarefa maçante de lavar e ferver. O ciclo aquecido da lava-louças também é eficiente, apenas certifique-se de preencher os vidros enquanto ainda estão quentes.

RENDE CERCA DE 2 LITROS (5 VIDROS DE 400 G)

6 rosas vermelhas orgânicas sem adubo ou um punhado de pétalas de rosa comestíveis

1 kg de morangos sem os cabinhos e cortados em quatro

1 kg de ameixas sem caroço cortadas em quatro

300 g de açúcar demerara

1 limão-siciliano cortado em quatro

suco de 2 limões-sicilianos

4 colheres (sopa) de água de rosas

Despetale as rosas com cuidado e lave as pétalas delicadamente sob água corrente. (Não é preciso fazer isso se for usar flores secas.) Reserve-as. Coloque um pires no freezer para testar a geleia mais tarde.

Coloque o morango, a ameixa, o açúcar, o limão cortado em quatro e o suco de limão em uma panela grande, leve ao fogo baixo e deixe o açúcar dissolver lentamente. Quando estiver todo dissolvido, aumente o fogo até levantar fervura, então reduza o fogo e deixe fervilhar por 30 minutos, retirando a espuma que se forma na superfície.

Depois dos 30 minutos, verifique a textura da geleia colocando um pouquinho no pires que estava no freezer. Se ela enrugar quando você empurra com o dedo, está pronta. Se não, cozinhe por mais alguns minutos e faça o teste outra vez. Lembre-se de colocar o pires de volta no freezer, enquanto isso.

Quando estiver satisfeita com a textura de sua geleia, desligue o fogo e junte as pétalas e a água de rosas e misture bem.

Deixe a geleia esfriar ligeiramente, então, enquanto ainda está quente, transfira para os vidros esterilizados. Feche os vidros imediatamente e coloque-os de lado para esfriar. A seguir, rotule e estoque cada um deles em local fresco até precisar fazer uso de seu raio de sol em conserva.

Geleia de damascos rosados

Esta é a melhor geleia que já fiz. É o próprio verão engarrafado. Abra esta geleia em um dia frio e cinzento e todo mundo vai sorrir e pensar no verão. É uma geleia de damasco mais ao estilo francês, algo entre a geleia e a compota, com uma textura mais macia e com menos açúcar, mantendo intacto o frescor da fruta.

Uso as próprias sementes do damasco nesta geleia, as pequenas sementes amendoadas que se encontram dentro do caroço da fruta. Misturá-las à geleia antes de envasá-la, enriquece a geleia com seu sabor semelhante ao da amêndoa, que eu adoro.

....

Coloque as metades dos damascos e o açúcar na panela maior que tiver e espalhe sobre eles o suco do limão. Abra as favas da baunilha, raspe as sementes e adicione tudo à panela. Misture bem e deixe macerar por 2 horas.

Se quiser acrescentar as sementes do damasco, isto é o que você deve fazer. Embrulhe os caroços em um pano de prato e esmague-os com o rolo de massas para quebrá-los. Retire as sementes de cada caroço. Recolha-as em uma tigela e descarte o restante. Cubra as sementes com água fervente e deixe descansar por 1 minuto, então escorra. Retire a pele marrom das sementes e adicione-as à fruta.

Depois que os damascos ficarem em maceração por 2 horas, o açúcar estiver dissolvido e a fruta macia, leve a panela ao fogo alto e deixe levantar fervura. Reduza o fogo e deixe fervilhar por 25 minutos, mexendo sempre, para evitar que a geleia grude no fundo. Enquanto isso, retire a espuma que se forma na superfície.

Depois de 25 minutos, a geleia deve ter engrossado, e engrossará ainda mais ao esfriar. Para se certificar de que está no ponto, faça o teste do pires mencionado nas pp. 334-5, se desejar. Quando a geleia esfriar ligeiramente, mas estiver ainda quente, coloque-as nos vidros esterilizados e sele-os imediatamente.
Se guardada em local fresco, ela vai durar um ano.

RENDE 4-5 VIDROS

1,5 kg de damascos frescos maduros lavados e cortados ao meio (guarde algumas sementes)

500 g de açúcar demerara

suco de 2 limões-sicilianos

1 fava de baunilha

Chutney picante de nectarina e louro

Este é o meu chutney preferido. Eu o preparo quando é época de nectarinas, mas pêssegos são um bom substituto.

Gosto de salpicá-lo sobre queijo cheddar maturado ou acrescentar uma colherada generosa para acompanhar um prato de arroz e dhal.

....

Pique as nectarinas em pedaços pequenos, aproximadamente o tamanho de uma fava.

Em um pilão, esmague as sementes de erva-doce e do coentro.

Aqueça um pouco de azeite de oliva em uma panela grande. Acrescente a pimenta dedo-de-moça picada e as especiarias esmagadas e mexa durante 1 minuto até aquecer tudo. Adicione as nectarinas picadas, o açúcar, o louro e o vinagre e mantenha em fogo reduzido para ferver lentamente.

Cozinhe por 20-30 minutos, até obter um chutney espesso e de um vermelho ou laranja intenso. Lembre-se de que ficará mais firme depois de esfriar.

Coloque em vidros esterilizados (ver p. 334) e mantenha-os na geladeira ou em local fresco por algumas semanas, até você precisar de um pouco de sol e de um toque de sabor.

**RENDE 1,5 LITRO
(CERCA DE 4 VIDROS DE 400 G)**

2 kg de nectarinas lavadas e descaroçadas

1 colher (sopa) de sementes de erva-doce

1 colher (sopa) de sementes de coentro

azeite de oliva

2 pimentas dedo-de-moça sem sementes e finamente fatiadas

600 g de açúcar demerara

4 folhas de louro

150 ml de vinagre de vinho branco

OLEAGINOSAS

As oleaginosas estão muito presentes em minha culinária. Seja uma camada de manteiga de amêndoas sobre uma torrada coberta com banana e um toque de canela, ou um punhado de pistache tostado batido para um pesto (ver p. 176) com algumas ervas verdes para espalhar sobre legumes assados, ou amêndoas moídas e misturadas à massa de um bolo, ou mesmo batidas para fazer meu leite preferido: amêndoas e baunilha (ver p. 341), as oleaginosas são fundamentais em minha culinária.

As oleaginosas são repletas de gorduras saudáveis, que são necessárias ao organismo humano e boas para o coração. São ricas em vitamina E, minerais e fibras. E as nozes contêm ômega-3.

Compro as oleaginosas sem sal e guardo em vidros na geladeira, onde duram mais. Procuro comê-las cruas ou demolhadas, pois assim se obtém o maior número de nutrientes, mas se vou tostá-las, faço isso em pequenas porções, à medida da necessidade, pois as oleaginosas tostadas se deterioram mais depressa. Use suas oleaginosas no espaço de alguns meses. Mas, quanto mais frescas, melhor.

DEIXANDO DE MOLHO

Por que demolhar? As oleaginosas são essencialmente sementes que não chegaram a germinar. Demolhadas, são na verdade sementes em germinação que começam a se transformar em uma planta. Antes da demolha, as oleaginosas contêm enzimas inibidoras, nelas depositadas pela Mãe Natureza, que impedem que se desenvolvam em plantas, mas tornam sua digestão mais difícil. Ao mergulhá-las em água, a semente começa a germinar, permitindo a ação de suas enzimas e fazendo disparar todos os outros nutrientes. Se não tiver tempo de colocá-las de molho de véspera, alguns minutos também vão amaciá-las, mas a longa demolha ajuda as oleaginosas a realizarem seu trabalho da melhor maneira. Antes de ir dormir, coloco um punhado de oleaginosas de molho, seja para petiscar, seja para cozinhar no dia seguinte.

MANTEIGAS

Sou grande fã das manteigas de oleaginosas. Seja na torrada pela manhã, espalhada sobre panquecas, seja para complementar molhos e temperos. Fazer esta manteiga em casa será muito mais barato do que comprá-la pronta, se você conseguir comprar uma grande quantidade de oleaginosas.

FAÇA SUA PRÓPRIA MANTEIGA DE OLEAGINOSAS CRUAS

•

Coloque cerca de 200 g de oleaginosas (pistaches, castanhas-de-caju, amêndoas, avelãs, macadâmias) em um processador e bata por 1-2 minutos até obter uma farofa grossa. Raspe as laterais da tigela do processador e bata novamente até obter uma pasta homogênea. Coloque em um vidro e guarde na geladeira por até duas semanas. Se ficar um pouco seca, adicione algumas colheres de óleo de amendoim ou vegetal para amolecê-la. Para obter uma manteiga de sabor tostado, mais intenso, toste-as em forno a 200 °C por 4-5 minutos até começarem a dourar. Deixe esfriar e continue o preparo de acordo com as indicações acima.

Você pode acrescentar um pouco de mel, xarope de agave ou xarope de bordo para adoçar sua manteiga de oleaginosas, se desejar, ou uma pitada de sal marinho, canela ou baunilha para intensificar o sabor. Algumas colheres de chocolate de boa qualidade e um pouco de mel criam uma pasta supersaudável.

TORRADA TURBINADA

•

Espalhe sobre a torrada manteiga de amêndoas, xarope de bordo, uma pitada de canela e polvilhe com sal marinho.

•

Besunte a torrada com óleo de coco, a seguir passe manteiga de amendoim, um pouco de mel e polvilhe com coco.

•

Espalhe sobre a torrada manteiga de nozes-pecãs, rodelas de banana, mel e uma pitada de sal marinho.

•

Misture a manteiga de avelãs com um pouco de chocolate cru e espalhe sobre a torrada essa pastinha saudável.

•

Cubra a torrada com manteiga de macadâmia, fatias de abacate, mel e uma pitada de sal marinho.

LEITE VEGETAL

Você vai precisar de: 1 xícara de oleaginosas, 1 litro de água e um pedaço de musselina.

Ah, sim... e um liquidificador.

↓

CASTANHAS-DE-CAJU ·
CASTANHAS-DO-PARÁ · AMÊNDOAS
· PISTACHES · NOZES · AVELÃS ·
MACADÂMIAS · SEMENTES DE GIRASSOL
· SEMENTES DE ABÓBORA · GERGELIM ·
SEMENTES DE CÂNHAMO

→

1

Deixe as oleaginosas de molho em água fria de véspera, ou por no mínimo 8 horas.

2

Escorra e lave as oleaginosas e coloque-as no liquidificador com 1 litro de água.

3

Bata até obter uma mistura fina e leitosa (cuidado para não espirrar em você).

4

Coloque a musselina na boca de um jarro e coe o leite – esprema o tecido para obter até a última gota.

5

Coloque o leite em garrafas e guarde-as na geladeira – por 3-4 dias.

6

Fique satisfeito por ter feito seu próprio leite.

Molho de pimenta vermelha caseiro super-rápido

Esta salsa vai regar tudo e qualquer coisa com o impacto de uma pimenta picante, a doçura do mascavo e o frescor dos vegetais. Gosto de usá-la para animar os ovos, no café da manhã, para finalizar uma sopa de tomates ou para coroar os tacos de feijão preto da página 170.

Eis aqui um molho coringa, que é levemente baseado em Lizano, um condimento picante que está presente em toda mesa da América Central, juntinho do sal e da pimenta-do-reino.

....

Aqueça um pouco de azeite de oliva em uma panela e frite a cebola e a cenoura por 5 minutos, até ficar macia. Acrescente o caldo de legumes e todos os outros ingredientes, à exceção do suco de limão. Deixe fervilhar por 5 minutos, até engrossar ligeiramente.

Deixe esfriar um pouco, então coloque tudo no liquidificador e bata até ficar homogêneo. Acrescente o suco de limão e prove, tempere e equilibre os sabores, adicionando um pouco mais de limão, pimenta chipotle ou sal, se necessário.

Mantenha-o na geladeira. Ele vai durar algumas semanas ou até mais tempo, se foi colocado em vidro esterilizado.

RENDE CERCA DE 250 ML

azeite de oliva

1 cebola pequena descascada e finamente picada

½ cenoura descascada e finamente picada

250 ml de um bom caldo de legumes

1 colher (sopa) de cominho em pó

3 colheres (sopa) de açúcar mascavo

1 colher (sopa) de vinagre de maçã

1 colher (chá) de sal marinho

1 colher (sopa) de pasta de chipotle ou a gosto

suco de ½ limão-siciliano

Molho de legumes assados

Um molho para se orgulhar. A doçura dos legumes assados é reforçada pelo leve frescor da sidra. É ideal para legumes assados, pudins Yorkshire, linguiças, purês e tortas. Lá em casa é presença obrigatória em todo Natal e nos assados de domingo. Pode ser feito com antecedência de um dia e as sobras, guardadas na geladeira.

....

Preaqueça o forno a 220 °C.

Coloque os legumes em uma assadeira grande e espalhe as ervas sobre eles. Tempere e regue com um pouco de azeite de oliva. Asse por 45 minutos, até os legumes estarem doces, macios e dourados. Retire do forno e deixe esfriar um pouco.

Com um amassador de batatas, amasse os legumes na própria assadeira e coloque-a sobre os queimadores do fogão, em fogo médio. Acrescente a farinha e mexa por alguns minutos, até estar tudo cozido.

Despeje a sidra e o caldo, deixe fervilhar, então cozinhe por 10 minutos, mexendo de vez em quando para agregar as sobras do fundo da assadeira.

Depois de 10 minutos, retire do fogo e coe o molho para uma caneca, pressionando os legumes e as ervas com uma colher para resgatar todos os sabores. Mantenha na geladeira. Na hora de usar, reaqueça com um pouco de água quente ou caldo de legumes.

RENDE UM BOM VIDRO (CERCA DE 400 ML)

2 alhos-porós grosseiramente picados
2 talos de salsão grosseiramente picados
4 cenouras grosseiramente picadas
2 dentes de alho inteiros com casca
2 ramos de alecrim fresco
2 ramos de tomilho fresco
2 folhas de louro
sal marinho e pimenta-do-reino moída na hora
azeite de oliva
2 colheres (sopa) de farinha de trigo
500 ml de sidra seca
200 ml de caldo de legumes

Caldo de legumes muito preguiçoso

Admito sem problemas que em geral uso um bom caldo de legumes comprado pronto ou um caldo orgânico em vez de prepará-lo em casa.

Isto é, usava, até ter esta ideia. Fico até constrangida em chamar isto de receita, pois é tão fácil – picar os legumes e ferver água resume todo o trabalho!

Você vai precisar de dois vidros de 1 litro que caibam na sua geladeira. Não se restrinja às quantidades de legumes indicadas abaixo – o bom do caldo é que você pode usar todas as sobras que tiver na geladeira. Apenas mantenha a mesma proporção, preenchendo metade de suas jarras com os legumes.

....

Encha a chaleira de água e leve para ferver. Divida os legumes picados e os outros ingredientes entre os dois vidros de 1 litro. Preencha os vidros com a água fervente, deixando um espaço de alguns centímetros no alto – cada vidro conterá cerca de 750 ml. Encaixe as tampas e deixe em local seguro para esfriar.

Depois de frio, coe, se desejar um caldo de legumes leve, ou leve à geladeira por 12 horas e coe depois disso, para obter um caldo mais encorpado.

Depois de coado, devolva o caldo para os vidros e guarde-os na geladeira, onde vão durar uma semana.

RENDE 2 LITROS

2 cenouras grosseiramente picadas
1 cebola roxa cortada em gomos
1 alho-poró cortado em rodelas
2 ramos de salsão grosseiramente picados
2 folhas de louro trituradas
1 pequeno ramo de tomilho fresco
1 colher (chá) de sal marinho
alguns grãos de pimenta-do-reino moída na hora

Caldo de legumes caseiro em pó

Esta é uma daquelas receitas que nos fazem perguntar: "por que nunca pensei nisso antes?". Este caldo de legumes caseiro contém menos sal e muito mais sabor de legumes, se você o comparar com aqueles comprados prontos.

A base desta receita foi emprestada de minha brilhante amiga Heidi Swanson do site 101cookbooks. É uma receita muito útil para veganos e para os que estão evitando o glúten, pois é muito difícil encontrar pronto um caldo de legumes, seja em cubos ou pó, sem laticínios ou glúten.

....

Pulse os legumes e o alho em um processador até ficarem picadinhos. Acrescente a salsinha e as folhas de salsão e bata mais algumas vezes. A seguir, junte o sal e bata até obter uma pasta fina (ficará bem úmida).

Guarde em recipiente plástico hermético no freezer, até a hora de usar. Por causa da quantidade de sal, ele se transformará em pó depois de congelado, por isso pode-se retirá-lo com uma colher, direto do freezer. Uso de 1 colher (chá) a 1 colher (sopa) por litro de água, dependendo do que estou preparando.

RENDE CERCA DE 500 G

2 alhos-porós lavados e grosseiramente picados

4 cenouras bem escovadas e picadas

4 talos de salsão lavados e grosseiramente picados

1 bulbo de erva-doce lavado e grosseiramente picado

3 dentes de alho descascados

1 pequeno maço de salsinha fresca

um punhado de folhas de salsão, da parte interna do salsão

20 g de sal marinho fino

Índice

a

abacate:
 Croquete de batata com tempero de dosa e picles de pepino 45
 Dez receitas de abacate com torradas 28
 Espaguete com abacate e raspas de limão 138
 Galette de abóbora e pistache 198
 Guacamole 170
 Hollandaise de abacate 32
 Huevos rancheros 35
 Quesadillas de batata-doce tostada 52
 Salada Califórnia de feijão--manteiga, abacate e missô 101
 Salada de batata-doce, milho tostado e couve 124
 Tacos com pipoca 131
 Tigela de tomates doces e feijão-preto com tortilha 85
 Vitamina de abacate e coco tostado 25
abóbora: 111
 Abóbora assada 250
 Abóbora assada com pimenta, dukkah e limão 256
 Abóbora com mix de sementes, romã e zátar 125
 Batatas e abóboras assadas com sálvia 253
 Brunch integral de domingo 48
 Farro com alho-poró assado e molho romesco defumado 149
 Galette de abóbora e pistache 198
 Legumes assados com alho--poró, estragão e quinoa 169
 Macarrão e legumes 221
 Meu assado favorito 248
 Panzanella de tubérculos assados 111
 Sopa de abóbora com cardamomo e anis-estrelado 95
 Torta leve de abóbora-cheirosa e couve 189
 Trigo-sarraceno aromatizado com laranja e coentro 105
abobrinha 255
 Panquequinhas de hortaliças 152
acelga 244
 Aloo de acelga e limão 162
 Torta filo de duas hortaliças 203

água de rosas:
 Geleia que anuncia o verão 334
 Pêssegos com água de rosas 30
 Torta de coco e cerejas 270
aipo:
 Feijão-branco, verduras, azeite de oliva 92
 Molho de legumes assados 343
 Salada de batata bolinha e alho-poró caramelizado 104
 Torta de batata-doce e lentilhas puy 208
aipo-rábano: 245
 Sopa de aipo-rábano com avelãs e crisps de sálvia 88
alcachofra 255
 Paella de alcachofra e erva--doce 218
alcachofras-de-jerusalém 245
 Salada solar 108
alho-poró:
 Farro com alho-poró assado e molho romesco defumado 149
 Legumes assados com alho--poró, estragão e quinoa 169
 Molho de legumes assados 343
 Salada de batata bolinha e alho-poró caramelizado 104
 Torta arco-íris 232
 Torta de alho-poró e hortaliças verdes 230
almôndega: Almôndegas de abobrinha, hortelã e pistache 224
amaranto 184
 Mingau de amaranto com geleia de mirtilo 18
ameixa: Miscelânea de frutas 30
amendoim:
 gado gado 173
 Salada crocante de satay de pepino 110
amora:
 Amora e limão-taiti 324
 Miscelânea de frutas 30
asparago 254
 Legumes assados e vinagrete de agrião 116
 Refogado de aspargos e castanhas-de-caju tostadas 148
 Risoto primavera de limão--siciliano e rúcula silvestre 222
 Torta de alho-poró e hortaliças verdes 230
 Verduras crocantes ao tahine agridoce 246
arroz:
 Biryani de cogumelo e louro 212

 Kitchari 163
 Paella de alcachofra e erva--doce 218
 Risoto primavera de limão--siciliano e rúcula silvestre 222
 Tigela de sushi com couve e gergelim preto 140
 Um hambúrguer de peso 186
 Um suave pilaf de arroz integral com oleaginosas e sementes tostadas 160
aveia 290
avelãs 340-341
 Abóbora assada com pimenta, dukkah e limão 256
 Minipizzas de avelãs e cebola roxa 145
 Molho romesco 149
 Sopa de aipo-rábano com avelãs e crisps de sálvia 88
 Torta de baunilha e granola 272

b

babaganuche 166
banana:
 Panquecas de banana, mirtilo e nozes-pecãs 39
 Pão de banana e sementes com calda de limão-siciliano e gergelim 297
 Sorvete de banana assada e coco 277
 Torta cremosa de banana, caramelo e coco 266
batata:
 Aloo de acelga e limão 162
 Batatas assadas 228, 250
 Batatas e abóboras assadas com sálvia 253
 Croquete de batata com tempero de dosa e picles de pepino 45
 Gado gado 173
 Legumes assados e vinagrete de agrião 116
 Salada de batata bolinha e alho-poró caramelizado 104
 Tomates e cebolas assadas com um toque adocicado 210
batata-doce:
 Batatas-doces assadas 250
 Berinjelas grelhadas com babaganuche da Emily 166
 Dhal com batata-doce crocante e chutney rápido de coco 128
 Lasanha de batata-doce, ricota e tomilho 192
 Meu incrível purê de tubérculos 249

 Nova versão de ovos Benedict 32
 Palitos crocantes de batata--doce com dip de pimenta chipotle 242
 Quesadillas de batata-doce tostada 52
 Salada de batata-doce, milho tostado e couve 124
 Sopa de abóbora com cardamomo e anis-estrelado 95
 Torta arco-íris 232
 Torta de batata-doce e lentilhas puy 208
 Tortilha de batata-doce com salsa de amêndoa 178
berinjela 255
 Berinjelas grelhadas com babaganuche da Emily 166
 Ratatouille condimentado com açafrão 213
beterraba:
 Bourguignon de beterraba e louro 196
 Curry de beterraba com queijo cottage condimentado 154
 Legumes assados com alho--poró, estragão e quinoa 169
 Lentilha e beterraba com salsa verde 143
 Meu assado favorito 248
 Panzanella de tubérculos assados 111
 Torta arco-íris 232
Biscoitos Anzac 308
biscoitos e cookies:
 Biscoitos Anzac 308
 Cookies de açúcar mascavo e gotas de chocolate (e sanduíches de sorvete) 294
 Rolinhos de figo Lady Grey 303
brócolis: 254
 A quinoa com ervas verdes de Laura 98
 Gado gado 173
 Macarrão de panela com repolho crocante e tofu tostado 157
 Macarrão e legumes 221
 Panquequinhas de hortaliças 152
 Salada Califórnia de feijão--manteiga, abacate e missô 101
 Verduras crocantes ao tahine agridoce 246
brownies:
 Blondies de caramelo com gotas de chocolate 306

Brownies crocantes de caramelo salgado 300
Brownies supercrus 299
Couve-de-bruxelas 244
Verduras crocantes ao tahine agridoce 246

c

café: Café turco com cardamomo e mel 330
caldo:
Caldo de legumes caseiro em pó 345
Caldo de legumes muito preguiçoso 344
castanha-de-caju 340–341
Galette de abóbora e pistache 198
Linguiça de castanha-de-caju e castanha portuguesa 201
Refogado de aspargos e castanhas-de-caju tostadas 148
Salada cítrica tailandesa, crua e crocante 122
Salada de cenoura e castanha-de-caju condimentada, com coentro e coco fresco 118
Um suave pilaf de arroz integral com oleaginosas e sementes tostadas 160
castanha portuguesa 290
Galette de abóbora e pistache 198
Linguiça de castanha-de-caju e castanha portuguesa 201
cenoura 255
Cenouras assadas 250
Cupcakes de cenoura e cardamomo com cobertura de xarope de bordo 292
Meu assado favorito 248
Meu incrível purê de tubérculos 249
Molho de legumes assados 343
Panzanella de tubérculos assados 111
Pão rústico de cenoura e pimenta-do-reino 312
Salada cítrica tailandesa, crua e crocante 122
Salada de cenoura e castanha-de-caju condimentada, com coentro e coco fresco 118
Torta de batata-doce e lentilhas puy 208
Torta rösti de cogumelos e mandioquinha 206
cereja:
Salada de frutas vermelhas 31
Torta de coco e cerejas 270

Waffles de cereja e papoula 42
chá:
Limonada de chá de rooibos gelado 324
Rolinhos de figo Lady Grey 303
chicória: Escarola grelhada com molho de balsâmico 249
chips:
Chips de rabanete assado com páprica defumada 243
Crisps de couve ao forno 55
Palitos crocantes de batata-doce com dip de pimenta chipotle 242
Tortilhas caseiras com salsa de pimenta vermelha tostada ao fogo 64
chocolate:
Blondies de caramelo com gotas de chocolate 306
Bolo de duplo chocolate 284
Brownies crocantes de caramelo salgado 300
Brownies supercrus 299
Chocolate quente das 4 da tarde 330
Cookies de açúcar mascavo e gotas de chocolate (e sanduíches de sorvete) 294
Frozen yogurt de flocos e hortelã 279
Petit gâteau de chocolate e melado 260
Sorbetto de laranja-sanguínea e gotas de chocolate 280
chutneys e picles:
Chutney de coco 128
Chutney picante de nectarina e louro 339
Picles rápidos de pepino 45, 186
coco 290
Biscoitos Anzac 308
Caldo de coco restaurador 82
Cassoulet de tomate e coco 194
Chutney de coco 128
Curry de beterraba com queijo cottage condimentado 154
Kitchari 163
Pão de coco e baunilha 313
Salada de cenoura e castanha-de-caju condimentada, com coentro e coco fresco 118
Salada morna de couve, coco e tomate assados 102
Sorvete de banana assada e coco 277
Torta cremosa de banana, caramelo e coco 266
Torta de baunilha e granola 272

Torta de coco e cerejas 270
Vitamina de abacate e coco tostado 25
cogumelo:
Biryani de cogumelo e louro 212
Bourguignon de beterraba e louro 196
Brunch integral de domingo 48
Caldo de coco restaurador 82
Torta rösti de cogumelos e mandioquinha 206
cookies ver biscoitos
Cookies de açúcar mascavo e gotas de chocolate (e sanduíches de sorvete) 294
couve 254
Crisps de couve ao forno 55
Salada de batata-doce, milho tostado e couve 124
Salada morna de couve, coco e tomate assados 102
Sopa de lentilhas com limão e couve crocante 91
Tigela de sushi com couve e gergelim preto 140
Torta filo de duas hortaliças 203
Torta leve de abóbora-cheirosa e couve 189
Verduras crocantes ao tahine agridoce 246
couve-flor: 244
Couve-flor assada com louro e açafrão 240
Pizza em noite de semana 226
couve galega:
Caldo de coco restaurador 82
Feijão-branco, verduras, azeite de oliva 92
Salada morna de couve, coco e tomate assados 102
Crocante de morango e sementes de papoula 262

d

damasco:
Compota rápida de damasco 30
Geleia de damascos rosados 336

e

ensopados:
Bourguignon de beterraba e louro 196
Cassoulet de tomate e coco 194
Ensopado de grão-de-bico e conserva de limão 74
Ensopado de pimentão chamuscado e halloumi 87

Tigela de tomates doces e feijão-preto com tortilha 85
erva-doce:
Erva-superdoce lentamente cozida 252
Pizza em noite de semana 226
ervilha 254
A quinoa com ervas verdes de Laura 98
Homus de ervilha e ervas verdes 63
Risoto primavera de limão-siciliano e rúcula silvestre 222
Torta de alho-poró e hortaliças verdes 230
ervilha-torta:
Gado gado 173
Refogado de aspargos e castanhas-de-caju tostadas 148
espiga de milho:
Salada cítrica tailandesa, crua e crocante 122
Salada de batata-doce, milho tostado e couve 124
Spaguettini rápido de abobrinha 137
Tacos com pipoca 131
espinafre:
Curry de beterraba com queijo cottage condimentado 154
Galette de abóbora e pistache 198
Lasanha de batata-doce, ricota e tomilho 192
Panquequinhas de hortaliças 152
Nova versão de ovos Benedict 32
Paella de alcachofra e erva-doce 218
Pizza em noite de semana 226
Minipizzas de avelãs e cebola roxa 145
Refogado de aspargos e castanhas-de-caju tostadas 148
Salada crocante de satay de pepino 110
Sopa de abóbora com cardamomo e anis-estrelado 95
Torta filo de duas hortaliças 203

f

farro:
Brunch integral de domingo 48
Farro com alho-poró assado e molho romesco defumado 149

feijão-branco:
  Cassoulet de tomate e coco 194
  Chili especial 182
  Feijão-branco, verduras, azeite de oliva 92
  Homus de tâmara e gergelim preto 62
  Quesadillas de batata-doce tostada 52
  Tomates e cebolas assadas com um toque adocicado 210
  Um hambúrguer de peso 186
feijão-cannellini:
  Tomates e cebolas assadas com um toque adocicado 210
  Homus tâmara e gergelim preto 62
  Um hambúrguer de peso 186
feijão haricot:
  Cassoulet de tomate e coco 194
  Chili especial 182
  Quesadillas de batata-doce tostada 52
  Um hambúrguer de peso 186
feijão-manteiga:
  Homus de feijão-manteiga, amêndoa e alecrim 63
  Lasanha de batata-doce, ricota e tomilho 192
  Salada Califórnia de feijão-manteiga, abacate e missô 101
  Sopa de aipo-rábano com avelãs e crisps de sálvia 88
feijão-preto:
  Chili especial 182
  Homus de feijão-preto e sementes de abóbora 62
  Tacos de feijão-preto com pimenta chipotle e limão 170
  Tigela de tomates doces e feijão-preto com tortilha 85
feijão-preto e sementes de abóbora 250
feijão-roxinho: Black dhal 216
feta:
  A quinoa com ervas verdes de Laura 98
  Feta assado com limão e tomates multicores 119
  Panquequinhas de hortaliças 152
  Spaghettini rápido de abobrinha 137
  Tacos com pipoca 131
  Torta filo de duas hortaliças 203
figo:
  Figos com molho de tâmaras 114
  Rolinhos de figo Lady Grey 303
flor de sabugueiro:
  Bolo de pistache com xarope de flor de sabugueiro 304
  Champanhe de flor de sabugueiro 327
  Xarope de flor de sabugueiro 325
  Sorbet de morango e flor de sabugueiro 276
folhas novas:
  Caldo de coco restaurador 82
  Panquequinhas de hortaliças 152
  Refogado de aspargos e castanhas-de-caju tostadas 148
  Spaghettini rápido de legumes 137
  Tigela de sushi com couve e gergelim preto 140
  Torta filo de duas hortaliças 203
framboesa:
  Salada de frutas vermelhas 31
fritas ver chips

g
gado gado 173
geleias:
  Geleia de damascos rosados 336
  Geleia que anuncia o verão 334
granola:
  Granola de mel e limão 26
  Torta de baunilha e granola 272
Granola de mel e limão 26
grão-de-bico: Ensopado de grão-de-bico e conserva de limão 74

h
halloumi: Pimentão chamuscado e ensopado de halloumi 87
hambúrguer: Um hambúrguer de peso 186
homus 62–3

i
iogurte 68
  Berinjelas grelhadas com babaganuche da Emily 166
  Blondies de gotas de chocolate Butterscotch 306
  Bolo de cardamomo com cobertura de limão 309
  Bolo de pistache com xarope de flor de sabugueiro 304
  Merengues de açúcar mascavo com maçãs e peras caramelizadas 264
  Ovos fritos à moda turca 22
  Pão rústico de cenoura e pimenta-do-reino 312
  Frozen yogurt de flocos e hortelã 279
  Tacos com pipoca 131

k
kitchari 163

l
laranja:
  Margaritas de laranja sanguínea e agave 328
  Sorbetto de laranja sanguínea e gotas de chocolate 280
  Trigo-sarraceno aromatizado com laranja e coentro 105
lentilha:
  Almôndegas de abobrinha, hortelã e pistache 224
  Black dhal 216
  Chili especial 182
  Dhal com batata-doce crocante e chutney rápido de coco 128
  Kitchari 163
  Lentilha e beterraba com salsa verde 143
  Sopa de lentilhas com limão e couve crocante 91
  Torta de batata-doce e lentilhas puy 208
limão-siciliano:
  Aloo de acelga e limão 162
  Bolo de cardamomo com cobertura de limão 309
  Champanhe de flor de sabugueiro 327
  Ensopado de grão-de-bico e conserva de limão 74
  Espaguete com abacate e raspas de limão 138
  Feta assado com limão e tomates multicores 119
  Granola de mel e limão 26
  Panquecas leves de ricota e limão 38
  Pão de banana e sementes com calda de limão-siciliano e gergelim 297
  Risoto primavera de limão-siciliano e rúcula silvestre 222
  Sopa de lentilhas com limão e couve crocante 91
  Sorbet de morangos reidratante 326
limonada 322–324
linguiça: Linguiça de castanha-de-caju e castanha portuguesa 201

m
maca 25
  Chocolate quente das 4 da tarde 330
maçã:
  Bolo de maçã e melado com cobertura de mel 287
  Merengues de açúcar mascavo com maçãs e peras caramelizadas 264
  Miscelânea de frutas 30
  Sopa de aipo-rábano com avelãs e crisps de sálvia 88
  Tigela de frutas de outono 31
macarrão:
  Caldo de missô e nozes com macarrão udon 80
  Espaguete com abacate e raspas de limão 138
  Espaguete pomodoro 137
  Espaguete rápido com verduras 136
  Lasanha de batata-doce, ricota e tomilho 192
  Macarrão de panela com repolho crocante e tofu tostado 157
  Macarrão e legumes 221
  Pesto de nozes e manjericão com radicchio 134
  Spaguettini rápido de abobrinha 137
Macarrão e legumes 221
mandioquinha:
  Bourguignon de beterraba e louro 196
  Legumes assados com alho-poró, estragão e quinoa 169
  mandioquinhas assadas 250
  Meu incrível purê de tubérculos 249
  Meu assado favorito 248
  Torta arco-íris 232
  Torta rösti de cogumelos e mandioquinha 206
manteiga de amendoim 340
  Cookies de açúcar mascavo e gotas de chocolate (e sanduíches de sorvete) 294
  Wraps Califórnia de maple syrup e amendoim 60
manteiga e leite de oleaginosas 340–341
margaritas: Margaritas de laranja sanguínea e agave 328
merengue: Merengues de açúcar mascavo com maçãs e peras caramelizadas 264
mingau: Mingau de amaranto com geleia de mirtilo 18
Mingau de amaranto com geleia de mirtilo 18
mirtilo:
  Limonada de mirtilo e hortelã 324
  Mingau de amaranto com geleia de mirtilo 18
  Panquecas de banana, mirtilo e

nozes-pecãs 39
missô: 101
    Caldo de missô e nozes com macarrão udon 80
    Molho de missô e gergelim 55
    Salada Califórnia de feijão-manteiga, abacate e missô 101
molho: Molho de legumes assados 343
morango:
    Crocante de morango e sementes de papoula 262
    Geleia que anuncia o verão 334
    Salada de frutas vermelhas 31
    Sorbet de morango e flor de sabugueiro 276
    Sorbet de morangos reidratante 326
muhammara: Muhammara de nozes defumadas e cominho 58
Bircher de aveia com pêssegos 20

n
nabo 244
    Meu incrível purê de tubérculos 249
nabo francês 245
    Chips de rabanete assado com páprica defumada 243
nectarina: Chutney picante de nectarina e louro 339
nozes-pecãs 340
    Brownies supercrus 299
    Panquecas de banana, mirtilo e nozes-pecãs 39
    Torta cremosa de banana, caramelo e coco 266
    Torta de açúcar mascavo 269
    Torta de baunilha e granola 272

o
Oleaginosas 340-341
    Berinjelas grelhadas com babaganuche da Emily 166
    Brownies supercrus 299
    Caldo de missô com macarrão udon 80
    Couve-flor assada com louro e açafrão 240
    Homus de feijão-manteiga, amêndoa e alecrim 63
    Macarrão e legumes 221
    Molho romesco 149
    Muhammara de nozes defumadas e cominho 58
    Pesto de nozes e manjericão com radicchio 134
    Pesto de sálvia e amêndoas 49
    Salada solar 108
    Torta cremosa de banana, caramelo e coco 266
    Tortilha de batata-doce com salsa de amêndoa 178
ovo:
    Huevos rancheros 35
    Legumes assados e vinagrete de agrião 116
    Merengues de açúcar mascavo com maçãs e peras caramelizadas 264
    Nova versão de ovos Benedict 32
    Ovos fritos à moda turca 22
    Ovos mexidos com ervas à moda de Paris 29
    Sanduíche de ovo quente com alcaparras e ervas 68
    Tigela de tomates doces e feijão-preto com tortilha 85
    Torta filo de duas hortaliças 203
    Torta leve de abóbora-cheirosa e couve 189
    Tortilha de batata-doce com salsa de amêndoa 178

p
paella: Paella de alcachofra e erva-doce 218
painço 185
panqueca:
    Panquecas de banana, mirtilo e nozes-pecãs 39
    Panquecas leves de ricota e limão 38
Panquecas de banana, mirtilo e nozes-pecãs 39
pão:
    Pão de sementes nunca é demais! 314
    Pão rústico de cenoura e pimenta-do-reino 312
pecorino:
    Almôndegas de abobrinha, hortelã e pistache 224
    Lasanha de batata-doce, ricota e tomilho 192
    Panquequinhas de hortaliças 152
    Pesto de nozes e manjericão com radicchio 134
    Risoto primavera de limão-siciliano e rúcula silvestre 222
pepino:
    Limonada de capim-limão e pimenta dedo-de-moça 322
    Picles rápidos de pepino 45, 186
    Salada crocante de satay de pepino 110
    Salada de cenoura e castanha-de-caju condimentada, com coentro e coco fresco 118
pera:
    Merengues de açúcar mascavo com maçãs e peras caramelizadas 264
    Tigela de frutos do pomar 31
    Tigela de frutas de outono 31
pêssego:
    Bircher de aveia com pêssegos 20
    Pêssegos com água de rosas 30
pesto 176-7, 221
    Pesto de nozes e manjericão com radicchio 134
    Pesto de pistache 224
    Pesto de sálvia e amêndoas 49
picles e chutneys:
    Chutney de coco 128
    Chutney picante de nectarina e louro 339
    Picles rápidos de pepino 45, 186
pimentão:
    Ensopado de pimentão chamuscado e halloumi 87
    Molho romesco 149
    Muhammara de nozes defumadas e cominho 58
    Paella de alcachofra e erva-doce 218
    Ratatouille condimentado com açafrão 213
    Salada cítrica tailandesa, crua e crocante 122
pipoca:
    Pipoca condimentada com caramelo e sal 66
    Tacos com pipoca 131
pistache 340-341
    Almôndegas de abobrinha, hortelã e pistache 224
    Bolo de pistache com xarope de flor de sabugueiro 304
    Galette de abóbora e pistache 198
    Torta de coco e cerejas 270
    Verduras crocantes ao tahine agridoce 246
Pizza em noite de semana 226

q
queijo de cabra:
    Figos com molho de tâmaras 114
    Minipizzas de avelãs e cebola roxa 145
    Panquequinhas de hortaliças 152
quinoa 98, 184
    A quinoa com ervas verdes de Laura 98
    Brunch integral de domingo 48
    Chili especial 182
    Granola de mel e limão 26
    Legumes assados com alho-poró, estragão e quinoa 169
    Waffles de cereja e papoula 42

r
rabanete 245
    Rabanetes assados com mel 238
radicchio:
    Escarola grelhada com molho de balsâmico 249
    Pesto de nozes e manjericão com radicchio 134
refogado: Refogado de aspargos e castanhas-de-caju tostadas 148
repolho:
    Macarrão de panela com repolho crocante e tofu tostado 157
    Salada cítrica tailandesa, crua e crocante 122
repolho roxo: Macarrão de panela com repolho crocante e tofu tostado 157
ricota:
    Almôndegas de abobrinha, hortelã e pistache 224
    Lasanha de batata-doce, ricota e tomilho 192
    Minipizzas de avelãs e cebola roxa 145
    Panquecas leves de ricota e limão 38
    Torta de alho-poró e hortaliças verdes 230
risoto: Risoto primavera de limão-siciliano e rúcula silvestre 222
Rolinhos de figo Lady Grey 303
romã:
    Abóbora com mix de sementes, romã e zátar 125
    Berinjelas grelhadas com babaganuche da Emily 166
    Muhammara de nozes defumadas e cominho 58
    Tigela de sushi com couve e gergelim preto 140
romanesco 244
romesco 151
    Farro com alho-poró assado e romesco defumado 149

s
salsa verde 143
sanduíches 70–71
    Delicioso club sandwich com tofu defumado 69
    Sanduíche de ovo quente com

alcaparras e ervas 68
satay 173
  Salada crocante de satay de pepino 110
sementes de chia 20, 42
  Bircher de aveia com pêssegos 20
sopa 78-79
  Caldo de coco restaurador 82
  Caldo de missô e nozes com macarrão udon 80
  Feijão-branco, verduras, azeite de oliva 92
  Sopa de aipo-rábano com avelãs e crisps de sálvia 88
  Sopa de abóbora com cardamomo e anis-estrelado 95
  Sopa de lentilhas com limão e couve crocante 91
  Sopa de tomate assado e pão de grãos 77
sorbet:
  Sorbetto de laranja sanguínea e gotas de chocolate 280
  Sorbet de morango e flor de sabugueiro 276
sorvete:
  Cookies de açúcar mascavo e gotas de chocolate (e sanduíches de sorvete) 294
  Sorvete de banana assada e coco 277

t
tacos:
  Tacos com pipoca 131
  Tacos de feijão-preto com pimenta chipotle e limão 170
tâmara:
  Abóbora com mix de sementes, romã e zátar 125
  Brownies supercrus 299
  Figos com molho de tâmaras 114
  Granola de mel e limão 26
  Homus de tâmara e gergelim preto 62
  Salada cítrica tailandesa, crua e crocante 122
  Tigela de frutos do pomar 31
  Torta cremosa de banana, caramelo e coco 266
  Um hambúrguer de peso 186
  Vitamina de gergelim e tâmara 25
tangerina: Tangerinas condimentadas 31
tempeh: Wraps Califórnia de xarope de bordo e amendoim 60

tofu:
  Delicioso club sandwich com tofu defumado 69
  Gado gado 173
  Linguiça de castanha-de-caju e castanha portuguesa 201
  Macarrão de panela com repolho crocante e tofu tostado 157
tomate:
  Brunch integral de domingo 48
  Cassoulet de tomate e coco 194
  Ensopado de pimentão chamuscado e halloumi 87
  Espaguete pomodoro 137
  Feta assado com limão e tomates multicores 119
  Huevos rancheros 35
  Macarrão e legumes 221
  Pizza em noite de semana 226
  Ratatouille condimentado com açafrão 213
  Salada de cenoura e castanha--de-caju condimentada, com coentro e coco fresco 118
  Salada morna de couve, coco e tomate assados 102
  Sopa de tomate assado e pão de grãos 77
  Tigela de tomates doces e feijão-preto com tortilha 85
  Tomates e cebolas assadas com um toque adocicado 210
toranja rosa: Salada cítrica tailandesa, crua e crocante 122
torta:
  Torta arco-íris 232
  Torta cremosa de banana, caramelo e coco 266
  Torta de açúcar mascavo 269
  Torta de alho-poró e hortaliças verdes 230
  Torta de batata-doce e lentilhas puy 208
  Torta de baunilha e granola 272
  Torta de coco e cerejas 270
  Torta filo de duas hortaliças 203
  Torta leve de abóbora-cheirosa e couve 189
  Torta rösti de cogumelos e mandioquinha 206
tortilhas:
  Huevos rancheros 35
  Quesadillas de batata-doce tostada 52
  Tacos com pipoca 131
  Tacos de feijão-preto com pimenta chipotle e limão 170
  Tigela de tomates doces e feijão-preto com tortilha 85
  Tortilha de batata-doce com salsa de amêndoa 178
  Tortilhas caseiras com salsa de pimenta vermelha tostada ao fogo 64
  Wraps Califórnia de maple e amendoim 60
trigo bulgur:
  Chili especial 182
trigo-sarraceno 157, 185, 290
  Trigo-sarraceno aromatizado com laranja e coentro 105

u
Um hambúrguer de peso 186

v
vagem:
  Gado gado 173
  Refogado de aspargos e castanhas-de-caju tostadas 148
  Verduras crocantes ao tahine agridoce 246
verduras de inverno:
  Torta arco-íris 232
  Verduras crocantes ao tahine agridoce 246
vitamina 24–25

x
Xarope de bordo 275
  Granola de mel e limão 26
  Cupcakes de cenoura e cardamomo com cobertura de xarope de bordo 292
  Petit gateau de chocolate e melado 260
  Torta de baunilha e granola 272
  Verduras crocantes ao tahine agridoce 246
  Wraps Califórnia de maple e amendoim 60

z
zátar: Abóbora com mix de sementes, romã e zátar 125

As receitas a seguir são veganas ou sem glúten, ou mesmo requerem um simples detalhe para sua adaptação. Veja nota na p. 13 para obter informações sobre algum ingrediente vegano ou sem glúten específico.

veganas
A quinoa com ervas verdes de Laura 98
Abóbora assada com pimenta, dukkah e limão 256
Abóbora com mix de sementes, romã e zátar 125
Batatas e abóboras assadas com sálvia 253
Berinjelas grelhadas com babaganuche da Emily 166
Bircher de aveia com pêssegos 20
Biryani de cogumelo e louro 212
Biscoitos Anzac 308
Black dhal 216
Blondies de caramelo com gotas de chocolate 306
Bourguignon de beterraba e louro 196
Caldo de coco restaurador 82
Caldo de missô e nozes com macarrão udon 80
Cassoulet de tomate e coco 194
Chips de rabanete assado com páprica defumada 243
Couve-flor assada com louro e açafrão 240
Crisps de couve ao forno 55
Crocante de morango e sementes de papoula 262
Croquete de batata com tempero de dosa e picles de pepino 45
Cupcakes de cenoura e cardamomo com cobertura de xarope de bordo 292
Delicioso club sandwich com tofu defumado 69
Dhal com batata-doce crocante e chutney rápido de coco 128
Ensopado de grão-de-bico e conserva de limão 74
Erva-superdoce lentamente cozida 252
Escarola grelhada com molho balsâmico 249
Espaguete com abacate e raspas de limão 138
Farro com alho-poró assado e molho romesco defumado 149
Feijão-branco, verduras, azeite de oliva: minha ribollita 92
Gado gado 173
Galette de abóbora e pistache 198
Granola de mel e limão 26
Kitchari 163
Legumes assados com alho-poró, estragão e quinoa 169
Lentilha e beterraba com salsa verde 143
Macarrão de panela com repolho crocante e tofu tostado 157
Macarrão e legumes 221
Meu incrível purê de tubérculos 249
Mingau de amaranto com geleia de mirtilo 18
Muhammara de nozes defumadas

e cominho 58
Paella de alcachofra e erva-doce 218
Palitos crocantes de batata-doce com dip de pimenta chipotle 242
Panquecas de banana, mirtilo e nozes-pecãs 39
Panzanella de tubérculos assados 111
Pão de sementes nunca é demais! 314
Pão rústico de cenoura e pimenta-do-reino 312
Pipoca condimentada com caramelo e sal 66
Quesadillas de batata-doce tostada 52
Rabanetes assados com mel 238
Ratatouille condimentado com açafrão 213
Refogado de aspargos e castanhas-de-caju tostadas 148
Rolinhos de figo Lady Grey 303
Salada Califórnia de feijão-manteiga, abacate e missô 101
Salada cítrica tailandesa, crua e crocante 122
Salada de cenoura e castanha-de-caju condimentada, com coentro e coco fresco 118
Salada morna de couve, coco e tomate assados 102
Salada solar 108
Sopa de abóbora com cardamomo e anis-estrelado 95
Sopa de lentilhas com limão e couve crocante 91
Sopa de tomate assado e pão de grãos 77
Sorbet de morango e flor de sabugueiro 276
Sorbetto de laranja sanguínea e gotas de chocolate 280
Sorvete de banana assada e coco 277
Frozen yogurt de flocos e hortelã 279
Tigela de sushi com couve e gergelim preto 140
Tigela de tomates doces e feijão-preto com tortilha 85
Tomates e cebolas assadas com um toque adocicado 210
Torta cremosa de banana, caramelo e coco 266
Torta de alho-poró e hortaliças verdes 230
Torta de batata-doce e lentilhas puy 208
Torta rösti de cogumelos e mandioquinha 206
Tortilhas caseiras com salsa de pimenta vermelha tostada ao fogo 64
Trigo-sarraceno aromatizado com laranja e coentro 105
Um hambúrguer de peso 186
Verduras crocantes ao tahine agridoce 246
Wraps Califórnia de xarope de bordo e amendoim 60

sem glúten

A quinoa com ervas verdes de Laura 98
Abóbora assada com pimenta, dukkah e limão 256
Abóbora com mix de sementes, romã e zátar 125
Aloo de acelga e limão 162
Batatas e abóboras assadas com sálvia 253
Berinjelas grelhadas com babaganuche da Emily 166
Bircher de aveia com pêssegos 20
Biryani de cogumelo e louro 212
Biscoitos Anzac 308
Black dhal 216
Brownies supercrus 299
Brunch integral de domingo 48
Caldo de coco restaurador 82
Chips de rabanete assado com páprica defumada 243
Couve-flor assada com louro e açafrão 240
Crisps de couve ao forno 55
Crocante de morango e sementes de papoula 262
Croquete de batata com tempero de dosa e picles de pepino 45
Curry de beterraba com queijo cottage condimentado 154
Dhal com batata-doce crocante e chutney rápido de coco 128
Ensopado de pimentão chamuscado e halloumi 87
Erva-superdoce lentamente cozida 252
Escarola grelhada com molho balsâmico 249
Espaguete com abacate e raspas de limão 138
Feta assado com limão e tomates multicores 119
Figos com molho de tâmaras 114
Gado gado 173
Galette de abóbora e pistache 198
Granola de mel e limão 26
Huevos rancheros 35
Kitchari 163
Lasanha de batata-doce, ricota e tomilho 192
Legumes assados e vinagrete de agrião 116
Legumes assados com alho-poró, estragão e quinoa 169
Lentilha e beterraba com salsa verde 143
Macarrão e legumes 221
Merengues de açúcar mascavo com maçãs e peras caramelizadas 264
Meu incrível purê de tubérculos 249
Mingau de amaranto com geleia de mirtilo 18
Nova versão de ovos Benedict 32
Paella de alcachofra e erva-doce 218
Palitos crocantes de batata-doce com dip de pimenta chipotle 242
Panquecas de banana, mirtilo e nozes-pecãs 39
Panquecas leves de ricota e limão 38
Panquequinhas de hortaliças 152
Pão de coco e baunilha 313
Petit gâteau de chocolate e melado 260
Pipoca condimentada com caramelo e sal 66
Pizza em noite de semana 226
Quesadillas de batata-doce tostada 52
Rabanetes assados com mel 238
Ratatouille condimentado com açafrão 213
Refogado de aspargos e castanhas-de-caju tostadas 148
Risoto primavera de limão-siciliano e rúcula silvestre 222
Rolinhos de figo Lady Grey 303
Salada Califórnia de feijão-manteiga, abacate e missô 101
Salada cítrica tailandesa, crua e crocante 122
Salada crocante de satay de pepino 110
Salada de batata bolinha e alho-poró caramelizado 104
Salada de batata-doce, milho tostado e couve 124
Salada de cenoura e castanha-de-caju condimentada, com coentro e coco fresco 118
Salada morna de couve, coco e tomate assados 102
Salada solar 108
Sopa de aipo-rábano com avelãs e crisps de sálvia 88
Sopa de abóbora com cardamomo e anis-estrelado 95
Sopa de lentilhas com limão e couve crocante 91
Sorbet de morango e flor de sabugueiro 276
Sorbetto de laranja-sanguínea e gotas de chocolate 280
Frozen yogurt de flocos e hortelã 279
Tacos com pipoca 131
Tacos de feijão-preto com pimenta chipotle e limão 170
Tigela de sushi com couve e gergelim preto 140
Tigela de tomates doces e feijão-preto com tortilha 85
Tomates e cebolas assadas com um toque adocicado 210
Torta cremosa de banana, caramelo e coco 266
Torta de batata-doce e lentilhas puy 208
Torta de coco e cerejas 270
Torta rösti de cogumelos e mandioquinha 206
Tortilha de batata-doce com salsa de amêndoa 178
Um suave pilaf de arroz integral com oleaginosas e sementes tostadas 160
Verduras crocantes ao tahine agridoce 246
Waffles de cereja de papoula 42

Agradecimentos

Escrever este livro foi uma grande alegria em minha vida e uma montanha-russa de emoções. Ele pertence a muitas pessoas.

Antes de tudo ao John, meu bom e gentil gaulês. Você deixou sua vida em compasso de espera para me ajudar a escrever este livro. Sua bondade, seu altruísmo, santa paciência e inabalável confiança enchem meu coração. Sou tão feliz de estar ligada a você. Este livro é para você.

Desde muito pequena tenho consciência de ser feliz por fazer parte desta família, os Jones. Roger e Geraldine, vocês são os melhores avós que existem. Seu constante apoio e carinho me acompanham sempre, e estou em êxtase. Laura, minha irmã, de nossos dias de infância à escrita deste livro, dependo de você em tudo, meu apoio constante, você me segurou pela mão durante este desafio, como durante toda a minha vida. Fazemos tudo juntas. Você é minha heroína. Owen, meu irmão, com coragem e lealdade você ilumina o caminho para o que acredita seja certo e é você mesmo em tudo o que faz. Procuro ser brilhante, corajosa e engraçada como você.

Louise Haines, grata por sua humilde confiança em mim e em minha culinária, e por permitir que eu e meu livro evoluíssemos livremente; ser publicada por você e pela Fourth Estate é a realização de um sonho. Georgia Mason, editora absolutamente brilhante, paciente, bondosa e gentil, você foi minha caixa de ressonância e fez este livro acontecer com seu modo de escrever divino e perfeito; sou muito agradecida. Morwenna Loughman, obrigada a você também. Michelle Kane, que doçura! Annie Lee, obrigada por perscrutar as minhas palavras; eu me senti tão segura em suas mãos.

Grata também a Brian Ferry, pelas lindas fotos, incrível atenção aos detalhes e pelo árduo trabalho nos dias escuros do inverno. Há muito tempo que admiro a distância o seu trabalho e foi uma honra tê-lo conosco para fazer as fotos. A Sandra Zellmer, pelo design incrível, paciência e seu modo elegantemente organizado e sereno; você é maravilhosa.

À minha agente literária Felicity Blunt por ser minha confidente, apoiando-me e lidando com as minhas ocasionais oscilações.

Alguns queridos amigos foram essenciais para a realização deste livro. Ceri Tallett, sua ajuda com as palavras melhoraram muito este livro. Obrigada por sua infinita gentileza e persistente confiança em mim. Liz McMullan e sua mente brilhante, sei que posso contar com você e você pode contar comigo, minha amiga, *grazie mille*. Emily Ezekiel, seu encorajamento sem fim, culinária excelente, amizade e honestidade me elevaram a um patamar a que eu não teria chegado sem você, e ainda há muito pela frente, querida. Jess Lea Wilson, o melhor da Anglesey's, obrigada por tudo.

Inúmeros cozinheiros me inspiraram ao longo do caminho, Jamie Oliver por colocar a bola em jogo; por ser sempre tão bom e deixar todos os outros na linha de partida. Ginny Rolfe, por seu estímulo; Georgina Hayden, por seu encorajamento; Steve Pooley e Asher Wyborn, pelos velhos tempos, e a toda a família JO. Tom e Henry Herbert, pelas aventuras culinárias. Sophie Dahl por seu apoio incansável. Heidi Swanson por sua constante bondade e inspiração. E a todos os cozinheiros que nunca cheguei a conhecer, cujos blogs, livros e fotos preenchem meus dias.

Às pessoas bondosas que provaram minhas receitas, sou eternamente grata: Emily Taylor, Pip Spence, Christina Mackenzie, Stella Lahaine, Sian Tallett, Olenka Lawrenson, Hannah Cameron MacKenna, Ken Gavin, Nick e Anna Probert-Boyd.

A Jo e Brickett Davda por seus belíssimos pratos. Minha gratidão a David Mellor por me permitir o uso de algumas de suas peças cuidadosamente escolhidas e lindamente manufaturadas. À Labour and Wait por me presentear com objetos maravilhosos, entre eles o mais incrível bule de café. À loja Conran por seu gentil empréstimo. À Holly's por sua linda mobília. A Nukuku por sua generosidade. E a Lacquer Chest, Gretchen, Agnes, Ewan e Merle, por me permitirem invadir suas salas lindamente decoradas e me perder em um dos lugares mais especiais que eu conheço.

À Stoke Newington, minha mercearia, por me ajudar a carregar infindáveis caixas de vegetais até o carro. À Leila's Shop, pelos produtos incríveis e por nos deixar tirar algumas fotos em sua loja belamente decorada.

A Matt "Muscles" Russell por ser uma alma bondosa, a Jules May pelo empréstimo de sua câmera, a Andy Ford por seu olhar aguçado e a Jon P. por ficar tão bem de avental; a Alex Grimes por suas histórias e ótima culinária, a Serinde e Rhod por seu pão fermentado.

A incontáveis outros membros da família e amigos, que estiveram a meu lado durante todos esses anos. Aos Jones, próximos e distantes, nossa brilhante e infindável família, sempre alegre... se eu fosse nomear a todos ficaria aqui para sempre. A meus amigos Lizzie Prior, Priya e Bayju Thakar, Mersedeh Safa, Charlotte Coleman e JMC, Lucy White, Zoe Allen, The Dales – Roger, Sian, Phil, Liz e Scott, Holly O, Jon Abbey e os Holdens e por fim, mas absolutamente não menos importante, a minha irmã postiça, Crystal Malachias; vocês são demais.